전쟁사를 통한 제4세대 전쟁 대비 전략찾기

# 2차 세계대전 시크릿 100선

줄리안 톰슨, 앨런 밀레트 지음
김태영 감수 | 조성호 옮김

책미래

## 2차 세계대전 시크릿 100선

1판 1쇄 인쇄 | 2013년 11월 21일
1판 1쇄 발행 | 2013년 11월 28일

지은이 | 줄리안 톰슨, 앨런 밀레트
감　수 | 김태영
옮긴이 | 조성호
기　획 | 박필규
주　간 | 정재승
교　정 | 엄진영
디자인 | 배경태
펴낸이 | 배규호
펴낸곳 | 책미래

출판등록 | 제2010-000289호
주　소 | 서울시 마포구 공덕동 463 현대하이엘 1728호
전　화 | 02-3471-8080
팩　스 | 02-6353-2383
이메일 | liveblue@hanmail.net

ISBN 979-11-85134-06-2 93910



국립중앙도서관 출판시도서목록(CIP)

2차 세계대전 시크릿 100선 : 전쟁사를 통한 제4세대 전쟁 대비 전략찾기 / 지은이: 줄리안톰슨, 앨런 밀레트 ; 옮긴이: 조성호. -- 서울 : 책미래, 2013
p. ;　cm

원표제: Second World War in 100 objects : the story of the world's greatest conflict told through the objects that shaped it
감수: 김태영
원저자명: Julian Thompson, Allan Reed Millett
영어 원작을 한국어로 번역
ISBN 979-11-85134-06-2 93910 : \27000

제2차 세계 대전[第二次世界大戰]
전쟁사[戰爭史]

909.54-KDC5
940.54-DDC21　　CIP2013023939

# 감수를 마치고

2차 세계대전은 6년에 가까운 길고 긴 기간 동안 60여 개 국가가 두 편으로 나뉘어 지구상 대부분의 지역에서 벌였던 전쟁이었으며, 전사자가 2,500만 명에 이르고, 민간인 희생자가 약 4,000만에 달하는 처참한 전쟁이었다. 이러한 전쟁에 대해서 나는 역사책이나 자서전 등을 포함한 많은 책자들을 통해서, 또는 영화나 드라마 등을 통해서 대부분을 알고 있다고 믿었다. 그러나 이 책을 감수하면서 그동안 다 안다고 자부하던 2차 세계대전에 대해 새로운 면을 알게 되었다. 나는 감수자의 입장에서 보다 정확한 번역서가 되도록 하기 위해서 평소에 흘려 읽었거나 처음으로 접하게 된 새로운 사실들을 확인하기 위해서 참고문헌을 세심하게 찾아보았다. 그러는 가운데 이 책에서 다루는 100가지 주제들이 2차 세계대전이라는 거대한 전쟁의 흐름에 미친 엄청난 영향에 놀랐고, 이로 인해 전쟁의 역사가 흘러간 인과관계를 제대로 이해할 수 있게 되었다.

나는 3년 6개월간의 서독연방군 육군장교 양성과정에서 교육·훈련과 군사적 관행들을 겪으면서 세계를 상대로 두 차례의 전쟁을 일으키고 이끌어 간 독일민족과 군을 이해하려고 노력했었다. 또한, 대령이었을 때는 영국국방대학원(Royal College of Defense Studies)에서 1년간 수학하면서 유럽의 세력균형을 추구했고 독일에 대항하는 핵심세력이었던 영국군을 경험하였다. 이러한 경험이 있었기에 내 나름대로 유럽의 역사, 특히 전쟁의 역사에 대해서는 어느 정도 알고 있다고 자부했었지만 이 책을 감수하면서 내 지식의 초라함에 너무 부끄러웠다.

이 책에서 다루는 이야기들은 거의 70여 년 전의 사실을 설명하고 있지만, 전쟁 과정에서 가장 극명하게 나타나는 '창과 방패'의 논리에 의해 전쟁 당사국들이 얼마나 많은 지혜를 찾기 위해 노력했는지를 보여 주고 있다. 뿐만 아니라 오늘날 전력증강계획을 발전시키고 추진해 나가는 과정에서 저지르는 수많은 시행착오에 당황하는 우리의 모습과 비교해 볼 때 그 당시 시간적으로 제한된 가운데 새로운 전술을 개발하고 새로운 무기체계를 만들어 가는 과정에서 보여준 번뜩이는 아이디어에 감탄하지 않을 수 없다.

북한의 김정은이 3년 이내에 적화통일을 달성하겠다고 호언장담을 하고 있고, 중국과 일본이 제각기 군사력을 증강하면서 해양 영토 관련 갈등이 고조되고 있다. 이러한 안보환경에도 불구하고 우리 주변에서는 "평화는 힘으로 지켜야 한다."라는 불변의 진리를 망각하고, 대중적 인기에 영합하여 평화를 희구하고 염원하는 노력에 만족하면서 강한 군사능력의 완비를 위한 투자에는 소홀하고 있다.

과거의 전쟁사는 현재 전력 연구의 스승이다. 한반도에 닥쳐올 수 있는 제4세대 전쟁을 연구하고 대비하는 단계에서 2차 세계대전의 연구는 필수의 과제이다. 《2차 세계대전 시크릿 100선》은 분야별로 전쟁의 교훈을 찾고 장차전을 연구하는 데 큰 도움이 될 것이라 믿기에 미래의 과제를 준비하는 젊은 군사학도들에게 일독을 권하고 싶다.

42대 국방부 장관 김 태 영

# 서문

이 책에 실린 100가지 주제들은 2차 세계대전과 밀접히 연관된 것들이다. 일부는 2차 세계대전 전부터 있었고 또 어떤 것들은 2차 세계대전 중에 생겨났지만 그 모두는 전쟁 동안 필수적인 부분들이었다. 필자는 이 책을 통해 전쟁사의 전문가이든 처음 접하는 사람이든 모든 독자들이 공감할 수 있기를 바란다. 필자는 사람이 아닌 물체들만 다루었다. 가장 큰 물체인 대서양 방벽으로부터 가장 작은 페니실린 앰플까지 다루었다. 그중에는 마지노선, 멀베리 항구, 콰이 강의 다리처럼 큰 물체들도 있고 처칠의 담배나 SAS 특수부대, 폽스키스 프라이빗 아미(Popski's Private Army), SS, 사막의 쥐, 호주 사단 등의 부대 마크도 다루었다.

필자는 영국, 미국, 러시아, 프랑스, 호주 등 연합국들뿐만 아니라 독일, 일본, 이탈리아와 연관된 물체들도 모두 포함시켰다. 가장 유명했던 세 전차, 즉 러시아의 T-34 전차, 독일의 티거 전차, 미국의 셔먼 전차에 관한 내용도 실었다. 이탈리아가 최초로 이를 사용해서 선박을 공격했었고 그 뒤를 이어 다른 나라들에서도 사용되었던 인간 어뢰에 대해 소개했다. 2차 세계대전 동안 유명했던 지프, 수륙양용차량 DUKW와 그 밖에도 수많은 차량들도 간략히 맛볼 수 있게 했다. 2차 세계대전 동안 가장 공포의 대상이었던 독일의 88mm의 대전차포와 대공포겸용 화포에 대해서도 소개한다.

이 책에는 몇몇 서류들도 나오는데 네빌 체임벌린 영국 총리가 뮌헨에서 히틀러와 회담을 마치고 런던으로 돌아와 종이 한 장을 흔들어 보이며 "우리 시대에 평화가 왔습니다."라고 군중에게 외치는 장면은 이 책의 첫 부분에서 볼 수 있다. 그 후 정확히 11개월 후에 히틀러는 2차 세계대전의 시작과 폴란드 침공을 지시하는 첫 번째 작전 명령을 내린다. 세 번째 소개하는 서류는 루스벨트 대통령과 처칠 수상이 1941년 8월 뉴펀드랜드에 정박하고 있던 영국함정 프린스 오브 웨일스(Prince of Wales) 호에서 회담을 한 후에 만들어진 국제연합 헌장이다. 마지막 서류는 1944년 6월 6일 노르망디 상륙작전이 실패로 돌아갔을 때를 대비해서 아이젠하워 장군이 써 놓은 메모지로 다행히 상륙작전이 성공했기 때문에 나중에야 그 내용이 알려졌다.

이 책에서는 유명했던 항공기들도 언급되었다, 스핏파이어와 B-17, 머스탱, Bf109 메서슈미트, 제로센 등과 스워드피시와 랭커스터 폭격기도 다루었다. 미국의 엔터프라이즈(Enterprise) 항공모함과 영국 함정 후드(Hood), 독일 함정 그라프쉬페(Graf Spee), 소형 선박을 이용한 됭케르크 철수 작전도 소개했다. 필자는 이 책에서 소개하는 100가지 대상들을 독자들이 즐겁게 읽기를 바라고 또 잘 알려지지 않았던 사실들에 대해서 새로운 정보도 알 수 있었으면 좋겠다.

줄리안 톰슨(Julian Thompson)

2차 세계대전을 상징하는 대표적인 상징 중의 하나인 영국의 전투용 헬멧

# CONTENTS


1 우리 시대에 평화가 왔습니다 8
2 히틀러의 작전명령 제1호 12
3 옐로 스타(Yellow Star) 14
4 에니그마 장비(Enigma Machine) 16
5 SS 배지 18
6 슈투카(Stuka) 20
7 스키부대 22
8 포켓 전함 '아드미랄 그라프 슈페' 26
9 처칠의 시가 28
10 U 보트 30
11 마지노선(Maginot Line) 32
12 민간인 방독면 34
13 미쓰비시 A6M 제로식 함상 전투기 36
(Mitsubishi A6M Zero) 36
14 88mm 포 38
15 소형 선박들 40
16 공수부대 스목(Smock) 44
17 로렌 십자(Cross of Lorraine) 46
18 스핏파이어(Spitfire) 전투기 50
19 메서슈미트 Bf 109 52
20 뇌격기 소드피시(Swordfish) 56
21 공습 대피시설들 58
22 영국해군함정 HMS 후드(HMS Hood) 62
23 엑스타입(X-Type) 낙하산 64
24 스텐건(Sten Gun) 66
25 T-34 전차 68
26 대서양 헌장 72
27 공습 감시원의 헬멧 76
28 모신 나강(Mosin-Nagant) 소총 78
29 공수 특전단(SAS) 80
30 보잉 B-17 82
31 오보에(Oboe) 86
32 인간 어뢰들(Human Torpedo) 88
33 일본군 철모와 전투모 92
34 무선 통신 장치 94
35 실크 탈출 지도 96
36 봄베(Bombe)와 콜로서스(Colossus) 98
37 〈스타스 앤드 스트라이프스〉 신문 100
38 오스터 경비행기(Auster Light Aircraft) 102
39 MG 42 독일 기관총 104
40 PLUTO 106
41 지프(Jeep) 108
42 그린 베레(Green Beret) 110
43 판저파우스트(Panzerfaust) 112
44 몽고메리 베레모와 전차 116
45 잠수정(Midget Submarine) 118
46 애브로 랭커스터(Avro Lancaster) 폭격기 122
47 미국 공수사단 124
48 사막쥐 마크 128
49 호주 부대 마크 130
50 USS 엔터프라이즈(USS Enterprise) 134
51 장거리 사막 정찰대
(Long Range Desert Group) 136
52 코만도 단검 138

53 퍼플 하트(Purple Heart) 훈장 140
54 카누 142
55 가미카제 특공대 144
56 페니실린 148
57 폭뢰(Depth Charge) 150
58 C·K 레이션(Ration) 152
59 콰이 강의 다리 154
60 무장 상선(CAM) 156
61 대서양 방벽(Atlantic Wall) 158
62 리버티 선(Liberty Ship) 160
63 도약 폭탄(Bouncing Bomb) 162
64 배급 통장(Ration Book) 166
65 오언건(Owen Gun) 168
66 친디트 부대 172
67 애즈딕(ASDIC) 174
68 해안선 방어물 176
69 다연장 로켓포 네벨베르퍼(Nebelwerfer) 180
70 와코(WACO) 글라이더 182
71 LST 184
72 조지 십장훈장(George Cross) 186
73 로켓탄 발사기(Rocket Launcher) 188
74 땅굴 트롤리(Trolley) 190
75 아이젠 하워의 부치지 않은 편지 192
76 티거 전차(Tiger Tank) 194
77 폽스키스 사설부대(Popski's Private Army) 196
78 혈장(Blood Plasma) 198
79 베일리 교(Bailey Bridge) 200
80 DUKW 202
81 뱅갈로어 토피도(Bangalore Torpedo) 204
82 톨보이 폭탄(Tallboy Bomb) 206
83 그러먼 F6F 헬캣(Grumman F6F Hellcat) 208
84 이중 구동 추진 전차(Duplex Drive Tank) 210
85 독일의 포로 수용소 감시탑 212
86 호바트의 퍼니 전차들 214
87 M-1 소총 216
88 멀베리 항구(Mulberry Harbour) 218
89 독일 반궤도 장갑차 (Half-Track Armoured Vehicle) 220
90 프랑스 제1군 222
91 셔먼 전차(Sherman Tank) 226
92 빅토리아 훈장(Victoria Cross) 228
93 독일의 미니 전차 골리앗(Goliath) 230
94 낙하산을 이용한 물자 공수 232
95 캐나다군 휘장 234
96 국민돌격대(Volkssturm) 완장 238
97 P-51 머스탱(Mustang) 242
98 V-병기(V-weapons) 244
99 히틀러의 별장 독수리 요새(Eagle's Nest)와 베르크호프(Berghof) 248
100 핵 폭탄 252

# 1 우리 시대에 평화가 왔습니다

1938년 9월 30일 오후 영국 총리 네빌 체임벌린이 뮌헨발 브리티시 항공을 타고 지금의 히드로 공항 근처에 있었던 헤스턴 공항에 도착했다. 그를 맞기 위해 운집해 있던 군중들 향해 체임벌린 총리는 한 장의 종이를 꺼내들고 "오늘 아침 저는 독일 총리인 히틀러와 많은 얘기를 나누었고 각자의 사인이 들어간 내용이 여기에 있습니다."라고 외쳤다.

곧이어 경찰들은 영국 국왕이 기다리고 있는 버킹검 궁으로 갈 수 있도록 군중들 사이로 길을 열어주었다. 그날 저녁 체임벌린 총리는 총리 관저에서 "친애하는 국민 여러분 오늘은 영광스러운 평화의 메시지를 가지고 독일에서 이곳으로 돌아온 역사적인 두 번째 날입니다. 이제 우리의 시대에 평화가 찾아왔다고 자신있게 말씀드리고 싶습니다."라고 발표하였다.

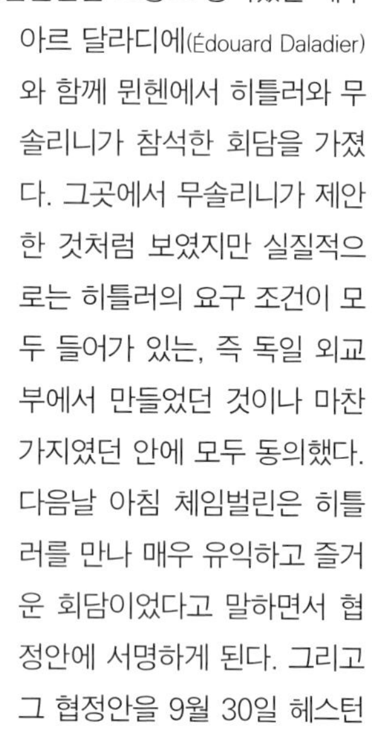

체코슬로바키아의 위기 상황으로 인해 체임벌린이 히틀러를 만나기 위해 뮌헨으로 세 번째 발걸음을 향했다. 1938년 체코슬로바키아에서 벌어진 일련의 위기상황, 즉 1,400만 명의 체코슬로바키아 인구 중 약 300만 명은 독일어를 사용하는 독일계였는데 이들이 주로 거주하고 있던 수데텐란트(Sudetenland)에서 자신들을 독일에 합병시켜줄 것을 강력히 요구하는 폭동이 일어났다. 이는 히틀러와 나치의 배후 조종에 의해서 벌어졌고 히틀러는 수데텐란트는 독일의 영토이며 당연히 독일에 합병되어야 한다고 강력하게 주장했다. 9월 15일 체코 정부는 그 요구를 받아들일 수 없다고 했으며 그로 인해 유럽 전역에 팽팽한 긴장감이 형성되기 시작했다.

그러자 체임벌린 총리는 히틀러를 만나 체코슬로바키아에 대한 침공을 막기 위한 설득 작업에 들어갔으며 독일로 합병되기를 원하는 주민이 과반수가 넘는다면 주민들의 뜻에 따르자는 방안을 내놓았다. 그리고 프랑스 정부도 영국 정부에 동조하여 체코슬로바키아의 베네시(Beneš) 대통령에게 자신들이 내놓은 제안을 수용할 것을 강하게 요구했다.

그리고 체임벌린 총리는 영국으로 돌아왔지만 교활한 술책가였던 히틀러는 그 제안은 자신의 의견이 완전히 포함되지 않았기 때문에 받아들일 수 없다고 했고 그로 인해 다시 9월 22일 히틀러를 만나기 위해 히틀러가 좋아했던 휴양지 중 하나였던 바트 고데스베르크(Bad Godesberg)에 있는 드레센 호텔로 향했다.

체임벌린 총리는 히틀러의 요구 조건을 받아들여야 한다고 했지만 영국 내각은 그의 주장에 대해 반대하고 있었다. 9월 23일 체코는 총동원령을 내렸고 영국 해군도 전쟁 대비 상태에 들어갔다. 체임벌린 총리는 9월 27일 "얼굴도 모르는 사람들이 살고 있는 머나먼 두 나라의 영토 분쟁 때문에 지금 이곳에서 우리가 방독면을 준비해야 하고 참호를 파야 하는 현실이 얼마나 끔찍하고 말도 안 되는 일이라 어이가 없을 뿐입니다."라고 발표했다.

프랑스와 영국은 히틀러와의 중재자 역할을 위해 이탈리아의 무솔리니를 끌어들었고 9월 29일 체임벌린은 프랑스 총리였던 에두아르 달라디에(Édouard Daladier)와 함께 뮌헨에서 히틀러와 무솔리니가 참석한 회담을 가졌다. 그곳에서 무솔리니가 제안한 것처럼 보였지만 실질적으로는 히틀러의 요구 조건이 모두 들어가 있는, 즉 독일 외교부에서 만들었던 것이나 마찬가지였던 안에 모두 동의했다. 다음날 아침 체임벌린은 히틀러를 만나 매우 유익하고 즐거운 회담이었다고 말하면서 협정안에 서명하게 된다. 그리고 그 협정안을 9월 30일 헤스턴 공항에서 군중들을 향해 펼쳐보였던 것이다.

그리고 독일은 곧바로 수데텐란트를 합병했다. 하지만 1939년 5월 체코 전부를 점령하기 전까지 약간의 시간만 더 소요되었을 뿐이었다. 히틀러는 "나는 6개월 정도 프라하를 점령하지 않으려고 한다. 그 정도 시간이면 오랜 친구들에 대해 충분히 생각해준 것 같다."라고 말했다.

---

뮌헨 협정은 체코슬로바키아 내에 독일계 주민들이 많이 살고 있던 수데텐란트 영토 분쟁에 관련된 협정이다. 이 협정은 독일 뮌헨에서 논의되었으며 체코슬로바키아는 참석하지 않고 유럽 열강들만 참석한 채로 체결됐다. 이 회담은 나치 독일에 대한 유화책이었다. 이 협정에서 영국, 프랑스, 이탈리아는 독일이 수데텐란트를 합병하도록 승인하였다.
체코슬로바키아가 이 회담에 참석하지 못했기 때문에 오늘날의 체코와 슬로바키아에서는 뮌헨 협정이 '뮌헨 늑약'이라고 불리며 프랑스와 체코슬로바키아의 동맹이 지켜지지 않았기 때문에 '뮌헨의 배신'이라고도 불린다.

---

We, the German Führer and Chancellor and the British Prime Minister, have had a further meeting today and are agreed in recognising that the question of Anglo-German relations is of the first importance for the two countries and for Europe.

We regard the agreement signed last night and the Anglo-German Naval Agreement as symbolic of the desire of our two peoples never to go to war with one another again.

We are resolved that the method of consultation shall be the method adopted to deal with any other questions that may concern our two countries, and we are determined to continue our efforts to remove possible sources of difference and thus to contribute to assure the peace of Europe.

A Hitler

Neville Chamberlain

September 30, 1938.

군사 전문가들은 여전히 2차 세계대전의 실제 발발시점이 뮌헨 협정* 때문에 약 1년 정도 뒤로 미루어진 건지 아닌지에 대해 다양한 의견을 내놓고 있다. 하지만 아마도 체임벌린의 저자세로 인해 히틀러가 영국을 얕잡아보게 됐을지도 모른다.

1939년 히틀러는 휘하의 장군들에게 "우리의 적들은 별 힘없는 작은 벌레들이나 마찬가지이다. 난 뮌헨에서 그런 모습을 보았었다."라고 말했다.

왼쪽: 1938년 9월 30일 뮌헨에서 헤스턴 공항으로 돌아온 체임벌린
위: 히틀러와 체임벌린이 서명한 협정안.

다음 페이지: 체임벌린이 뮌헨을 떠날 때 SS 친위대의 열병식. 체임벌린의 왼쪽 옆에 있는 사람은 독일 외무부 장관인 폰 리벤트로프(von Ribbentrop).

# 2 히틀러의 작전명령 제1호

1933년 아돌프 히틀러가 독일의 총리가 되자 먼저 정치적인 목적을 위해 군대를 자신의 통제하에 두었고 1919년 베르사유 조약을 직접적으로 위반하는 내용의 군대 재정비 프로그램을 가동할 것을 지시했다. 막강한 군사력을 앞세워 강대한 독일 제국을 건설하겠다는 계산이 깔려 있었다.

군사 문제에 관한 히틀러의 생각은 군대에게 보내는 일련의 작전 명령들을 통해 나타났었다. 단순한 지시라기보다는 향후에 벌어질 일들에 대한 좀 더 폭넓은 지령들은 전략적인 사안들을 포함하고 있었으며 오스트리아를 합병하도록 지시한 내용을 담은 1938년 3월의 명령까지 이어지고 있었다.

1938년 1월 4일 히틀러는 군대를 정치적 간섭과 방해에서 최대한 벗어나게 만들기 위해서 군 조직 체계를 바꾸어 놓는다. 그래서 결국 국방군최고사령부(Oberkommandoder Wehrmacht: 독일의 최고 지휘관인 대통령이 직접 국방군을 지휘하기 위한 사령부이다. 1922년 기능이 정지되었으나, 히틀러가 스스로 국방군을 직접 지휘하기 위해 1938년 다시 창설하였다.)를 통솔하게 된다.

빌헬름 카이텔(Wilhelm Keitel) 장군을 국방군 최고 사령관으로 임명하긴 했지만 빌헬름 카이텔은 히틀러의 심복으로 히틀러의 말이라면 맹목적으로 따르는 사람이었기 때문에 실질적으로 군대를 움직이는 것은 히틀러였다.

백색 작전(Case White: 나치의 폴란드 침공 계획 작전명)으로 알려진 폴란드 침공 계획은 원래 1939년 4월에 처음으로 수립되었다. 하지만 그 계획은 독일이 외교적으로 고립되는 상황을 피하기 위해 그해 8월 러시아와 맺었던 독·소불가침 조약 이 이루어질 때까지 미루어졌다. 8월 넷째 주 경에 모든 준비가 끝났다. 히틀러는 폴란드와의 영토 분쟁 문제에 있어서 영국과 프랑스가 정치적으로 해결하려는 의지가 약하다고 판단했고 이런 생각은 1939년 8월 31일의 작전 명령 제1호에 반영되어 있었다. "독일의 동쪽 국경 지대는 더 이상 용납될 수 없는 상황에 이르렀고 평화적으로 해결할 수 있는 여지도 기대할 수 없다. 그래서 나는 강제적으로라도 이를 해결하려고 한다."

백색 작전의 짧은 명령문 뒤에는 독일 서부의 전선에 관련된 더 길고 상세한 내용들을 포함하고 있었다. 독일의 군대는 중립국이었던 네덜란드, 벨기에, 룩셈부르크 그리고 스위스에 대해서는 그들의 뜻을 최대한 존중해주려고 했으며, 영국과 프랑스가 서부 유럽의 문제에 대해 끼어드는 것은 강력하게 경고했다. 영국이나 프랑스 둘 중 하나라도 독일에 대항해서 공격적으로 나온다면 프랑스의 방어망을 위협하기 위해 언제든지 힘들이지 않고 중립국들을 공격할 수도 있었다.

9월 3일 영국과 프랑스가 독일에게 선전 포고를 하자 같은 날 히틀러는 작전 명령 2호를 발령했다. 지령 51호(1943년 11월 3일)까지 계속해서 지령들이 내려졌으며 지령 51호는 서부 전선에서 연합군의 공격에 대비하기 위한 부대의 배치를 지시하는 내용이었다. 지령에 담긴 내용들은 오래전부터 전략적인 내용에서 군사 작전의 세세한 부분까지 히틀러가 직접 관여하는 내용들로 바뀌었고 이로 인해 작전장교들의 역할이 줄어들었고 제대로 된 방향으로 전술을 수립할 수 있는 기반이 약해졌다.

1943년 11월부터 독일은 수세로 몰리기 시작했고 히틀러의 작전명령 형태도 바뀌어서 즉석에서 내려진 지시들이나 일별 지시사항들로 꾸려졌다. 1945년 4월 15일 히틀러가 자살하기 전날 밤까지 그런 식으로 지시들이 내려졌다.

독·소불가침 조약
1938년 8월 23일, 모스크바에서 조인된 독일과 러시아 양국간의 불가침 조약으로 서로간에 어떠한 공격도 하지 않을 의무를 지고, 양국간의 중립을 약속하며 제3국과의 전쟁이 이루어진 경우 그 제3국을 지지하지 않을 것을 약속하였다. 그 조약에는 폴란드와 발트 3국(에스토니아, 라트비아, 리투아니아) 등의 분할이 약속되어 있었다. 그 조약의 체결로 독일의 폴란드 침입에 청신호가 되어 유럽에서의 전쟁이 시작되었으며 2차 세계대전 개막의 시초가 되었다.

위: 1939년 9월 1일 독일의 폴란드 침공.

오른쪽: 히틀러의 작전 명령 1호, 폴란드 침공을 지시하는 내용으로 1939년 8월 31일 내려졌다.

C-126 C

Der Oberste Befehlshaber der Wehrmacht

OKW/WFA Nr. 170 /39 g.K.Chefs. L I

Berlin, den 31.8. 39.

8 Ausfertigungen
2. Ausfertigung.

**Weisung Nr. 1**

**für die Kriegführung.**

1.) Nachdem alle politischen Möglichkeiten erschöpft sind, um auf friedlichem Wege eine für Deutschland unerträgliche Lage an seiner Ostgrenze zu beseitigen, habe ich mich zur gewaltsamen Lösung entschlossen.

2.) Der Angriff gegen Polen ist nach den für Fall Weiss getroffenen Vorbereitungen zu führen mit den Abänderungen, die sich beim Heer durch den inzwischen fast vollendeten Aufmarsch ergeben.

Aufgabenverteilung und Operationsziel bleiben unverändert.

Angriffstag: .1.9.39..

Angriffszeit ........

Diese Zeit gilt auch für die Unternehmungen Gdingen - Danziger Bucht und Brücke Dirschau.

3.) Im Westen kommt es darauf an, die Verantwortung für die Eröffnung von Feindseligkeiten eindeutig England und Frankreich zu überlassen. Geringfügigen Grenzverletzungen ist zunächst rein örtlich entgegen zu treten.

Die von uns Holland, Belgien, Luxemburg und der Schweiz zugesicherte Neutralität ist peinlich zu achten.

- 2 -

C-126 C

- 2 -

Die deutsche Westgrenze ist zu Lande an keiner Stelle ohne meine ausdrückliche Genehmigung zu überschreiten.

Zur See gilt das gleiche für alle kriegerischen oder als solche zu deutenden Handlungen.

Die defensiven Massnahmen der Luftwaffe sind zunächst auf die unbedingte Abwehr feindl. Luftangriffe an der Reichsgrenze zu beschränken, wobei so lange als möglich die Grenze der neutralen Staaten bei der Abwehr einzelner Flugzeuge und kleinerer Einheiten zu achten ist. Erst wenn beim Einsatz stärkerer franz. und engl. Angriffsverbände über die neutralen Staaten gegen deutsches Gebiet die Luftverteidigung im Westen nicht mehr gesichert ist, ist die Abwehr auch über diesem neutralen Gebiet freizugeben.

Schnellste Orientierung des OKW über jede Verletzung der Neutralität dritter Staaten durch die Westgegner ist besonders wichtig.

4.) Eröffnen England und Frankreich die Feindseligkeiten gegen Deutschland, so ist es Aufgabe der im Westen operierenden Teile der Wehrmacht, unter möglichster Schonung der Kräfte die Voraussetzungen für den siegreichen Abschluss der Operationen gegen Polen zu erhalten. Im Rahmen dieser Aufgabe sind die feindl. Streitkräfte und deren wehrwirtschaftl. Kraftquellen nach Kräften zu schädigen. Den Befehl zum Beginn von Angriffshandlungen behalte ich mir in jedem Fall vor.

- 3 -

C-126 C

- 3 -

Das Heer hält den Westwall und trifft Vorbereitungen, dessen Umfassung im Norden - unter Verletzung belg. oder holländ. Gebietes durch die Westmächte - zu verhindern. Rücken franz. Kräfte in Luxemburg ein, so bleibt die Sprengung der Grenzbrücken freigegeben.

Die Kriegsmarine führt Handelskrieg mit dem Schwerpunkt gegen England. Zur Verstärkung der Wirkung kann mit der Erklärung von Gefahrenzonen gerechnet werden. OKM meldet, in welchen Seegebieten und in welchem Umfang Gefahrenzonen für zweckmässig gehalten werden. Der Wortlaut für eine öffentl. Erklärung ist im Benehmen mit dem Ausw. Amte vorzubereiten und mir über OKW zur Genehmigung vorzulegen.

Die Ostsee ist gegen feindl. Einbruch zu sichern. Die Entscheidung, ob zu diesem Zwecke die Ostsee-Eingänge mit Minen gesperrt werden dürfen, ~~bleibt vorbehalten~~ trifft Ob.d.M.

Die Luftwaffe hat in erster Linie den Einsatz der franz. und engl. Luftwaffe gegen das deutsche Heer und den deutschen Lebensraum zu verhindern.

Bei der Kampfführung gegen England ist der Einsatz der Luftwaffe zur Störung der engl. Seezufuhr, der Rüstungsindustrie, der Truppentransporte nach Frankreich vorzubereiten. Günstige Gelegenheit zu einem wirkungsvollen Angriff gegen massierte engl. Flotteneinheiten, insbes. gegen Schlachtschiffe und Flugzeugträger ist auszunutzen.

- 4 -

C-126 C

- 4 -

Angriffe gegen London bleiben meiner Entscheidung vorbehalten.

Die Angriffe gegen das engl. Mutterland sind unter dem Gesichtspunkt vorzubereiten, dass unzureichender Erfolg mit Teilkräften unter allen Umständen zu vermeiden ist.

Verteiler:

| | |
|---|---|
| OKH | 1. Ausf. |
| OKM | 2. " |
| R.d.L.u.Ob.d.L. | 3. " |
| OKW: | |
| Chef WFA | 4. " |
| L | 5.-8. " |

# 3 옐로 스타(Yellow Star)

'Jude(유대인)'이라는 단어가 적혀 있는 6개의 꼭지점을 가진 노란색 다윗의 별은 나치의 희생양인 유대인에게 부착되었던 배지로 알려졌다. 1933년 히틀러가 권력을 손에 쥐자마자 독일에서 유대인에 대한 학대가 시작되었지만 유대인들을 다른 사회 구성원들과 구분하도록 하는 마크나 어떠한 표식도 없었다. 하지만 다윗의 노란 별은 1933년 4월 1일부터 유대인 소유의 상점들에 대해서 보이콧을 시작한다고 발표한 후 그 상점들의 창문에 그려지기 시작했다.

유대인 마크는 나치 리더들 사이에서 논의된 주제가 아니었기 때문에 이 위협적인 낙서는 공식적으로 준비된 것으로 보이지는 않는다. 차라리 이는 일반 나치 당원들과 나치 돌격 대원들이 시작한 낙서와 그 안에 포함된 생각들이 독일 언론 특히 라디오를 통해 빠르게 퍼져나가기 시작한 것으로 보인다.

1938년 11월 7일, 파리에 있는 독일 대사관의 3등 서기관인 에른스트 폰 라스(Ernst von Rath)가 폴란드계의 유대인 허셸 그린즈판(Herschel Grynszpan)에 의해 암살되었다. 이에 대한 보복으로 보안 방첩대의 수장이었던 라인하르트 하이드리히(Reinhard Heydrich)는 독일과 오스트리아에 존재하는 모든 유대인들의 예배당을 파괴하도록 명령했다. 이러한 조치는 오랫동안 준비되어 온 것이었다. 폰 라스의 살해는 단지 11월 9일의 밤에 시작된 잔학행위의 구실을 제공한 것뿐이었다. 나치 불량배들은 177개의 유대교회당 철거만이 아니라 약 7,500개의 유대인 소유 상점을 파괴했다. 모든 도시의 거리는 깨진 유리 조각들로 뒤덮였고 이러한 사건들은 깨진 유리조각의 밤 또는 크리스탈의 밤이라는 뜻의 크리스탈나흐트(Kristallnacht)라 불렸다. 11월 12일 나치 지도자들의 화합에서 하이드리히가 유대인들을 구별하기 위한 특별한 마크를 제안했지만 1년이 다 되도록 마크에 대한 어떠한 조치도 취해지지 않았다.

하지만 폴란드 침공 이후 1939년 9월부터 유대인 마크는 독일의 통치를 받는 지역에 도입되었다(러시아는 폴란드의 동부 지역을 차지했다). 처음에는 정해진 정책이 존재하지 않았으며 이는 개개인의 나치 당원들이 그들의 관할권 지역에 있는 유대인들에게 마크를 달도록 명령하느냐 마느냐의 문제였다. 마크의 디자인은 지역마다 달랐다. 하지만 1939년 11월 23일 폴란드 지역의 독일 총독 한스 프랑크(Hans Frank)는 10세 이상의 모든 유대인들이 노란색의 다윗의 별이 새겨져 있는 완장을 오른쪽 팔에 착용하도록 명령했다. 1942년 11월부터 폴란드에 거주하는 유대인 85퍼센트 이상이 집단 학살 수용소로 보내졌다. 이 수치는 폴란드 내 러시아의 통치 지역에 거주하는 유대인들을 포함한 것이다.

1941년 6월 히틀러의 러시아 침공 후 1941년 9월 1일에 독일과 폴란드에 거주하는 모든 유대인들은 'Jude'라는 단어가 새겨진 노란색 다윗의 별을 왼쪽 가슴에 달도록 지시되었다. 이 명령은 이후 독일이 점령한 대부분의 지역에 거주하는 유대인들에게까지 확대되었다. 독일이 덴마크에 거주하는 유대인들에게 별을 달도록 명령하였을 때 덴마크의 왕 크리스찬 10세(Christian X)는 유대인을 표시하는 별을 자신에게 달았고 덴마크의 모든 국민들은 유대인 여부와 무관하게 모두 그에 따라 별을 달았다. 그래서 결국 독일은 명령을 철회해야만 했다는 전설적인 이야기가 전해온다. 실제적으로 독일은 덴마크에 있던 유대인들에게 별을 달도록 요구하지는 않았었다. 전설이 아니라 실제적으로 7,500명의 덴마크 유대인들이 집단 학살 수용소로 강제 이송될 위기에 처하자 유대인이 아니었던 덴마크 사람들이 그들을 숨겨주었고 그 후 스웨덴으로 밀입국하도록 도왔다.

왼쪽: 프랑스 유대인들이 1942년 7월 파리의 북동부 드랑시(Drancy) 수용소에서 사진 촬영되었다. 그 후 이들은 동부 집단 학살 수용소로 향하는 기차에 태워졌다.

위: 노란색 다윗의 별.

# 4 에니그마 장비(Enigma Machine)

에니그마(Enigma)는 코흐(H. A. Koch)라는 독일인이 고안해낸 개념에 기반을 둔 암호 생성 장비를 일컫는 말로 1923년 벨기에의 엔지니어였던 아르투르 슈르비우스(Arthur Scherbius)에 의해서 최초로 선을 보이게 되었다. 1929년 독일 육군과 해군은 각각 다른 버전의 에니그마를 구입했고 그 후 SS 친위대, 첩보국, 독일 국영 철도에서도 에니그마를 구입했다.

에니그마는 회전하는 3개의 원판으로 구성되어 있는데 이들 원판을 로터(Rotor, 회전자)라고 불렀고 키보드와 연결되어 전기를 통해 램프가 켜지게 되어 있다. 자판 하나를 누르면 원판이 돌면서 누른 자판과 연결된 램프가 켜진다. 예를 들어 B라는 글자를 누르면 X글자가 있는 램프가 켜지고 그런 식으로 문장을 암호화하게 된다. 에니그마의 초기 버전에서는 암호문을 만들어야 하는 문장을 타이핑하면 그 문장은 최종적으로 겉보기에 아무런 뜻도 없는 난해하게 보이는 글자들로만 나타나게 되고 이 내용을 무전을 통해 전달했다. 그리고 그 무전을 받은 측에서는 암호문을 해독할 수 있게 에니그마를 세팅하고 처음 암호문을 만들었던 방법과 동일한 방식으로 타이핑해서 해독 작업을 했다.

2차 세계대전 동안 독일은 절대 에니그마가 만들어낸 암호문이 깨지지 않을 것이라고 확신했다. 왜냐하면 암호문을 해독하기 위한 시그널을 매일 수백만 개 이상 만들 수 있었기 때문이다. 매일마다 로터 세팅이 변경됐고 또 매일 바뀌는 세팅을 알고 있다 하더라도 에니그마를 가지고 있어야만 그나마 암호문을 풀 수 있었다. 에니그마의 단점은 26개의 알파벳 글자만으로 암호를 만들어야 했기 때문에 숫자는 사용할 수 없었고 또한 암호문과 복호문의 글자가 똑같이 나타날 수 없었다. 즉 A라는 글자를 똑같이 A라는 글자로 암호화할 수 없었다. 그림이나 도표는 간결하게 말로 풀어서 설명해야 했다.

1932년 초 폴란드 측에서 에니그마 장비를 획득하였고 이를 통해 독일의 일부 교신내역을 읽을 수 있게 되었다. 그리고 1939년에 프랑스에, 1940년에는 영국에 관련 정보를 넘겨주었다. 영국 정부는 블레츨리 파크(Bletchley Park-암호와 해독을 위한 캠프)에서 1940년의 노르웨이와 프랑스 전투에서 사용했던 독일 공군의 에니그마 암호를 풀어보려는 시도를 시작했으며 실제적으로는 얼마 후 독일 해군의 신호를 해독할 수 있게 되었다.

1940년 7월 10일부터 10월 31일에 벌어졌던 영국 본토 공습 동안 독일 공군의 통신은 대부분 유선 전화를 통해 이루어졌고 그로 인해 블레츨리 파크에서 통신 내용을 알 수가 없어 연합국들은 심각한 위기 상황에 내몰리게 되었다. 대서양 전투 동안 독일 해군 최고사령관인 되니츠(Dönitz)가 에니그마 장비에 기존의 3개였던 로터에 새로운 로터를 하나 더 장착해서 그로 인해 더 복잡한 암호화 메시지를 생성해 내었다. 그리고 그 암호를 이용한 U 보트의 공격에 대해서 연합국은 완전히 꼼짝없이 당하기 시작했다. 개선된 독일의 새로운 암호 체계를 풀기 위한 블레츨리 파크의 수많은 노력 끝에 마침내 U 보트의 암호를 복호화하는 데 성공했다. 자신들의 암호 체계를 절대 깨지 못할 것이라고 생각한 되니츠 사령관은 U 보트들을 지휘하기 위해 방대한 양의 무선 신호를 보내게 되었는데 이로 인해 블레츨리 파크에서 암호를 풀 수 있는 계기가 되었다.

2차 세계대전 동안 몇몇의 에니그마 장비를 입수했지만 이들을 이용해 독일군의 교신내용을 부분적으로만 해독할 수밖에 없었다. 1942년 3월 노르웨이의 로포텐 제도(Lofoten Islands)를 급습한 영국의 최정예 습격 부대였던 코만도(Commando)가 최신의 에니그마 장비 2대를 손에 넣었다. 그리고 1941년 5월과 1941년 7월에 각각 영국군은 2척의 독일 기상 관측선을 나포하였고 그 안에서 에니그

왼쪽: 하인츠 구데리안(Heinz Guderian) 장군이 19 기갑사단을 이끌고 프랑스 전투에 참여해 반궤도 장갑차 위에서 에니그마 장비를 사용하고 있다.

오른쪽: 대략 1930년대에 사용된 3개의 회전판을 가지고 있는 에니그마 장비.

마 장비의 암호 해독문을 손에 넣었다. 또 1941년 5월 U-110호가 침몰되기 직전 영국 구축함의 병사들이 그 안에서 에니그마 장비와 암호문을 손에 넣기도 했다. 1942년 10월 영국 해군의 페타드(Petard)호는 U-559호를 공격해 최신의 암호책을 입수하였다. 1944년 USS 피츠버그(USS Pittsburgh)호는 U-505호를 공격해 암호문을 얻기도 했다.

독일 암호 체계를 깨기 위한 블레츨리 파크의 작업은 컴퓨터의 시초라고 할 수 있는 봄베(Bombe)의 개발이 있었기에 가능했다.

# 5 SS 배지

SS 배지들은 제복과 부대에 따라 다양하지만 2개의 번개와 해골의 두 가지 테마가 일반적이다. 친위대를 뜻하는 Schutzstaffel의 줄임말인 SS의 존재는 검은 셔츠차림의 히틀러 개인 경호원으로부터 시작되었다. 군대에 복무한 적도 없고 심지어 총소리 한 번 들어보지 못한 양계업 종사자 하인리히 히믈러(Heinrich Himmler)가 이 경호대를 지휘하도록 히틀러가 지시했다. 이 경호대는 히틀러가 정권을 장악하는 데 큰 공을 세웠던 갈색 셔츠 차림의 나치 돌격대(SA)로부터 조직되었다. SS는 초기에는 작은 조직으로 출발해서 나중에는 거대한 부대로 확장되었다. 히믈러의 주요 임무는 나치 권력을 지속할 수 있도록 하는 것이었다.

Schutzstaffel라는 이름은 SS로 단축되었고 고대 게르만족의 '룬' 문자를 모방하여 2개의 번개 문양으로 묘사되었다. 이 2개의 번개 문양은 검은색의 옷깃(칼라)에 달았으며 대부분은 한쪽 옷깃에만 달았다. 이는 모든 SS 부대를 나타내는 표시가 되었지만 초기에는 히틀러의 경호 임무를 맡은 라이프슈탄다르테 아돌프 히틀러(Leibstandarte Adolf Hitler) 부대원에게만 주어진 표식이였으며 그들은 히틀러가 권력을 손에 쥐자 경호 임무를 수행하기 위해 뮌헨에서 베를린으로 이동했다.

SS가 달았던 또 다른 해골 문양의 배지는 대개 모자의 앞면에 새겨진 독일 독수리 문양 아래 달렸다. 그들의 검은 군복에 달린 이 배지는 프로이센 기병대와 독일 황제의 상징으로 쓰였던 해골 문양을 모방한 것이다.

옷깃과 모자의 배지뿐만 아니라 SS는 그들의 부대를 표시하기위해 소매띠를 착용했다. 라이프슈탄다르테 아돌프 히틀러 사단은 아돌프 히틀러를 수놓은 1개의 소매띠를 착용했다. 또한 다스 라이히(Das Reich)가 이끈 제2 SS 기갑사단은 다스 라이히 소매띠를 착용했다. 117명으로 시작된 라이프슈탄다르테는 곧 히틀러의 개인 경호원이자 운전수였던 제프 디트리히(Sepp Dietrich)가 이끄는 2개의 대대로 확장되었다.

1934년 6월 30일 히틀러가 SA의 지휘관이었던 에른스트 룀(Ernst Röhm)의 처형을 지시했을 때 라이프슈탄다르테는 '피의 숙청 사건(The Night Of The Long Knives)'에 가담한다. 라이프슈탄다르테 소속 하사관들로 이루어진 암살자들이 디트리히의 지휘 아래 뮌헨에서 6명을 그리고 베를린에서 3명을 죽인다. 이 숙청 작업의 배후 동기 중 하나는 SA가 차후에 정적 관계로 발전할 수도 있다는 것을 견제하기 위한 것으로 히틀러와 군대가 서로 암묵적으로 동의하는 가운데 일어났다. SA는 그렇게 되지는 못했지만 SS는 나중에 대부분 군대 조직으로 바뀌었다. 1934년부터 1935년 사이에 대부분의 SS 부대는 SS 직할부대(SS-Verfugüngtruppe, SS-VT)로 개편되고 2개의 새로운 연대인 게르마니아(Germania)와 도이칠란트(Deutschland)가 추가된다. 193 8년 3월 오스트리아에 있던 독일 점령군에서는 라이프슈탄다르테 예하의 기갑대대가 선두에 섰다.

1938년 7월, 히틀러가 모든 SS 직할부대는 전쟁 시 육군의 일부분으로 편성될 것이라고 공식 발표했다. 1943년 라이프슈탄다르테는 제1 SS 라이프슈탄다르테 기갑사단이 되었고 도이칠란트 연대와 데어 퓨어러(Der Führer)연대가 제2 SS 기갑사단이 되었다. 결과적으로 무장 친위대(Waffen SS: SS-VT의 바뀐 이름) 소속으로는 38개 사단에 거의 25만 명 가까운 부대원들이 있었다. 히틀러가 처음에 군대에게 했던 약속보다 훨씬 많았다. 무장 친위대는 2차 세계대전에서 광신적이고 수준 높은 전투력을 보유한 병사들이라는 평판을 얻었다. 하지만 그렇다고 해서 특히 러시아와 프랑스에서 그들이 군인과 민간인 모두에게 수많은 잔혹 행위를 저질렀다는 사실을 잊으면 안 된다. 심지어 이러한 잔혹행위에 대해 '눈에 보이는 모든 사람들을 죽이는 재미'란 뜻을 가진 라바츠(rabatz)라는 말로 SS를 가르키기도 했다.

이보다 더욱 악명높은 잔혹 행위는 친위대의 일부 조직인 SS 해골부대(SS-Totenkopfverbände, SS-TV)라는 수용소 경비부대에서 이루어졌다. 무장 친위대와는 달리 SS 해골부대는 그들의 제복 위에 해골 배지를 달았다. 그들은 전직 양계업자인 살인마 히믈러의 지시 아래 수백만 명을 수용소로 보내 살해했다.

왼쪽: 1933년 뉘른베르크(Nürnberg)에서의 행진. 그 당시 모토는 "Deutschland Erwache(독일이여 깨어나라)"였다.

위쪽: 은도금한 고대 게르만족의 '룬' 문자가 새겨진 청동 SS 배지.

# 6 슈투카(Stuka)

독일의 급강하 폭격기인 융커스 87(Junkers 87)은 독일 육군을 근접 지원하기 위해 개발되었다. 1918년경 1차 세계대전 때 영국 육군을 지원하는 영국 왕립 비행단(Royal Flying Corps: 후에 영국 공군으로 합병됨)의 지원 사격에 속수무책으로 당했던 경험을 바탕으로 만들어졌다.

독일은 영국과는 극명하게 대비되는 전략 기술들을 더 한층 개발시켰다. 1939년 무렵 영국 공군은 육군과 해군의 요구를 무시한 채 독자적인 전쟁 전략을 추구하면서 지상군을 근접 지원하는 전략은 말만 번지르르하게 늘어놓고 있었다.

독일의 전술 교리는 포병의 지원 범위를 벗어나는 위험을 감수하더라도 전차를 최대한 앞으로 전진시키고 포병이 지원하지 못하는 부분은 공중 지원 특히 슈투카와 같은 급강하 폭격기 등을 활용한다는 것이었다.

슈투카의 급강하 폭격은 특히 도시에서 효과적으로 이루어졌는데 일렬로 늘어선 차량을 공격하기에는 그 효과가 더할 나위 없었다. 하지만 넓게 흩어져 있는 보병에게는 별로 효과적이지 못했지만 공격을 받는 쪽에서 이런 단점을 파악하는 데는 오랜 시간이 걸렸다.

슈투카가 급강하할 때 발생하는 귀를 찢을 뜻한 굉음(사이렌 소리)은 상대에게 심리적인 불안감을 증폭시켰다. 슈투카 조종사들은 약 1,800미터 상공에서 급강하하기 시작했으며, 이때 조준된 목표물을 정조준하기 위해 보조익(Ailerons)을 사용했고 정확한 급강하 각도를 맞추기 위해 자동 브레이크를 사용했다.

보통 275미터 상공에서 폭탄을 투하한 후 곧바로 자동 복구 시스템을 이용해 슈투카를 수직 강하에서 벗어나게 했다. 이 순간 조종사가 받는 관성력은 약 6G에 이르게 된다. 때때로 슈투카에서 폭탄을 목표물에 너무 가까이 투하해서 슈투카 역시도 피해를 받게 되는 경우도 있었다. 이것은 순수히 운에 맞길 수밖에 없는 재래식 폭격기의 운명이었다.

슈투카에는 기관총이 장착되어 있었고 고정 랜딩 기어와 갈매기형 날개(Gull Wing)를 가지고 있었다. 하지만 비행 속도가 워낙 느렸고 장착된 기관총은 속도가 빠른 전투기를 상대로 할 때는 거의 쓸모가 없었다. 특히 급강하를 한 직후 다시 솟아 오를 때의 슈투카는 무방비 상태에 가까웠다.

영국 전투기였던 스핏파이어(Spitfire)나 허리케인(Hurricane)은 슈투카의 영국 본토 공격 시 이러한 약점을 이용해 그들을 격추했다. 하지만 러시아나 북아프리카 전투에서 슈투카는 수많은 탱크들을 파괴하며 그 존재의 의미를 부각시켰다.

1942년 초, 중반 영국 공군이 우위를 점하기 전까지 슈투카는 북아프리카에서 맹위를 떨쳤으며 지중해에 있는 이탈리아, 그리스 섬들, 북아프리카 해안 등 해상에서도 성공적으로 임무를 수행했다.

이는 영국 공군이 좋은 항공모함 함재기를 가지지 못했기 때문이었으며, 1944년 미국 그러먼 사의 헬캣(Hellcat)을 인도받고 나서야 전황을 유리하게 이끌 수 있었다. 하지만 또 다른 이유로 영국 해군을 위한 전투기 공급이 주로 영국 공군에서 이루어졌고, 그 결과로 인해 항공모함용 전투기로 사용하기에는 적합하지 않은 전투기들이 주종을 이루었다. 이는 당시 미국과 일본의 주관심사였던 부분이었지만 영국은 그렇지 못했다.

슈투카는 지중해에서 특히 몰타로 항하는 영국 선박들에게 치명타를 입혔으며 몰타 본토뿐만 아니라 그곳에 정박해 있던 선박들에도 많은 타격을 주었다. 그곳에서 수리를 위해 정박 중이던 영국의 항공모함도 피해를 입었다.

1941년 크레타 섬에서 슈투카는 폭넓게 활용되어 독일 항공기의 착륙을 지원하고 섬이 함락되었을 때 영국 군대를 철수시키던 선박들을 공격하는 데 사용되었다.

왼쪽: 독일이 러시아를 침공했을 때 스탈린그라드 상공에 나타난 슈투카(1942년 9월부터 10월).
맨 위: 급강하 폭격 전에 슈투카(JU-87)는 반횡전(완횡전의 절반만을 행하는 특수 비행)을 시작한다.

아래쪽: 슈투카는 연합군이 공군력에서 우위를 점하기 이전인 2차 세계대전의 중반까지는 지상군의 근접 지원 임무와 대(對)함정 작전에서 탁월한 성능을 발휘했다.

# 7 스키부대

러시아는 자신들의 레닌그라드 군사 구역의 확장을 위해 핀란드에게 영토 반환을 요구했지만 핀란드가 이를 거부하자 1939년 11월 30일 핀란드를 침공했다.

핀란드 육군은 10개의 사단이 편성되어 있었지만 대포, 박격포, 무전기 그리고 심지어는 포탄까지 많은 군수 물자가 부족한 상태였다. 그런데도 핀란드는 1917년 볼셰비키 혁명 후 러시아로부터 얻어낸 자신들의 독립을 위해 싸우기로 결정했다.

핀란드 군인들은 여름이나 겨울 모두 숲이 우거진 지형 속에서 자신들이 가지고 있는 장점을 최대한 발휘할 수 있도록 훈련받았다. 예를 들어 눈위에서는 기동력을 위해 스키를 활용할 수 있었다. 핀란드는 러시아의 침공을 예측할 수 있었던 회담 기간을 이용해 방어선을 구축했다.

1,000km에 가까운 전선은 눈으로 덮인 숲과 호수가 주를 이루었고 거기에서는 현대식 군대의 기동 수단이 별로 쓸모가 없었다. 핀란드 사령관이었던 칼 구스타프 만네르하임(Carl Gustaf Emil Marshal Mannerheim)은 이 점을 이용해 라고다(Ladoga) 호수와 핀란드 만 사이의 좁은 육지인 카렐리아(Karelia) 지협(地峽)에 65km의 만네르하임 전선을 구축하고 6개의 사단을 배치하였다. 그리고 라고다 호수의 북동지역에 80km의 전선을 구축하고 2개의 사단을 배치하였다.

러시아 군대는 26개의 사단을 이끌고 핀란드를 향해 쳐들어갔으며 120만 명의 병력과 트럭 그리고 다수의 대포와 1,500대의 전차, 3,000대의 항공기를 동원했다. 하지만 그들에게는 심각한 결점이 있었고 그로 인해 스탈린의 휘하 장군들이 옷을 벗게 되는 숙청 작업이 벌어졌다. 작전 지휘관들은 공산당 핵심 당원들의 비난을 걱정해야 하는 아첨꾼이 되었고, 즉결 처형이나 운이 좋으면 강제 수용소로 보내질 것을 걱정하면서 겨울 스키로 무장을 시키지 않은 이유에 대해 해명해야만 했다. 러시아 병사들은 겨울 전투에 대한 대비책이 너무 빈약했다. 백색 위장 전투복도 없었고 혹한에 대비한 군수물자도 전혀 준비되어 있지 않았으며 스키부대는 말할 것도 없었다. 북극권의 날씨에서 싸울 수 있는 준비가 터무니 없이 부족했다.

페차모(Petsamo)에서는 핀란드 1개 사단의 기습 공격에 막혀 러시아군이 더 이상 진격 하지 못하는 상태에 빠졌고 남부 연안에 있는 헬싱키, 항코(Hanko), 투르쿠(Turku)에서 벌어진 수륙 양용 작전은 실패로 끝났다. 러시아의 주력 부대는 카렐리아 지협에 포진하고 있던 12개의 사단으로 막강한 화력으로 무장되었지만 러시아군 측의 손실만 늘어가며 교착 상태에 빠져 있었다.

원래 핀란드군은 무장화기로 벌어지는 전투에서의 경험도 없었고 전차에 대항할 만한 무기도 없었다. 그래서 러시아 전차의 공격에 속수무책이었지만 얼마 못가 핀란드군은 긴 겨울밤 동안 보병의 지원없이 움직이는 장갑차나 군용 차량을 화염병으로 공격하는 법을 터득했다.

12월 말 핀란드군은 도로를 따라 이동할 수밖에 없는 러시아군의 약점을 이용해 스키 부대가 숲을 따라 이동하면서 측면을 공격하는 식으로 반격에 나섰다. 그로 인해 러시아군은 방어적인 형태를 취하며 웅크리게 되었고, 그렇게 흐트러진 러시아군은 핀란드군에 의해 타격을 받을 수밖에 없었다.

1939년 12월 11일부터 1940년 1월 8월까지 수오미살미(Suo mussalmi)에서는 핀란드군보다 네다섯 배나 규모가 큰 2개의 러시아 사단이 길을 따라 일렬로 길게 늘어서 있었는데 이들은 핀란드군의 스키 부대들이 산발적으로 벌이는 습격에 대항하기에는 기동성이 너무 떨어지는 상황을 맞이했다. 결국 핀란드군은 65대의 전차와 437대의 트럭, 10대의 모터사이클, 92문의 야포, 78문의 대전차포, 13문의 방공포, 소총 6,000정, 기관총 290정과 수많은 무

전기를 노획했다.

그 외에도 2만 7,500명의 러시아군이 전사했고 43대의 전차와 270대의 군용 차량이 파괴되었다. 그에 반해 핀란드군은 900명의 전사자와 1,770명의 부상자뿐이었다. 1940년 2월 1일 러시아군은 사령관을 티모센코 장군으로 교체한 후 9개의 사단을 추가 투입하였으며 수많은 사상자들에도 불구하고 이를 전혀 개의치 않는 무자비한 공격을 개시해 핀란드군의 방어선을 허물었다.

2월 13일 러시아군은 수마(Summa) 지역을 돌파했고 핀란드 수뇌부의 코앞까지 진격했다. 그리고 핀란드로부터 강화조약을 받아내기에 이르렀다. 하지만 러시아군은 이 전쟁에서 총 20만 명의 사상자와 수많은 군수물자의 손실을 입었고 이에 비해 핀란드군은 2만 5,000명의 사상자와 핀란드 영토 중 10분의 1에 해당하는 지역만 러시아에 빼앗겼다. '겨울 전쟁'이라고 알려진 이 전투를 통해 러시아가 받았던 또 다른 중요한 타격은 이를 통해 영국과 미국 그리고 특히 독일이 러시아의 군사력이 예상보다 약해 보인다고 생각 하게끔 만들었다는 점이다.

1941년 6월에 시작된 바르바로사 작전(Operation Barbarossa: 독일의 러시아 침공 계획)에서 히틀러는 러시아를 충분히 이길 수 있다고 생각했고, 독일의 러시아 침공 후 처음 몇달 동안은 영국과 미국도 히틀러의 생각과 비슷했다.

왼쪽: 팔에 스키 폴대를 끼고 소총으로 전투 준비를 하고 있는 핀란드 병사.

위: 활강을 통해 내리막길을 내려오고 있다. 산이나 숲에서 마음대로 움직이는 핀란드 보병의 스키 실력은 러시아군의 기동력보다 훨씬 월등했다.

다음 페이지: 방독면을 착용하고 백색의 전투 위장복을 입고 있는 핀란드 보병.

# 8 포켓 전함 '아드미랄 그라프 슈페'

포켓 전함 그라프 슈페는 3척의 도이칠란트급 순양함 중 가장 마지막으로 히틀러가 집권하기 직전에 건조된 배였다. 그때에는 1919년의 베르사이유 조약*에 의해 독일의 군비 확충이 연합국에 의해 제약을 받고 있었다. 그래서 독일은 최대 1만 톤급의 배수량을 가지는 전함만 만들 수 있었다. 하지만 도이칠란트급은 허용된 배수량에서 약 1,700톤을 초과했다.

그라프 슈페와 그의 자매함인 도이칠란트(Deutschland)와 아드미랄 셰어(Admiral Scheer)는 중무장은 되어있었지만 얇은 장갑, 상업용 원거리 레이더를 가지고 있어 강함보다는 빠름을 내세웠기 때문에 전투함처럼 보이지는 않았다. 이보다 더 빠른 전투 순양함은 영국의 후드(Hood), 리나운(Renown), 리펄스(Repulse)호 뿐이었다.

이들 함정은 심각한 위협을 가할 수 있는 잠재성을 가지고 있었다. 만약 독일이 베르사이유 조약에서 허용했던 데로 8척을 모두 건조했다면 대항할 수 있던 동급의 영국 함정이 3척뿐이었기 때문에 역부족인 결과를 초래할 수 있었다. 1922년 2월 6일 워싱턴 해군 군축 협약에 의거해서 영국은 더 이상의 전투 순양함을 만들 수 없었던 상황이었다.

2차 세계대전이 발발한 후 그라프 슈페와 도이칠란트는 빌헬름스하펜(Wilhelmshaven)항을 떠나 각자의 작전 구역으로 항해를 시작했다(그라프슈페는 남대서양으로 도이칠란트는 북대서양으로).

그들의 목적은 상선들에게 지속적인 위협을 가해 영국 해군의 부담을 가중시키기 위한 것이었다. 거의 매일 평균 2,500척의 영국 상선이 바다 위에서 움직이고 있었기 때문에 소형 전함들의 공격 목표는 넘쳐나는 실정이었다. 히틀러의 통상 파괴작전 명령이 내려진 후 도이칠란트는 2척의 상선을 침몰시키고 독일로 돌아가 수리를 마친 후 뤼트쵸프(Lützow)로 이름을 바꿨다. 하지만 그게 마지막이었다. 랑스도르프(Langsdorff) 함장이 지휘하는 그라프 슈페는 9척의 상선을 침몰시킨 후 1939년 12월 12일 우루과이의 라플라타강 하구로부터 240km 떨어진 곳에 있었던 영국의 하우드 준장이 총 지휘하는 중순양함 엑세터(Exeter)와 경순양함인 에이잭스(Ajax), 뉴질랜드의 아킬레스(Achilles)와 맞닥뜨리게 된다.

그라프 슈페는 엑세터보다 장갑이 더 두꺼웠고 6문의 11인치 포와 8문의 5.9인치 포를 가지고 있었기 때문에 화력이 더 좋았다. 경순양함에는 6인치 포가 전부였다. 그라프 슈페는 5만 4,000마력의 디젤 엔진을 탑재해 연료공급선의 연료 재급유 없이도 작전 반경이 1만 6,000km에 이르렀다. 증기 터빈 엔진을 사용하는 전함에 비해 2배 이상의 작전 반경을 가지는 셈이었다. 또한 사출 발사 함재기가 있었고 고성능 레이더를 장착하고 있었다. 그 당시 영국에는 레이더를 장착하고 있던 전함이 거의 없었다.

규모와 화력의 뚜렷한 불균형에도 불구하고 하우드 사령관은 그라프 슈페의 양 측면에서 공격을 가하기 시작했다. 전투 중에 있던 그라프 슈페를 일컬어 하우드는 "연막 뒤에 숨은 뱀장어가 꿈틀거리면서 움직이는 것 같았다."라고 했다.

---

*베르사이유 조약
1919년 6월 28일 파리 평화회의의 결과로 31개 연합국과 독일이 맺은 강화조약으로 독일은 해외 식민지를 잃고, 알자스 로렌을 프랑스에 반환하였으며, 유럽 영토를 삭감당하였다(면적에 있어서 13%, 인구에 있어서 10%). 육군 병력은 10만 이내로 제한되었으며, 참모본부·의무병역제도는 폐지되고, 공군·잠수함의 보유도 금지되었으며, 육·해군의 무장에 대해서도 엄격한 제한과 감시를 받았다.

그라프 슈페의 공격을 받은 엑세터는 대파되었지만 나머지 2척의 경순양함은 그라프 슈페를 향해 계속 함포를 발사했다. 하지만 얼마 못가 그 2척도 심각한 피해를 입게 되었고, 하우드는 결국 모두 철수할 것을 지시했다.

영국의 순양함들이 물러나자 랑스도르프 함장은 응급 수리를 위해 임시로 우루과이의 몬테비데오에 그라프 슈페를 정박시켰다. 그러자 몬테비데오에서 영국은 랑스도르프 함장을 기만하기 위한 술책을 폈다. 몬테비데오에 있는 영국 대사관에서는 항공모함인 아크로열 호와 전투 순양함인 리나운 호가 투입될 때까지 그라프 슈페를 붙잡아 놓기 위해 이미 영국의 대규모 함대가 도착해서 그라프 슈페를 기다리고 있다는 헛소문을 퍼트렸다.

랑스도르프 함장은 지금 상태로 밖에 나가면 그라프 슈페의 막심한 피해와 병사들의 의미없는 헛된 죽음만이 기다리고 있을 것이라고 생각했다. 하지만 우루과이에 정박되어 있던 그라프 슈페 호는 국제법상에 의해 머무를 수 있는 기간이 72시간밖에 없었다.

12월 17일 오후 4시 15분에 랑스도르프 함장은 그라프 슈페에 타고 있던 수병들을 내려놓고 라플라타 강 하구로 천천히 나아가 7시 36분에 닻을 내렸다. 그리고 20분 후 거대한 폭발과 함께 가라앉았다. 자욱한 연기와 섬광 속에서 그라프 슈페는 바닷속으로 침몰했다. 그때 아크 로열 호와 리나운 호는 그곳으로부터 1,600km나 멀리 떨어진 곳에 있었다.

3일 후 랑스도르프는 나치 국기 대신 프로이센 국기로 자신을 감싼 채 총으로 자살한다. 그리고 한 장의 유서를 남긴다.

“그라프 슈페를 침몰시킨 모든 책임은 나에게 있다. 조국의 명예를 지키기 위해 내 인생을 바칠 수 있어 행복하다.”

왼쪽: 그라프 슈페가 함장의 지시로 두동강이 나고 있다.

위: 몬테비데오에 정박하면서 전투에서 받은 피해를 살펴보고 있는 그라프 슈페의 수병들.

# 9 처칠의 시가

많은 사진 속에 윈스톤 처칠의 모습은 거의 시가를 물고 있거나 손에 들고 있다. 심지어 1942년 1월, 워싱턴으로부터 귀국하는 비행기 안에서 처칠이 커다란 시가를 들고 조종실에 앉아 있는 사진도 있다.

21번째 생일을 10일 앞둔 1895년 11월, 전년도 말에 영국의 육군 사관학교 Sandhurst를 졸업하고 제4경기병대 소위였던 처칠은 그의 친구 레저널드 반즈(Reginald Barnes)와 함께 스페인군이 원주민들이 일으킨 반란을 진압하고 있던 쿠바로 동행했다. 떠나기 전 그는 〈데일리 그래픽(Daily Graphic)〉이 반란 사태에 대한 그의 리포트를 기사화하도록 설득했다. 또한 그는 군사정보국인 채프먼(Chapman) 장군를 만날 수 있도록 허가한 영국군의 총사령관 울슬리(Wolseley)원수를 방문했다. 군사정보국장은 그에게 지도와 정보를 제공하면서 동시에 철갑탄의 성능을 포함하여 다양한 군사 사안에 대해 최대한 많은 정보를 획득할 것을 요구했다.

예나 지금이나 고위 관리를 직접 만날 수 있는 영향력을 가진 소위는 드물었다. 이는 처칠 가문의 영향력을 암시하고 있다. 정보를 얻자마자 처칠은 자신의 어머니 랜돌프 처칠(Randolph Churchil)여사에게 "38 Great Cumberland Place(어머니가 새로 이사한 런던의 집)의 지하 저장고에 보관할 아바나 시가를 많이 가지고 돌아오겠습니다."라고 편지를 썼다.

처칠은 쿠바에서 5개의 기사를 〈데일리 그래픽〉에 보내며 약 한 달 정도 머무르는 동안 몇몇 전투들을 목격하고 반란이 일어났던 이유에 대해 동정심을 느꼈다. 스페인 군대의 군인 자질에 대해 처칠은 "나는 그들의 용기에 대해서는 별로 할말은 없지만 후퇴 작전에 있어서만큼은 뛰어나다."라고 〈뉴욕월드(New York World)〉에 말했다. 어느 공격 전투 시 발데즈 장군과 함께 동행했는데 나중에 그의 어머니에게 보낸 편지에서 그때의 상황을 다음과 같이 말했다. "엄청난 총알들이 우리를 향해 발사되고 있습니다. 저는 총알 소리를 너무 많이 들어서 나중에는 휘파람 소리나 콧노래 소리처럼 편안하게 들릴 때도 있었습니다." 처칠은 〈데일리 그래픽〉에 총소리를 "가끔은 한숨소리 같고 어떨 땐 휘파람 소리 같고 또 어떨 때는 성난 말벌의 윙윙거림 같았다."라고 전했다. 처칠은 그의 인생 동안 많은 일들을 직접 보고 판단하고 싶어했다. 영국왕 조지 6세는 처칠에게 편지를 써서 1944년 6월 6일 노르망디 상륙작전에 직접 참가하지 못하게 막았던 적도 있었다.

그가 쿠바에서 얻은 또 다른 생활 습관은 쿠바산 시가를 피우는 것이었다. 그가 어머니에게 전했던 말과 같이 그는 시가를 즐겨 피웠으며 그가 집으로 돌아갈 때에는 한아름의 시가를 사갔다. 처칠은 여생 동안 하루에 6개에서 10개 정도의 시가를 피웠다. 시가 커터를 자신의 시계 체인에 달고 다니기는 했지만 이를 한 번도 사용하지 않았고 시가의 끝 부분을 성냥으로 자르는 것을 더욱 선호하였다. 또 시가의 재에 별로 신경을 안 써서 옷과 카펫에는 언제나 그을린 자국들이 수도 없이 많았다.

유럽에서의 전쟁이 끝난 후 포츠담 회담 동안(1945년 7월 16일~8월 2일) 스탈린은 처칠에게 자신도 시가를 피운다고 말했다. 그러자 처칠은 만약 스탈린이 시가를 피우는 사진이 전 세계로 퍼진다면 선풍적인 인기를 불러올 것이라고 말했다.

처칠이 1945년 2월 4일부터 11일까지 열린 얄타 회담을 마치고 영국으로 돌아오는 길에 이집트에 들려 파이윰(Fayyum) 호수에서 사우디아라비아의 왕 이븐 사우드(Ibn Saud)를 위한 공식 연회를 열었다. 처칠은 독실한 와하비 무슬림(Wahhabi Muslim)인 왕이 자신의 앞에서 시가를 피는 것을 허락하지 않을 것이라는 말을 들었다. 나중에 처칠의 기사에서 "나는 그 연회의 주최자였다. 그리고 만약 흡연을 허용하지 않는다는 말을 한 이유가 그의 종교 때문이라면 나의 종교는 밥을 먹을 때나 먹기 전이나 먹고 나서나 언제든 필요하다면 시가를 피우고 술을 마시는 성스러운 종교 의식 절차를 가진다."라고 왕에게 말했다고 한다. 그러자 왕은 처칠에게 복수를 했다. 처칠에게 술을 한 잔 권했는데 그때의 일에 대해 처칠은 다음과 같이 말했다. "그 칵테일은 정말 형편없는 칵테일처럼 보였는데 나중에 알고보니 최음제였다."

왼쪽: 그의 서재에서 방공복을 입은 채로 시가를 피우고 있는 처칠.

위쪽: 2011년 1월 17일 본햄스(Bonhams) 경매에서 팔린 처칠이 반 정도 피우다 만 시가.

# 10 U 보트

1919년 베르사이유 조약에 의해 독일은 U 보트와 같은 잠수함을 보유할 수 없게 되었다. 그러나 1922년 독일은 잠수함 개발에 뒤처지지 않기 위해서 네덜란드 헤이그에서 잠수함 설계 작업에 착수했다.

로테르담과 헬싱키에 있는 조선소에서 잠수함을 건조해 터키와 스페인 그리고 핀란드로 수출했다. 이때 미래의 독일 잠수함의 토대를 이루는 디자인들이 적용되었다. 또한 핀란드에서 잠수함 승조원들을 비밀리에 훈련시키고 있었다.

히틀러가 집권하자 베르사이유 조약을 무시한 채 잠수함의 건조와 U 보트 승조원들의 확충을 가속화하기 시작했다.

1935년 1월 독일의 브레멘에서 U 보트가 건조되기 시작했다. 첫 번째 잠수함은 Type 1 A로 핀란드와 스페인에 수출했던 모델에 기반을 두고 있었다. 1935년 3월 25일 독일은 군사력을 재무장할 것이라고 발표하면서 초기 디자인의 Type VII A를 모두 10척으로 늘렸다. 이들은 후에 독일 해군의 주력이 되어 1939년부터 1943년까지 대서양 전투에서 맹위를 떨쳤던 Type VII B와 VII C의 기반이 되었다.

2차 세계대전 동안 다른 잠수함들처럼 U 보트는 필요할 때만 잠수를 했다. U 보트는 디젤 엔진을 사용했기 때문에 잠수력이 뛰어날뿐 아니라 수면 위에서의 속도 또한 우수했다. 일반적인 잠수함은 잠수 상태에서는 전기 배터리를 사용해서 8노트의 속도로 한 시간 혹은 2노트의 속도로 4일 동안 움직일 수 있었다. 하지만 하루 정도 잠수 상태에 있게 되면 독일이 처음으로 개발했던 산소 발생기와 이산화탄소 흡착기를 가지고 있었음에도 불구하고 잠수함 안의 공기 상태가 좋지 않게 되었다.

배터리가 방전되어 전력을 더 이상 공급하지 못하게 되면 잠수함은 수면으로 떠올라 디젤 엔진을 가동하고 배터리를 재충전했다. 연료 재공급 없이 디젤 엔진으로 움직였던 대형급의 잠수함들의 작전 반경은 그 어떤 구축함보다 월등했다. 대형급이었던 Type VII C는 2만 3,300km, IX D는 5만 9,300km의 작전 반경을 가지고 있었다. 독일은 그에 만족하지 않고 남대서양과 지중해에서 활동할 수 있도록 더 넓은 작전 반경을 가질 수 있는 XIV 밀히쿠(Milchkuh, 젖소)라고 불리는 잠수함을 보유했다.

1942년 중반 연합국은 초정밀 항공기 탑재 레이더를 개발해 대서양 전역을 감시할 수 있게 되었고 그로 인해 밀히쿠 호를 포함한 모든 U 보트들이 밤에 수면 위로 떠오르는 것조차도 매우 위험하게 되었다. 그러자 독일은 1940년 손에 넣었던 네덜란드의 잠수함에서 그 해결 방법을 찾아내었다.

잠망경 깊이로 잠수함을 잠수시키고 수면 위로 닿을 수 있는 길이의 파이프를 다는 것이었다. 잠수할 때는 파이프의 끝이 자동으로 닫히거나 갑작스럽게 큰 파도를 맞이했을 때도 역시 닫히게 만들었다. 현재 바닷가에서 물놀이할 때 사용하는 스노클을 생각하면 된다.

1944년 중반 U 보트의 절반가량이 스노클을 장착했다. 하지만 스노클을 장착한 U 보트에도 문제가 있었는데 6노트 이상의 속도를 내지 못했고 그 이상의 속도를 내면 스노클이 작동되지 못했다. 즉 공기를 빨아들이는 쪽의 밸브가 달라붙어서 디젤 엔진이 잠수함 내부의 공기를 다 소모하고 결국은 산소 부족으로 엔진이 멈추게 되고 잠수함 내부는 진공 상태가 되어 승조원들의 고막이 터지거나 귀머거리가 되는 경우가 발생하기도 했다. 또 디젤 엔진의 커다란 소음으로 인해 적의 호위함들을 발견해내는 음향 탐지기가 제 역할을 할 수 없게 되었다.

독일은 연합국의 대잠수함 군사력이 날로 발전하자 U 보트의 성능을 높일 수 있는 방법을 찾으려고 무던히 애를 썼다. Type XXI 엘렉트로(Electro)는 배터리의 성능을 대폭 높여 잠수 상태에서 최고 17.2 노트의 속력을 낼 수 있었고, 스노클을 사용하지 않고도 5노트의 속력으로 676km까지 이동할 수 있었다. 하지만 연합국에게는 운이 좋게도 이들은 너무 늦게, 종전이 가까울 무렵에야 전투에 투입되었다. 그리고 더 연합국에게 운이 좋았던 사실은 과산화수소를 사용한 터빈으로 추진되는 발터 잠수함의 개발이 성공하지 못했다는 것이다. 잠수함 외부로부터 공기를 유입할 필요도 없었던 발터 잠수함은 현재의 핵잠수함의 전신이라고 할 수 있다.

왼쪽: 잠망경을 통해 목표물을 관찰하고 있는 독일 U 보트 함장.

위: 1944년 6월 4일 아프리카 서부 대서양에서 미국 해군의 항공모함 과달카날(Guadalcanal)과 호위 함선들에게 붙잡힌 U-505호.

# 11 마지노선(Maginot Line)

2차 세계대전이 발발하자 프랑스는 마지노선 때문에 독일이 침공할 생각조차 못하거나 설령 침공을 한다고 해도 쉽게 물리칠 수 있을 것이라고 굳게 믿고 있었다. 마지노선은 1929년부터 1932년까지 프랑스 국방성 장관이었던 앙드레 마지노(André Maginot)의 이름을 따서 만들어졌다.

프랑스는 1차 세계대전 당시 베르덩(Verdun) 전투를 통해 값비싼 대가를 치르면서 훗날 또 다른 전쟁이 일어난다면 그때 자신들을 지켜줄 수 있는 것은 요새와 대포밖에 없다고 믿게 되었다. 그래서 그때부터 또 있을지 모를 전쟁에 대비함에 있어서 과거의 잘못된 경험 때문에 생긴 나쁜 덫에 빠져들기 시작한다.

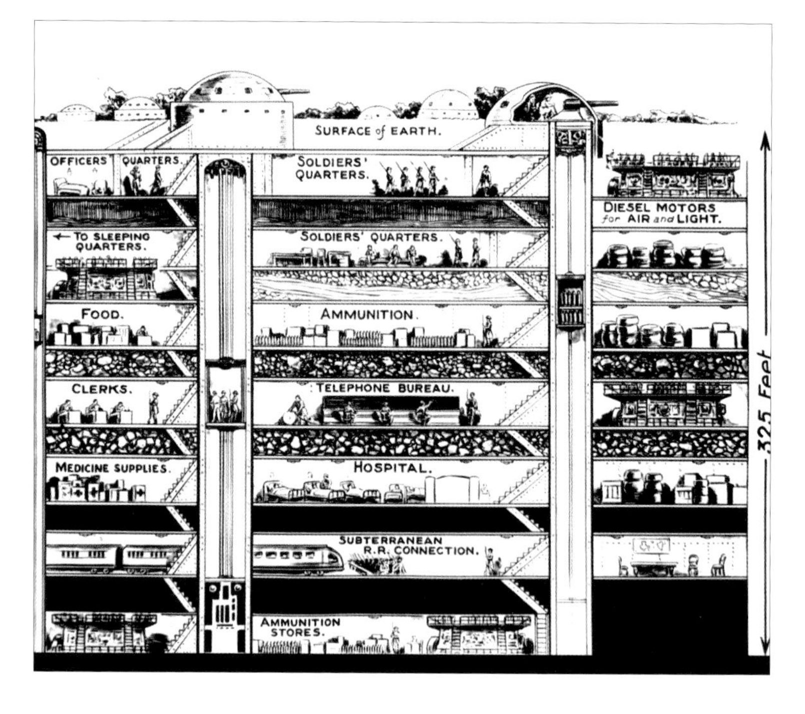


1930년부터 1935년 사이에 룩셈부르크로부터 스위스 국경까지를 연결하는 마지노선이 구축되었다. 마지노선은 하나로 이어진 진지가 아니고 콘크리트 요새들이 약 5km 씩 떨어져서 만들어졌고 그 사이사이에 작은 포대들이 위치했다. 2개 모두 땅 속 깊이 견고하게 지어져 관측소가 있는 둥근 지붕과 포탑만이 보이는 형태였고 심지어는 이마저도 지면보다 더 낮게 만들어져 있는 경우도 많았다.

최신의 경계 초소, 대전차 장애물들, 전화선과 갱도들이 요새들을 방어하고 있었다. 각 포대에는 12명에서 30명의 주둔 병력들이 배치되었고, 각 요새들에는 200명에서부터 1,200명까지의 병력들이 있었다. 요새는 지하 속 마을처럼 만들어 그 안에 막사와 주방, 발전기, 무기고까지 갖추고 있었고 심지어는 병사와 탄약을 운반하는 전기 철도까지 있어서 막사와 무기고, 포진지까지 운행을 했다.

포대들은 기관총과 47mm 대전차포가 있었고 요새들 안에는 중무장 포대가 있었다. 마지노선이 만들어질 무렵 프랑스와 벨기에는 동맹관계에 있었기 때문에 약 400km에 다다르는 벨기에 국경까지 마지노선을 연장하는 것은 불필요한 것처럼 보였다. 혹시나 벨기에가 침공되었을 때 방어할 자신이 없는 것처럼 보여질 수도 있고 또 마지노선으로 인해 벨기에가 고립될지도 모른다고 생각했다.

결정적으로는 마지노선을 확장하는 비용이 문제였다. 1935년 완공되었던 139km에 들어간 비용으로 최초 30억 프랑을 훌쩍 뛰어넘은 40억 프랑이 소요됐다. 벨기에 국경과 가까이 있는 릴과 발랑시엔 지역의 공업단지는 프랑스 산업의 핵심 지역이었기 때문에 프랑스로서는 이 지역이 무척이나 소중했다.

벨기에가 중립 정책을 채택하기로 결정하자 프랑스는 독일이 침공해오면 벨기에 정부의 허가가 없어도 벨기에 영토에 군대를 파견하기로 계획을 세웠다.

1940년 독일이 벨기에를 침공하자 프랑스는 벨기에로 군대를 보냈다. 엄청난 돈을 퍼부은 콘크리트와 철갑의 마지노선은 아무런 소용이 없는 전쟁이었다. 프랑스는 기동성을 앞세운 전투에 맞닥뜨릴수밖에 없었고 정신적인 무장이나 준비도 되어있지 않은 전쟁이었다.

이런 불안함 속에 전차로는 도저히 올 수 없다고 판단하여 일부 병력만 주둔시키고 있던 아르덴느숲(Ardennes)을 통해 독일의 기갑사단이 밀고 들어오면서 프랑스는 최후의 일격을 받게 된다.

프랑스는 최고의 방어선을 구축했다고 생각했지만 결국은 그로 인해 최악의 상황으로 빠진 셈이었다.

윈스턴 처칠이 프랑스로 날아가 프랑스 최고 사령관인 모리스 가믈랭(Maurice Gamelin)에게 "프랑스의 전술 예비부대는 어디에 있습니까?"라고 물어보자 가믈랭은 "없습니다."라고 했다.

예비부대로 편제될 수 있었던 병사들은 마지노선에서 무용지물처럼 앉아 있어야 했다. 설령 마지노선에 있던 병력을 서부 전선으로 보낸다 하더라도 그들은 그런 전투 훈련을 받은 적도 없었고 기갑 장비에 필요한 물자도, 기동 포병도 없었기에 높은 기동성을 자랑하는 적군을 상대해야 하는 전술 예비부대로서의 역할을 하기에는 역부족이었다.

왼쪽: 1940년 1월 영국 잡지에 실린 마지노선 삽화로 마지노선 지하에 식품 보관소, 의료 시설이 있다는 것을 보여줌으로써 난공불락의 요새라는 이미지를 선전하고 있다. 내부에서 오가는 철도는 실제적으로 그렇게 큰 규모가 아니었다.

위: 적에게 포격을 받을 때는 지면보다 아래로 낮아질 수 있는 관측소 전경. 그 뒤에는 중포로 무장한 포대가 자리잡고 있다.

아래: 영국 장교와 함께 마지노선을 시찰하고 있는 프랑스 장교들.

# 12 민간인 방독면

2차 세계대전의 첫 2년 동안 그리고 그 전에도 영국을 향한 모든 공격에는 가스 공격도 포함될 것이라고 믿고 있었다. 왜냐하면 1차 세계대전에서 병사들을 향한 공격에서 가스가 자주 사용되었기 때문이다. 게다가 이탈리아 줄리오 두에(Giulio Douhet) 장군처럼 공군력의 우위를 통한 전술을 펼쳐야 한다고 주장하던 사람들은 도시들을 향한 가스 공격을 예상했다. 그런 주장을 펼치던 이들은 공중투하 폭탄이 떨어진 곳에 있던 모든 사람들에게 빠르게 치명타를 가할 수 있다고 대부분 예측하고 있었다.

결과적으로 이러한 예측은 영국 정계의 지도자들뿐만 아니라 전국적으로 광범위하게 과장되었다. 전국적인 공포는 폭격기가 언제든 올 수 있다는 영국 공군의 주장으로 인해 커져 갔고, 그로 인해 또 다른 방식의 전투에 대비하기 위한 모금이 벌어지기도 했다. 하지만 결국에는 두에 장군뿐만 아니라 대부분의 주장이 틀렸었다는 것이 입증되었다.

1939년 9월, 치명적인 가스를 만들 수 있는 능력을 가진 곳은 소비에트 사회주의 공화국 연방뿐이었다. 독일은 약 2,900톤의 가스를 가지고 있었지만 이동할 수 있는 수단이 없었기에 히틀러는 가스의 사용을 금하였다. 또한 전쟁이 지속되면서 그들은 치명적인 생화학 가스를 개발했지만 단 한 번도 사용하지 않았다. 이러한 사실에도 불구하고 영국은 화학 무기가 영국 민간인들을 공격하는 데 사용될 것이라고 믿었고, 이러한 인식은 그들의 공포를 확대시키는 데 큰 영향을 미쳤다. 영국의 가스 방어 장비와 감지기 그리고 오염 제거 장비들은 세계 최고의 경지에 이르렀다. 1939년에는 민간인을 위한 방독면이 만들어져 약 3,800만 개의 방독면이 전국의 모든 가구에 배치되었다.

모든 사람들에게 방독면을 판지로 된 보관함에 넣어 항상 휴대하도록 했다. 그리고 방독면 착용 방법을 설명하는 포스터들이 곳곳에 붙여졌다. 또한 아이들과 유아들을 위한 위한 특별한 마스크도 있었다. 방공 감시인들은 가스 공격을 알리는 나무로 만든 딸랑이 경보기(Rattles)를 가지고 다녔다. 벨소리는 경보 해제를 알리는 신호가 되었다.

1차 세계대전 당시 사용됐던 겨자 가스(Mustard gas)에 노출되면 피부에 심한 물집이 잡힐 게 뻔했지만 민간인들에게는 방독면을 제외한 어떤 종류의 보호 의류도 보급되지 않았다. 방독면의 전국적인 보급과 방독면을 소지하고 다니지 않으면 각종 벌칙들을 받게 했지만 영국에서 행해진 보호 수단은 실제적으로는 별로 효과적이지 않았다.

전쟁이 진행되면서 사람들은 방독면을 휴대하지 않았고 1940년에는 필수적으로 방독면을 가지고 다녀야 했던 병사들까지도 휴대하지 않았다. 역설적이지만 이는 독일이 생화학 독가스 타분(Tabun)을 개발하기 시작할 무렵이었고 전쟁의 막바지에 다다랐을 때 더욱 치명적인 독가스 사린(Sarin)의 생산 준비를 마쳤으며 가장 치명적인 독가스 소만(Soman)은 개발 단계에 있었다.

민간인뿐만 아니라 연합군의 그 어떤 부대도 신경 독가스로부터 보호할 수 있는 어떠한 의류도 갖추지 못하고 있었다.

결과적으로 영국 시민들에게 지급되었던 방독면은 절대 필요가 없었고, 보복에 대한 두려움 때문에 독일은 신경 가스를 사용하지 못했다.

위쪽: 사우스엔드(Southend)에서 방공 감시원이 가스 비상 훈련 동안 어머니와 자녀들에게 길을 알려주고 있다.

왼쪽: 사람들에게 방독면을 항시 휴대하도록 지시하며 착용 시 방독면을 어떻게 잡아야 하는지에 대한 방법을 설명하는 포스터.

아래: 영국의 민간인에게 지급된 종류의 방독면.

# 13 미쓰비시 A6M 제로식 함상 전투기 (Mitsubishi A6M Zero)

항공모함에서 발진하는 미쓰비시의 제로식 함상 전투기는 2차 세계대전 동안 가장 유명했던 일본 항공기 중의 하나로 지상에서 발진하는 전투기보다 성능이 훨씬 뛰어난 전투기였다. 일본의 진주만 습격 시 처음으로 선을 보였고 그 후 2년 동안 미국과 영국에게는 공포의 대상 그 자체였다. 미국과 영국은 1940년 중일 전쟁 당시 보여줬던 성능에 대해 제대로 인지하지 못했었고 플라잉 타이거(Flying Tiger: 2차 세계대전에 참전하기 1년 전에 중국을 지원하기 위해 파견했던 파일럿 용병을 고용해 만들었던 전투 항공단)의 클레어 리 셰놀트(Claire Lee Chennault) 사령관이 제출했던 미쓰비시 제로식 함상 전투기에 대한 보고를 무시했다.

제로식 함상 전투기는 일본 해군이 미쓰비시 사에게 최고 시속 500km(311mph)의 속도와 2문의 기관포 그리고 2정의 기관총을 장착한 전투기를 만들어달라고 요구해서 탄생되었다. 1940년 처음으로 일선에 배치되었는데 1940년은 일본 연호(年號)로 2600년이며 그래서 마지막 숫자 0을 따서 영전(零戰), 즉 제로센(Zero-Sen)이라고 불리게 되었다. 그에 반해 연합국에서 부르는 공식 명칭은 제케(Zeke)였다.

1940년 중반 중일 전쟁에 처음으로 그 모습을 나타내었을 때 제로센은 연합국의 전투기들을 모두 쓸어버렸고 그 모습을 본 일본은 제로센은 천하무적이라고 믿기 시작했다. 제로센은 가볍고 방향 조정이 쉬웠으며 작전반경도 가장 넓었다. 최초의 모델을 상회하는 최고 속도 시속 563km(350mph)와 보조 연료 탱크를 장착하면 작전반경이 3,060km에 이르렀다.

항공모함에서 발진하는 미국의 전투기는 작전 반경이 2,820km에 불과했다. 제로센은 또한 항공모함에서 발진이 여의치 못할 경우에는 섬에 있는 기지에서 이륙해 작전에 참여하기도 했다. 예를 들어 과달카날 전투(Guadalcanal Campaign) 당시에 제로센은 전투 지역에서 1,050km 떨어진 섬에서 이륙해 전투에 참여했다.

제로센은 가벼운 기체 무게 때문에 미군 전투기에 비해서 선회 반경이 작았고 더 빠른 속도로 2배 이상 상승할 수 있었다. 가장 날

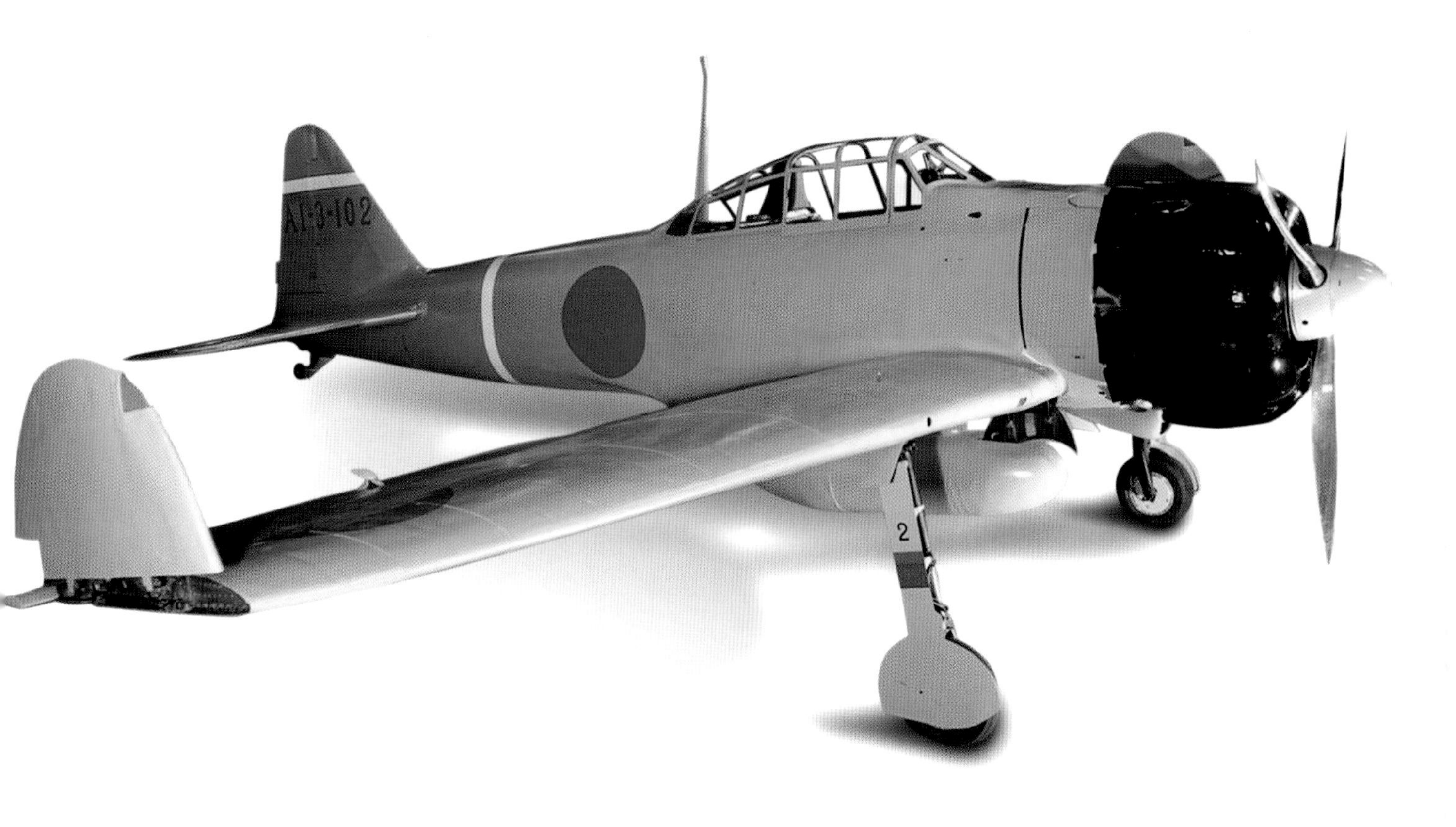

렵한 전투기 중 하나였으며 어떤 전투기와 상대를 해도 충분히 제압할 수 있는 훌륭한 조종사들이 있었다. 이런 점 때문에 미국의 파일럿들은 "제로센과 전투를 할 때 절대 도그 파이트(Dogfight: 2차 세계대전 당시 프로펠러 비행기들이 공중전을 하면서 상대 비행기의 뒤를 물고 늘어져서 기관총을 난사하는 전투를 이르는 말)에 휘말리지 마라."라고 얘기했다.

제로센에는 한 가지 약점이 있었는데 미국이나 영국 전투기들에 비해 중화기로 무장을 하면서도 원래의 기체 성능을 보유하려고 하다 보니 기체 장갑이 약했다. 제로센의 기체 장갑은 조종사들을 보호하기에는 턱없이 약했고 자동 밀봉식의 연료 탱크마저 없었다. 1943년 말부터 제로센은 미국 전투기들에 의해 서서히 밀리기 시작했다. 그 무렵 미국은 그러먼 사의 F6F 헬캣(Hellcat)을, 일본은 A6M5c 제로센을 생산했다.

A6M5c 제로센는 바다에 불시착했을 때를 대비해서 기체의 후미에 커다란 천으로 된 부양주머니(Flotation bag)를 달았는데 이것은 항공모함에서 이륙 시나 착륙 시에 벌어지는 사고들을 대비하기 위해서였다. A6M5c 제로센은 2문의 20mm기관포와 13.2mm의 기관총을 날개에 장착했다. 엔진 쪽에도 기관총을 장착해 프로펠러 사이를 통해 발사가 되었다.

그리고 조종석을 방탄 유리로 만들었지만 기체는 여전히 얇았고 자동 밀봉식의 연료 탱크를 가지지 못했다. 그로 인해 미국의 헬캣 전투기를 상대하기는 벅찼다. 결국 일본이 수세에 몰리게 되자 제로센은 가미카제(神風) 자살 특공대의 역할을 수행하는 전투기로 전락하고 말았다.

왼쪽: 1941년 12월 7일 진주만 공습을 위해 일본의 항공모함인 히류(飛龍)에서 이륙을 준비 중인 제로센 전투기들.

위: 미 공군 국립 박물관에 전시 중인 제로센.

# 14 88mm 포

독일의 88mm 포는 2차 세계대전 동안 연합군을 공포로 몰아넣었던 대전차 무기였다. 원래는 대공포로 생산이 되었기 때문에 Fliegerabwehrkanone(대공고사포)의 약어인 Flak으로 불리기도 했다.

높은 포구 속도와 포탄 발사 거리를 가지고 있긴 했지만 영국의 94mm 대공포와 비교해봤을 때에는 성능이 떨어졌다. 하지만 88mm의 포구 속도와 평사탄도(平射彈道) 때문에 무시무시한 대전차포의 역할을 할 수 있었다.

독일이 처음으로 88mm포가 대전차포로 쓰임새가 높다는 것을 안 것은 스페인 내전(1936~1939년) 동안에 콘도르 군단(Legion Condor: 스페인 내전에 참전한 독일 의용군)이 장갑차들을 상대로 88mm 포를 사용했을 때였다.

1940년 프랑스 전투에서 영국과 프랑스는 처음으로 88mm 포를 상대하게 되었는데 독일 육군은 88mm 포병대대를 프랑스와 플랑드르(Flandre: 벨기에, 네덜란드 남부, 프랑스 북부에 걸친 지역) 전투에 참전시켰다.

독일은 자신들이 가지고 있던 37mm 대전차포로는 영국의 마틸다 MKII 전차와 프랑스의 샤르 B 전차의 전면 장갑을 뚫을 수 없었지만 88mm 포로는 가능하다는 것을 알게 되었다. 1940년 5월 21일 아라스(Arras: 프랑스 북부의 작은 도시) 지역에서 영국군이 반격을 시작했을 때 영국은 그곳에서 처음으로 롬멜을 만나게 된다. 그 당시 롬멜은 제7기갑사단의 지휘관이었다.

롬멜은 아라스 지역의 남서부에 있는 와일리(Wailly)를 공격하고 있던 영국군을 향해 88mm 포를 발포해 영국군을 완전히 대패시켰다. 영국은 그 뒤로 또 북아프리카 전투에서 88mm와 롬멜에게 참패를 당한다. 88mm 포가 은폐된 쪽으로 영국군 전차를 유인한 후 여우 사냥을 하듯이 영국군 전차를 섬멸했다.

그 무렵부터 88mm 포는 공식적으로 대전차포로서의 역할을 하는 포가 되었다. 러시아 전투에서 88mm 포는 러시아의 T34 전차를 관통할 수 있는 유일한 대전차포였다.

러시아 전선의 평야지대는 북아프리카 사막 지대에서 날아다녔던 것처럼 88mm 포의 특성과 완벽하게 맞아떨어졌다. 노르망디의 숲이나 이탈리아의 산악 지형에서는 그곳에서보다 효과가 떨어지긴 했지만 그래도 여전히 위력적이었다.

노르망디 상륙작전의 일부였던 굿우드(Goodwood) 작전에서 88mm 포는 그 위력을 다시 한 번 입증시킨다.

굿우드 작전은 3개의 영국 기갑사단이 캉(Caen)의 동쪽에 있는 평야 지대를 돌파하는 것이었다. 작은 숲과 마을들이 산재해 있는 그곳 지형은 프랑스 서부의 일반적인 지형과는 전혀 달랐다. 영국의 제11기갑사단이 카그니(Cagny: 프랑스 북서부의 캉시 근교에 위치한 작은마을)를 향해 진격해 오고 있을 때 카그니에는 제16 공군 지상부대 소속의 88mm 포대와 제21기갑사단이 주둔하고 있었다.

제21기갑사단의 전투 지휘를 맡고 있던 한스 폰 루크(Hans von Luck) 대령은 영국의 전차를 향해 88mm 포를 발사하도록 지시했지만 공군 지상부대는 그의 명령을 따르지 않고 망설이고 있었다. 그러자 한스 폰 루크 대령은 공군 지상부대 지휘관의 옆구리에 총을 겨누면서 "당신은 지금 이 자리에서 헛되게 죽거나 아니면 나중에 명예로운 훈장을 받을 수도 있다."라고 말했다. 그러자 88mm 포대 지휘관은 대공포로서의 임무를 하기 위해 하늘을 향하고 있던 포탑을 접근해오고 있는 전차들을 향해 조준했고 그날 하루 동안 영국의 제11기갑사단 소속의 전차를 총 126대나 파괴했다.

88mm 포는 2차 세계대전 동안 독일군과 연합군을 모두 통털어 가장 우수했던 대전차포였다는 사실은 분명하다. 88mm 포는 나스호른(Nashorn), 페르디난트(Ferdinand), 야크트판터(Jagdpanther)와 같은 대(對)기갑 전차(적 전차를 파괴하기 위해 설계된 차량)와 티거(Tiger) 전차에도 장착되기도 했다.

왼쪽: 러시아 전투에서 활약하고 있는 대공포(Fack) 36의 88mm 포.

위: 88mm 포에는 바퀴가 달려 있어서 이동이 수월했고 대공포의 임무를 수행할 때보다 대전차포의 임무를 수행할 때 더 효과적으로 배치될 수 있었다.

# 15 소형 선박들

1940년 5월 26일부터 6월 4일 사이에 있었던 영국 해외 파견군(British Expeditionary Force)의 됭케르크(Dunkirk: 프랑스 북부의 항구 도시) 철수 작전에서 소형 선박들의 활동상은 대부분의 사람들에게 잊혀지지 않는 기억으로 남아 있을 것이다. 1940년 됭케르크는 영국해협 연안에 있는 가장 큰 항구로 7개의 심연 퇴적분지와 4개의 드라이 독(Dry dock), 8km에 이르는 부두가 있었다. 영국 해외 파견군에게 철수 명령이 내려졌을 당시에 그 항구의 부두는 독일 공군과 포대의 무차별적인 공격으로 인해 거의 사용할 수 없을 지경에 이르렀다. 그래서 됭케르크 동쪽에서 16km 떨어진 해변에서 군대를 철수시키자는 계획을 세웠지만 그곳은 아무리 작은 선박일지라도 해변에서 100m 떨어진 거리 이내로 접근할 수 없었고 그래서 병사들이 직접 물속을 걸어서 배에 올라타야만 했다.

방파제나 어촌, 부두도 없었다. 대형 선박이 연안가에 닻을 내리고 작은 배들이 쉼없이 병사들을 큰 배로 실어 나를 수밖에 없었다. 이 계획을 실행에 옮기기 위해서는 작은 선박들이 많이 필요했다. 작전명 다이나모(Dynamo) 철수 작전을 총지휘했던 영국의 버트램 램지 해군 준장은 램즈게이트(Ramsgate: 영국의 항구 도시)에 최대한 많은 수의 소형 선박을 모으도록 했다. 예인선, 저인망 어선, 준설선, 낚시배, 요트, 소형 고속정 등 소형 선박이라면 최대한 많이 지원을 받았다. 대부분 배 주인들이었던 선장들에게 제일 큰 문제는 됭케르크로 가는 코스를 잘 모른다는 것이었다.

대부분의 선장들은 영국해협을 건너 유럽 본토로 가본 적이 없었고 항해술도 빈약했다. 심지어 일부는 템스 강을 떠나서 항해를 해본 적도 없었다. 칼레와 가까이 있던 됭케르크까지 직선 코스로 항해를 한다는 것은 무모한 일이었다. 칼레에는 독일군이 주둔하고 있어서 사정거리 안에 들어오는 선박을 향해서는 무차별적인 포격을 했기 때문에 기역자 형태의 코스를 택해야 했다.

영국해협에 깔려 있던 기뢰들 또한 소형 선박들에게는 상당한 위험 요소였기 때문에 기뢰들을 깨끗이 제거하는 것 또한 선행되어야 했다. 됭케르크에서 작전을 수행하고 있던 W. G. 터난트 대령은 12명의 장교들과 함께 150척의 소형 선박들을 지휘하고 있었다.

터난트 대령이 도착했을 때 독일의 공습이 시작됐고 해변으로부터의 철수 작전은 더뎌질 수밖에 없었다. 그날 자정 무렵까지 7,669명의 병사들만이 철수할 수 있었고 소형 선박 중 3분의 2는 됭케르크 항에 발이 묶여 있었다. 그 때 터난트 대령은 됭케르크 항을 감싸고 있던 1,600m의 방파제가 좁은 둑길을 따라 해변과 연결되어 있다는 사실을 주목하고 구축함을 방파제 쪽으로 오라고 지시를 내렸다. 그의 판단은 적중했고 철수 작전을 성공적으로 이끌었다. 5월 28일 늦은 오후 소형 선박들이 해변에 나타나기 시작했고 역사적인 철수 작전이 시작됐다. 5월 30일은 항구로부터 철수했던 병력보다 해변에서 철수했던 병력이 더 많았던 날이기도 하고 가장 많은 병력이 철수할 수 있었던 날이었다.

연안에 정박해 있던 배까지 병력을 실어나르는 임무를 맡았던 작은 배들의 민간인 선원들은 낮과 밤을 가리지 않고 언제 떨어질지 모르는 포탄의 위협 속에서도 꿋꿋히 자신들의 임무를 수행했던 용기의 표상이었다. 6월 4일 오후 2시 23분 영국 해군성은 다이나모 작전의 종료를 알렸다.

최초 계획은 약 4만 5,000명의 병사들을 구할 수 있을 것이라고 생각했었으나 작전이 끝났을 때는 총 33만 8,226명의 병사들을 구해냈다. 그렇게 예상치 못한 결과는 전적으로 소형 선박들의 공헌이 있었기 때문이었으며 그 누구도 그들의 헌신을 부정할 수 없었다. 심지어 영국 해군의 역할까지 희석시키는 영원한 전설이 되었다.

소형 선박들이 보여줬던 일화는 국가의 사기 진작과 공동체 의식을 위해 일부는 많이 부풀려졌다고 볼 수도 있다. 해변으로부터 철수했던 병사의 숫자보다는 됭케르크 항구에서 철수했던 병사들이 2.5배 이상 많았고 해변으로부터 철수했던 병사들 대부분은 소형 선박들과 구축함이나 다른 수송선들에 있던 보트들을 이용해 구축함이나 수송선에 옮겨탔다. 소형 선박을 타고 됭케르크 해변에서 영국 본토로 직접 철수했던 병력은 극소수에 불과했다.

왼쪽: 해변에서 썰물이 될 때까지 기다리고 있는 영국 군대.

위: 됭케르크 철수 작전에 참가했던 소형 선박 중 하나.

다음 페이지: 됭케르크 해변에서 병력을 실은 소형 고속정이 저인망 어선에 견인되어 가고 있다.

# 16 공수부대 스목(Smock)

2차 세계대전에 영국 공수부대에 지급된 장비들 중에서 아마 공수부대원들에게 가장 인기가 많았던 것은 스목(Smock: 군복 위에 걸쳐 덧입는 품이 넉넉한 상의)이었을 것이다. 초기 패턴은 바지 단이 무릎 위까지 왔던 것을 제외하곤 한 번에 입을 수 있고 상하가 하나로 이어져서 한 벌의 복장이 되도록 올려 입을 수 있게 만들어진 독일의 낙하 부대원의 점프수트를 모델로 했다.

이 복장은 데니슨이 디자인한 '데니슨 공수부대 스목'으로 교체되었다. 이 복장은 셔츠와 같이 머리 위로 걸쳐 입거나 벗을 수 있는 방수가 되는 면재질로된 위장무늬의 복장이었다. 이 복장은 목에서부터 가슴아래까지 내릴 수 있는 지퍼가 달려 있었으며 뜨개질된 모직 가공의 옷 소매와 가슴 팍에 2개와 허리 아래 부분에 2개로 총 4개의 외부 주머니가 있었다. 칼라 안에는 카키색 플란넬 천으로 안감 처리되어 있었다.

등 부분에는 셔츠가 위로 올라가지 않도록 다리 사이로 당겨 스목의 셔츠 앞에 누름 단추로 고정할 수 있도록 꼬리 부분이 연미복 스타일로 되어 있었다. 이 부분은 고정 시에 마찰로 인해 착용자가 평지를 뛸 때 불편했기 때문에 병사들은 이 꼬리 부분을 고정시키지 않고 매달려 있는 채로 활동했다.

북아프리카의 아랍인들은 처음에 공수부대의 병사들을 '꼬리달린 남자들'이라 불렀다. 그 후 개선된 스목은 누름 단추가 셔츠의 등부분에 달려 꼬리가 되접혀 꺾여 등 부분에 고정될 수 있었다.

데니슨 스목은 표준 전투복으로서 착용되었다. 1944년에 이 복장은 공수부대원들뿐만 아니라 특공대원들에게도 높이 평가된 훌륭한 복장이었다. 외부 주머니는 1939년 발표된 새로운 전투복에 있어서 중대한 개선 포인트를 제공했다. 이는 1930년대 후반에 최신유행하던 스키 복장의 모델이 되었고 전투병을 위한 유용한 디자인은 아니었다. 블라우스에는 주머니가 충분치 못했으며 아래 부분을 가리지도 못했고 잠깐의 포복 후에는 바지와 블라우스가 분리되는 경우가 많았다. 바지 옆부분 대신 앞부분에 달린 지도주머니는 엎드려서 은폐하고 있을 경우 지도를 꺼내기 어렵게 했다.

데니슨 스목은 웨빙(Webbing) 장비와 작은 팩 그리고 탄약 파우치의 안에 입었다. 하지만 낙하산병이 비행기에서 낙하를 할 때 종종 착용 장비가 낙하산 리깅 줄(Rigging Line)에 걸려 사고가 나거나 사망하는 경우도 발생하곤 했다.

그래서 이를 보완하기 위해 장비와 데니스 스목 위에 입는 꼬리와 긴 지퍼가 있는 소매 없는 캔버스 오버 스목이 생겼다. 오버 스목은 수류탄들을 넣기 위해 아랫 부분에 커다란 신축성이 있는 주머니를 가졌기 때문에 멜빵에 수류탄을 매달고 낙하하는 것보다 훨씬 안전했다. 이 오버 스목은 낙하 후 벗어서 버렸으며 종종 긴 지퍼를 잘라 데니스 스목을 전체 길이의 지퍼 복으로 변환시키는데 사용했다.

데니스 스목은 공수부대와 아무런 관련이 없는 장교들 사이에서도 인기가 많아서 공수부대나 특공대원들에게만 지급되었던 이 옷을 구하기 위해 영향력을 행사하는 경우도 있었다.

몽고메리는 영국 제2군 사령관이었던 마일스 뎀프시 장관처럼 모피 칼라가 달린 풀 지퍼 버전의 스목을 자주 입었다.

데니스 스목은 훌륭한 복장 세트의 좋은 예이었으며 공수부대원들과 특공대원들은 1970년대 후반까지도 입었다.

왼쪽: 영국의 제6공수부대원들이 1944년 4월 21일~25일 동안 행해진 머시(Mush)라는 명칭의 훈련에서 C-47 수송기에 탑승하기 전에 낙하산 멜빵(Harnesses)을 오버 스목과 데니슨 스목 위로 착용하고 있다. 1944년 6월에 있을 부대 임무를 위한 훈련 중이다.

위쪽: 가슴 아래까지 내릴 수 있는 지퍼 칼라와 울 뜨개 커프 대신 허리춤에 클로징 버튼과 덮개가 있는 데니스 스목의 두 번째 버전.

# 17 로렌 십자(Cross of Lorraine)

겹 가로줄로 된 프랑스 로렌 십자는 십자군 원정 때로 역사를 거슬러 올라가야 한다. 그것은 십자군 원정 당시 두드러진 활약을 펼쳤었던 템플 기사단(Knights Templar)이 사용했던 방패의 문장(紋章)이었다. 그 당시에는 2개의 가로줄이 십자가의 세로 기둥에서 같은 등분으로 위아래로 놓여 있었다. 후에 다른 버전의 로렌 십자가 사용됐는데 2개의 가로줄이 십자가의 세로 기둥 윗부분 가까이 높여 있었고 위에 있는 가로줄이 밑에 있는 가로줄보다 짧았다.

로렌 십자는 프랑스 동부 로렌 지방의 문장이기도 했다. 프랑스-프로이센 전쟁(1870~1871년)에서 프랑스가 패한 후 로렌의 북쪽 지역과 알자스(Alsace)가 1871년부터 1918년까지 독일의 영토로 합병되었다.

많은 프랑스인들에게 로렌 십자는 잃어버린 프랑스 영토와 그 땅을 되찾으려는 운동의 상징이 되었다. 결국 1차 세계대전을 통해 그들의 소원을 이루었지만 1940년에 다시 영토를 빼앗기고 만다. 1940년 6월 프랑스가 함락되기 바로 직전에 그때까지만 해도 잘 알려지지 않았던 프랑스의 샤를르 드골 대령이 준장으로 진급하고 국방차관에 임명되었다. 드골은 프랑스군에서 가장 젊은 장군이었고 이런 점 때문에 영국과 프랑스 장관 회담 시 두 번이나 처칠을 만나게 되었고 드골은 영국 수상에게 강렬한 인상을 심어주었다.

드골은 프랑스가 독일에게 항복하자 영국으로 날아가 BBC 라디오 방송에서 프랑스인들에게 계속 싸워야 한다고 말했다. 며칠 후 영국 정부는 그런 드골을 프랑스 해방 운동의 리더로 바라보기 시작했으며, 자유 프랑스 망명 정부(Free French forces)를 지원하기로 결정했다. 이 시기에 프랑스 해군의 티에리 다르장뤼(Thierry d' Argenlieu) 소령이 드골에게 자유 프랑스 망명 정부가 독일의 나치 깃발에 대항하는 레지스탕스의 상징으로 로렌 십자를 사용하자고 제안한다.

3가지 색으로 된 프랑스 국기의 가운데에 로렌 십자를 넣어 자유 프랑스 소속의 군함과 비행기 그리고 군복에 부착했다. 드골이 자유 프랑스군에 합류했을 때 비시(Vichy)에 자리잡고 있던 프랑스 임시 정부가(비시 프랑스[Vichy France]는 2차 세계대전 중에 나치 독일의 점령하에 있던 남부 프랑스를 1940년부터 1944년까지 통치한 정권이다. 비시 프랑스의 관할 구역은 프랑스 중남부 및 알제리와 모로코였다. 프랑스의 친독일 정부였다.) 드골에게 사형 선고를 내렸다.

1940년 8월 중순 자유 프랑스군은 겨우 2,240명의 장교와 병사들만 남아 있었다. 처음으로 희망의 빛이 보이기 시작한 것은 프랑스령 적도 아프리카(French Equatorial Africa)의 식민지들이 1941년 초 드골을 지지한다고 발표했고, 여기에는 부분적으로 영국 장거리 사막 정찰대가 개입됐었다. 이로 인해 드골은 아프리카에 기반을 가질 수 있게 되었고 필리페 르클레르(Philippe Leclerc) 장군이 서부 사막에서 영국군과 함께 진군하게 되었다.

1944년 가을 프랑스가 완전히 해방되기 전까지는 드골과 영국 그리고 또 미국과의 관계는 롤러코스터처럼 올라갔다 내려갔다를 반복했다. 사실 영국은 드골을 전적으로 신뢰하지 않았다.

1942년 11월 프랑스령 북아프리카 침공을 앞두고 드골은 그 작전에 대해 전혀 알지 못하고 있었다. 연합군은 비시 정부의 전 장교들과 작전을 의논했고 드골은 측면으로 밀려난 것처럼 보였었다. 하지만 드골의 탁월한 정치력으로 인해 1944년 3월 무렵에는 북아프리카를 포함해서 세계 곳곳에 흩어져 있던 모든 프랑스군의 지휘권을 회복했다. 그런데도 드골은 1944년 6월의 유럽 본토 침공 작전의 날짜와 장소도 제대로 알지 못했다. 하지만 1944년 7월 워싱턴 방문 이후 드골의 국민해방위원회가 영국과 미국으로부터 해방된 프랑스의 공식 정부로 인정 받게 된다.

드골은 1944년 8월 파리에 입성하고 파리 시민들로부터 열렬한 환호를 받았다. 드골과 처칠의 특별한 관계는 처칠의 친구였던 루이스 피어스가 1944년 1월 12일 마라케시(Marrakech)에서 열렸던 연합국 회담 당시 드골의 말을 간단히 요약했던 것으로 알 수 있다.

"영국이 인정하기 가장 힘들었던 십자가는 로렌 십자였다."

왼쪽: 자유 프랑스의 선전 포스터로 "프랑스는 절대 맞서 싸우는 것을 포기 하지 않는다."라는 문구가 로렌 십자 위에 새겨져 있다. 왼쪽 위부터 반시계 방향으로 자유 프랑스군이 참가하고 있는 전투와 작전을 보여 주고 있다. 서부 사막의 가자 전투, 남부 리비아의 페잔(Fezzan), 튀니지아, 코르시카, 이탈리아 그리고 프랑스.

위: 로렌 십자.

위: 샤를르 드 골 장군이 왼쪽 가슴 포켓 위에 로렌 십자 배지를 달고 있다.

오른쪽: 프랑스 전쟁부가 1944년 11월부터 1945년 2월 사이 알자스와 로렌 지방의 해방을 기념하기 위해 발행한 소책자의 표지.

DÉLIVRANCE
METZ NOVEMBRE 1944
MULHOUSE NOV. 1944
STRASBOURG NOV. 1944
COLMAR FÉVRIER 1945
28 PAGES
12 FRANCS
NUMÉRO SPÉCIAL
SUR LA DÉLIVRANCE DE L'ALSACE ET DE LA LORRAINE
ÉDITÉ PAR LA DIRECTION DES SERVICES DE PRESSE DU MINISTÈRE DE LA GUERRE

# 18 스핏파이어(Spitfire) 전투기

슈퍼마린 스핏파이어는 가장 유명한 영국의 항공기로 2차 세계 대전 동안 가장 빠르고 가장 방향 조정이 쉬웠던 전투기였으며 모든 전장터를 누비고 다닌 주인공이었다. 지금까지 생산된 항공기 중 가장 아름다운 항공기 가운데 하나로 시속 404km(251mph)의 성능을 가지는 전투기를 만들어달라는 영국항공성의 요청에 따라 슈퍼마린 에비애이션 워크스(Supermarine Aviation Works) 사의 수석 설계자였던 R. J. 미첼(Mitchell)이 최초로 만들었다.

미첼은 자신의 최초 설계안에 만족하지 않고 꾸준히 성능을 개선시켰고, 1936년 3월 사우스햄턴 비행장에서 수석 시험 비행사였던 조셉 서머스가 첫 번째 시제기(Prototype)의 시험 비행을 성공적으로 마쳤다. 그리고 영국 항공성은 310대의 스핏파이어를 주문 발주했다.

미첼은 자신이 설계한 비행기의 시험 비행을 본 후 이듬해 암으로 죽었다. 미첼이 설계한 스핏파이어 MK1A는 전금속 응력 외피(stressed-skin) 구조를 가지는 최초의 영국 전투기였다. 또 롤스 로이스 멀린 엔진을 장착하고 타원형의 날개에 8정의 기관총을 장착했다.

스핏파이어는 수작업을 거쳐야 했기 때문에 독일의 경쟁 전투기였던 메서슈미트(Messerschmitt) Bf 109E의 조립 공정 시간보다 3배 이상이 더 걸렸다. 하지만 1940년 7월부터 9월 사이의 영국 본토 항공전에서 핵심적인 역할을 수행하기에는 충분할 만큼 생산됐다. 스핏파이어는 시속 570km의 최고 비행 속도를 가졌고 메서슈미트는 시속 569km의 최고 속도를 가져 속도면에서는 비슷했지만 급선회면에서 메서슈미트를 앞질렀다.

위로 튀어나온 조종석 덮개(Canopy)는 조종사들이 더 좋은 시야를 확보할 수 있도록 했지만 메서슈미트 Bf 109E의 나중에 나온

왼쪽: 2문의 20mm 기관포와 4정의 8mm 기관총을 날개에 장착한 슈퍼마린 스핏파이어 MK VB.

위: 스핏파이어를 긴급 이륙시키기 위해 뛰어가는 영국 조종사들.

모델은 스핏파이어보다 급강하 속도가 더 빨랐고 더 높이 상승할 수 있었다. Bf 109E의 20mm 기관포는 스핏파이어 MK1A보다 사정거리도 길었고 명중률도 높았다. 1941년에 스핏파이어는 그것과 비슷한 2문의 기관포와 4정의 기관총을 장착했다.

스핏파이어의 엔진은 전쟁 중에도 계속적인 개량되어서 나중에는 멀린 엔진보다 2배 이상의 힘을 내는 롤스로이스 그리폰 엔진으로 교체가 됐다. 1936년부터 1947년 사이에 19가지의 각기 다른 모델로 총 2만 2,890대가 생산됐다. 스핏파이어는 종전에까지 전투기로서의 역할뿐 아니라 고도에서 항공 사진 촬영 정찰 임무도 동시에 수행했다.

미 육군은 2차 세계대전 동안 600대 이상의 스핏파이어를 운용하기도 했다. 항공모함 발진기로 개량되기도 했으며 시파이어(Seafire)라는 이름으로 불렸고 특히 1942년부터 1943년 사이에 북아프리카 전투 시 지중해에 주둔하던 영국 해군 항공대 소속으로 활약을 펼치기도 했다.

2,556대의 시파이어 전투기는 한국전쟁에서도 활약했다. 2차 세계대전 동안 생산된 스핏파이어의 가장 마지막 모델인 MkXIX은 정찰용이었으며 Mk1A의 비행거리(635km)보다 훨씬 먼 거리(2,896km)를 비행할 수 있었다. 1954년 4월 MkXIX는 말레이 반도 상공에서 마지막 비행을 했다.

# 19 메서슈미트 Bf 109

메서슈미트(Messerschmitt) Bf 109는 영국의 허리케인과 스핏파이어가 생산되기 훨씬 전인 1937 년 1월 처음 생산되어 스페인 내전 당시에 활약했고 뮌헨 회담이 있었던 1938년 무렵에는 전투력이 완전히 입증된 전투기였다.

최초모델이었던 Type A에서 시작해 109B, C, D를 거쳐 2차 세계대전이 발발했을 무렵에는 109E가 주종을 이루었다. 109E는 에밀(Emil)이라는 이름으로 불리기도 했는데 스핏파이어가 나오기 전까지만 해도 가장 뛰어난 전투기였다.

작은 기체와 저렴한 생산 비용, 조종이 쉽고 특히 급강하와 급상승 속도는 최고였다. 2문 혹은 3문의 20mm 기관포와 2정의 기관총을 장착해 8정의 기관총을 장착한 초기 버전의 스핏파이어나 허리케인보다 사정거리나 명중률이 월등히 높았다.

2차 세계대전 동안 109E는 로켓이나 폭탄과 같은 다양한 무기를 장착해 임무를 성공적으로 수행한 전투기였다. 폭이 좁은 랜딩기어와 간이 정비 시설에서도 쉽게 날개를 교체하거나 수리할 수 있었다.

좁은 랜딩기어 때문에 이착륙시 기체가 심하게 흔들렸고 경험이 많은 조종사들조차 때때로 사고로 이어지기도 했다. 조종석도 좁아 전방 시야 확보가 좋은 편이 아니어서 일부 조종사들이 문제점을 제기하기도 했다. Bf 109의 전설적인 조종사였던 아돌프 갈란드(Adolf Galland)의 이름을 따서 만든 조종석 후드가 109K부터 장착되었다.

109E의 최고 속도는 시속 569km(354mph)로 스핏파이어 Mk 1A(시속 570km)보다 느렸지만 급강하 속도는 훨씬 빨랐다. 스핏파이어가 선회력에서는 월등했지만 109E의 상승률은 분당 1,005m(3,300피트)로 스핏파이어 Mk 1A의 771m(2,530피트)와 허리케인의 668m(2,260피트)에 비해 월등했다.

109E는 모든 면에서 허리케인에 비해 우수했고 2차 세계대전이

위: 최상의 전투력을 가질 수 있는 고도에서 날고 있는 Bf 109.

왼쪽: 에밀이라고도 불리었던 메서슈미트 Bf 109E.

다음 페이지: 1941년 착륙해 있는 Bf 109E의 모습.

일어났을 무렵 폴란드와 프랑스 전투에서 하늘을 지배하는 무적의 전투기였다. 하지만 영국 본토 공습 당시 Bf 109의 효율성이 한계에 부딪쳤다. 만약 약 9,100m의 고도로 영국 해협을 가로질러서 영국에서 발진한 스핏파이어나 허리케인과 전투를 했다면 Bf 109가 더 우세했을 것이다. 하지만 영국 항공성은 허리케인으로 하여금 독일의 전폭기들을 상대하게 했다. 그러자 독일 공군도 전략을 바꿔 Bf 109들이 전폭기들의 호위 임무를 맡도록 했다.

전폭기들을 호위하는 Bf 109는 보조 연료탱크도 없었기 때문에 영국 상공에서 겨우 30분만 머무를 수 있었고 고도 비행을 할 수도 없었다. 또 뛰어난 급강하나 급상승력을 제대로 발휘할 수가 없었다. Bf 109는 스핏파이어나 허리케인보다 높은 고도에서 전투력이 더 뛰어났음에도 불구하고 말이다.

만약 9,100m의 고도에서 전투가 이루어졌다면 영국 공군은 패배했을지도 모를 일이다. 독일 공군의 폭격이 시작되기 전에 준비 태세를 알려주는 영국의 레이더망 또한 영국에게는 큰 이점이었고 반면 독일 공군에게는 전략적인 계산으로만 따져도 불리한 위치였다.

영국 전투기들과 싸우기 위해 독일 전투기들은 바다 위를 장시간 날아갔다 다시 장시간 돌아오는 과정을 반복해야 했다. 이러한 점들 때문에 Bf 109E는 전혀 효율적으로 사용되지 못했다. 폴란드 전투와 프랑스 전투 당시 하늘을 지배했던 메서슈미트의 행복했던 날들은 그렇게 서서히 막을 내렸다.

# 20 뇌격기 소드피시(Swordfish)

소드피시는 2차 세계대전이 일어날 무렵까지만 해도 구식의 쓸모도 없어보이는 비행기였다. 오픈된 조종석에 천을 버팀줄로 연결해 만든 복엽기로 2차 세계대전보다는 1차 세계대전에서나 어울리는 비행기의 모습이었다. 하지만 소드피시는 2차 세계대전 동안 다양한 임무를 맡아 성실히 수행했고 혁혁한 전과를 올리기도 했다.

소드피시는 대잠 어뢰공격기로 개발되어 457.2mm(18인치) 어뢰 한 발을 장착했다. 최고 속력은 시속 222km밖에 되지 않았지만 1,694 km의 꽤 훌륭한 비행거리와 일본의 B5N 케이트(Kate) 뇌격기처럼 무기 장착력이 뛰어났고 미국의 뇌격기였던 더글러스 데버스테이터(Douglas Devastator)보다 더 뛰어났다.

다른 최신 기종들에 비해 효율성면에서는 소드피시가 더 좋았다. 소드피시는 2차 세계대전 동안 가장 성공적으로 임무를 수행했던 영국의 뇌격기로 영국 해군의 모든 전투함을 합친 것보다 더 많은 수의 선박들을 바닷속으로 침몰시켰다.

소드피시에는 3명의 승무원들이 탔는데 1명은 조종사, 1명은 정찰병, 1명은 무전병과 사수 역할을 했다.

현대식 전투기에서는 절대 볼 수 없는 비커스(Vickers K .303) 중기관총을 달고 조종사는 다른 승무원들과 기상 통화관(Gosport tube)을 사용해 음성으로 의사를 전달했다. 소드피시는 그 당시 아무거나 넣어서 가지고 다녀도 잘 늘어나고 잘 찢어지지도 않는 쇼핑백이랑 비슷하다고 해서 '날아다니는 망태기'라고 불리기도 했다. 소드피시는 정교한 항공기들보다 수리 기간이 훨씬 짧았다. 1940년 11월 11일 이탈리아 함대의 주요 기지였던 타란토(Taranto)에서 285km 떨어져 있던 영국의 항공모함 일러스트리어스(Illustrious)호에서 21대의 소드피시가 발진했다. 그들은 2개의 예비부대를 공격했고 1척의 신형 전함과 2척의 구형 전함에게 어뢰 공격을 가했고 순양함에 타격을 주기도 했으며 조선소에도 피해를 입혔다.

지중해에서의 해상 장악력을 영국 해군에게 유리하게 이끌어낸 작전에서 단 2대의 소드피시만 추락당했다. 지중해 함대의 사령관이었던 앤드류 커밍햄 제독은 그 당시를 회상하며 다음과 같이 말했다.

"1940년 11월 11일과 12일 소드피시가 영국 해군 항공대의 일원으로 적에게 엄청난 피해를 줬던 그 모습은 절대 잊을 수 없다. 약 6시간 반 동안 날아다녔던 20대의 소드피시는 유틀란트 해전에서 독일 대양 함대에게 피해를 입혔던 것보다 훨씬 크게 이탈리아 함대에게 심각한 피해를 안겼다."

하지만 이 공격 방법으로 인해 일본은 뇌격기를 이용해 항구에 정박 중인 전함을 손쉽게 공격할 수 있다는 사실을 알게 되고 1년 후 진주만 공격 시 그 방법을 써먹는다.

타란토 전투 6개월 후에 또 다른 중대한 역할을 수행한다. 독일 전함인 비스마르크 호가 1941년 5월 24일 덴마크 해협에서 영국의 전투 순양함인 후드 호를 격침시킨 후 전투 당시 입었던 피해 부분을 수리하기 위해 브레스트(Brest) 기지로 돌아가고 있었다. 5월 25일 항공모함 빅토리어스(Victorious)에서 발진한 소드피시의 비스마르크 전함에 대한 한 차례 공격이 실패로 돌아가고 비스마르크는 브레스트 기지에 가까이 다가가 독일 공군 전투기의 작전 반경 안으로 들어가고 있었다. 영국 본토 함대의 전함들이 비스마르크를 뒤쫓고 있었지만 연료 부족으로 210km 뒤에 처져 있었다. 하지만 비스마르크의 북동쪽 65km에 있던 항공모함 아크 로열(Ark Royal) 호에서 소드피시가 발진해 비스마르크에 어뢰 공격을 가했고, 그중 한 발의 어뢰가 비스마르크의 키에 명중해서 심각한 손상을 입히게 된다. 그리고 뒤따라 오던 본토 함대의 전함들에 의해 비스마르크는 최후를 맞는다.

소드피시는 대잠 작전에서 매우 광범위하게 활용됐다. 폭뢰나 기뢰, 폭탄을 실어 나르기도 했으며 수송 선단을 위한 장시간 동안의 순찰 임무도 수행했다. 총 2,391대의 소드피시가 1934년부터 1944년 사이에 생산됐고, 독일이 항복한 2주 후 마지막으로 최전방에 배치되어 있던 소드피시 중대가 해산되었다. '날아다니는 망태기'가 최신 기종의 항공기들보다 더 오랫동안 살아남았다.

왼쪽: 영국 해군 항공대 소속의 소드피시 편대.

위: 소드피시는 구닥다리의 외형을 가지고 있지만 적에게 타격을 가할 수 있는 어뢰 공격뿐 아니라 폭탄이나 폭뢰도 실어 나를 수 있었다.

# 21 공습 대피시설들

1937년 영국 정부 관리들은 머지않아 독일과 전쟁이 일어나서 공습이 벌어지게 되고 그로 인해 수많은 시민들이 죽거나 다치게 될 것이라고 예상했다. 영국에 대한 독일의 공습은 이미 1차 세계대전 동안 1,413명의 시민 사망자를 발생시킨 적이 있었기 때문에 다음에 또 전쟁이 일어난다면 전쟁 발발 즉시 독일이 영국에 폭탄을 퍼부을 것이고 60일 동안 계속 될 것이라고 예상했다.

공습 시 폭탄 1톤당 50명의 시민의 죽거나 다치게 되고 최종적으로 약 200만 명의 사상자가 발생할 것이라고 예측했다. 이들 수치에 대한 근거는 부풀려진 것이었고, 특히 독일이 그만큼의 폭탄을 쏟아부을 여력도 없었다. 하지만 이는 그로 인해 영국 정부가 많은 대비책을 마련할 수 있도록 한 충격요법이 분명했다.

1938년 뮌헨 위기 이후 전쟁이 발발할 때까지 공원에 참호를 파기 시작했고 50만 명 이상의 시민들이 피신할 수 있을 만큼이 되었다. 그 무렵 앤더슨식 방공호가 처음 나왔다. 이 방공호는 소도시나 도시 근교의 뒤뜰에 만들어진 수용인원 6명의 작은 방공호였다. 윌리엄 페터슨이 최초로 고안했고 영국 민방위대의 책임자였던 존 앤더슨의 이름을 따서 앤더슨식 방공호라고 불리게 되었다.

앤더슨식 방공호는 골이 진 14개의 아연 철판 패널로 되었는데 6개의 구부러진 패널이 지붕을 만들었고 6개의 직선형 패널이 벽을 그리고 2개의 패널은 양 끝에 세워서 하나는 문으로 사용했다. 뒤집힌 U자형의 구조는 1.8m의 높이와 1.37m의 폭 그리고 1.8m의 넓이로 되어 있었고 내부에는 기본 생활에 필요한 최소 물품들이 들어 있었다. 1.2m의 깊이로 파묻었고 지붕은 약 0.4m의 흙들로 덮혀져 그 위에 텃밭처럼 야채들을 재배하기도 했다.

앤더슨식 방공호는 1년 수입이 250파운드 미만인 세대주에게는 무료로 공급됐고 1년 수입이 그 이상되는 세대주는 7파운드에 구입할 수 있었다. 전쟁이 발발할 무렵에는 150만 개의 앤더슨식 방공호가 지어졌고 나중에는 200만 개 이상이 되었다. 그 방공호는 좋은 방어 수단이 되었지만 전쟁이 본격적으로 시작된 후 밤새 공습 사이렌이 울리는 일이 많아지면서 특히 겨울철에는 물기로 축축해진 방공호 안에 들어가는 것을 꺼려했다.

치안 장관이었던 허버트 모리슨은 대부분의 집들에 지하 창고가 없었기 때문에 효율적으로 쓰일 수 있게 집 내부에 방공호를 만들 필요가 있다고 생각했다. 그의 이름을 따서 모리슨식 방공호가 생겨나게 되었고 집 내부에서 볼트로 연결해 만들 수 있었다. 길이 1.8m, 넓이 1.2m, 높이 0.75m의 철판 지붕과 철망으로 된 측면, 철판 바닥으로 된 새장 형태의 구조물이었다.

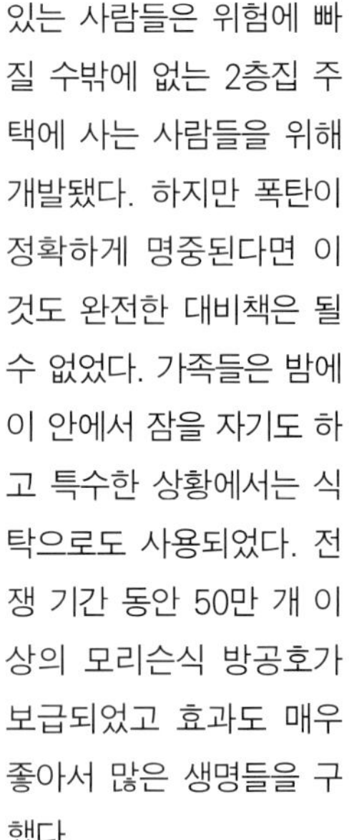

모리슨식 방공호는 공습 시 폭격을 맞아 집이 무너지면 아래층에 있는 사람들은 위험에 빠질 수밖에 없는 2층집 주택에 사는 사람들을 위해 개발됐다. 하지만 폭탄이 정확하게 명중된다면 이것도 완전한 대비책은 될 수 없었다. 가족들은 밤에 이 안에서 잠을 자기도 하고 특수한 상황에서는 식탁으로도 사용되었다. 전쟁 기간 동안 50만 개 이상의 모리슨식 방공호가 보급되었고 효과도 매우 좋아서 많은 생명들을 구했다.

일부 주택 소유자들은 자신들의 마당에 벽돌이나 콘크리트로 방공호를 직접 만들기도 했다. 그와는 별개로 일부 지역에서는 공습에 대비할 아무런 방공호도 갖지 못한 지역 주민들을 위해 커다란 콘크리트 방공호를 짓기도 했다. 전쟁이 발발하기 전 그리고 1940년 9월 런던 야간 공습 때까지 런던에 있는 지하철역들에 피신하는 것은 금지되었는데 주된 이유는 위생 시설이 빈약해 질병들이 퍼질 수 있다는 것 때문이었다.

하지만 9월 19일 밤 수천 명의 런던 사람들이 그 문제는 자신들이 알아서 하겠다고 하면서 공습을 피하기 위해 지하철역으로 들어갔다. 그러자 정부도 어쩔 수 없다는 사실을 깨닫기 시작했고 가능한 한 효율적으로 지하철역을 사용하기 위한 준비 작업에 착수했다. 지하철역으로 들어오는 일부 구간을 막고 콘크리트로 덮기도 하고 79개의 역에 침상과 간이 화장실을 만들어 놓기도 했다.

왼쪽: 1940년 8월 24일 밤에 있있던 최초의 야간 공습 피해 사진으로 파괴된 주택과 그 옆에 앤더슨식 방공호가 보인다.

위: 모리슨식 방공호를 식탁으로 쓰고 있는 가정의 모습

오른쪽: 1940년 영국의 실버타운 상공 위를 날고 있는 2대의 독일 도르니에(Dornier) Do 217 폭격기. 벡턴 지역에서 불길이 일어나고 있고, 사진 중앙에 웨스트 햄 그레이하운드 경주장이 있다.

위: 런던 시민들이 공습이 벌어지고 있는 동안 지하철역 승강장에서 잠을 자고 있다.

오른쪽: 야간 공습 때 떨어진 폭탄으로 런던 스테프니에 있는 주택가가 황폐화된 모습.

STEPNEY WAY E.1

# 22 영국해군함정 HMS 후드(HMS Hood)

배수량 4만 6,680 톤, 전장 262m인 영국 해군 소속의 전투 순양함 HMS(Her Majesty's Ship) 후드(Hood) 호는 2차 세계대전이 발발할 때까지 세계에서 가장 큰 전함이었다. 1918년 8월 22일 진수된 후드 호는 1차 세계대전에는 참전하지 못했다. 1916년 유틀란트 해전에서 3척의 영국 전투 순양함이 격침당하면서 그때 발견된 약점들을 보완해 후드 호가 만들어졌다. 하지만 그런 보강 작업에도 불구하고 1930년 대 중반까지 미국이나 독일의 주력함들에 비해 보호 장갑이 더 약하다는 단점을 가지고 있었다. 하지만 1939년 2차 세계대전이 일어나면서 후드 호의 재건조 계획은 취소될 수밖에 없었다. 최고 속도, 웅장한 크기, 아름다운 선형이 후드 호가 가지고 있는 심각한 결점을 덮어 왔지만 1941년 1월부터 3월 사이에 있었던 후드 호의 마지막 수리 작업 때 그 어느 것 하나 제대로 고쳐지지 못했다.

여전히 약한 보호 장갑과 기계적 결함 때문에 최고 속도는 더 느려졌다. 수리 작업 후 후드 호의 최고 속도는 시속 46km(25노트)으로 1920년 시험 항해 때 최고 속도였던 시속 59km(32노트)에 비해 현저히 떨어졌다.

2차 세계대전이 일어났을 때 후드 호는 영국 본토 함대의 전투 순양함 함단의 상징적인 존재였다. 1940년 프랑스가 함락된 후 후드 호는 지중해에서 포슈(Force) H 함대에 소속되어 알제리 오랑(Oran)에서 프랑스 함대의 일부에 큰 타격을 가하는 성과를 올린다. 그리고 영국으로 돌아가 수리 작업을 마친 후 스캐퍼 플로(Scapa Flow) 기지에 있던 본토 함대에 다시 합류한다. 그리고 랜슬럿 홀랜드(Lancelot Holland) 제독의 지휘 아래 1941년 5월 22일 후드 호는 새롭게 진수된 전함인 프린스 오브 웨일스(Prince of Wales) 호와 함께 독일의 비스마르크 전함을 상대하기 위해 떠난다. 5월 18일 비스마르크 호는 귄터 뤼첸스(Günter Lütjens) 제독의 지휘 아래 발틱해에 있는 기드니아(Gydnia) 항에서 중순양함인 프린츠 오이겐(Prinz Eugen) 호와 함께 영국 수송 선단을 공격하기 위해 출항했다. 후드 호가 8문의 38cm(15인치) 주포와 12문의 15cm(5.9인치) 부포로 무장을 하고 42,500톤의 배수량 그리고 시속 54km(29노트)의 최고 속도를 가지고 있었지만 비스마르크 호는 그 당시 물위에 떠다니는 가장 무시무시한 배였다. 영국 해군의 전함 중에서 비스마르크 호보다 빠르거나 비스마르크 호를 격침시킬 만한 전함은 없었다. 그 당시 항공모함에서 발진하는 전투기의 잠재력에 대해 영국은 반신반의하고 있는 상태였기 때문에 존 토베이 제독이 총지휘를 맡고 있던 본토 함대에 항공모함을 편제시켜 후속 함단으로 대기시키고 비스마르크 호를 상대하던 함단에는 항공모함을 포함시키지 않았다.

5월 24일 오전 5시 35분 덴마크 해협에서 적의 동태를 감시하고 있던 노포크(Norfolk) 호가 독일 함대가 그린란드의 남서쪽으로 가고 있다는 보고를 하게 된다.

영국 함대는 독일 함대를 따라잡기 위해 속력을 내기 시작했다. 거센 파도를 헤치며 전속력으로 가고 있던 탓에 주요 거리 측정계가 먹통이 되었고 프린스 오브 웨일스 호의 포격 레이더(Gunnery Radar)는 런던에 있는 해군성으로 적의 움직임을 보고하는 고출력 무전기 때문에 기능을 제대로 발휘하지 못하고 있었다.

5시 53분 독일과 영국의 전함들은 23km 떨어진 거리에서 서로 사격을 개시했다. 불행하게도 후드 호는 프린츠 오이겐 호에서 발사한 포탄에 직격탄을 맞았고 그로 인해 영국 함대가 활용할 수 있던 화력의 절반을 잃어버리게 되었다. 비스마르크 호도 반쪽 짜리 상대와 전투를 벌일 수 있게 되었다. 후드 호와 프린스 오브 웨일스 호의 첫 번째 일제 사격이 비스마르크 호에 별다른 타격을 주지 못한 반면 비스마크르크 호는 2차, 3차 사격으로 후드 호에 심각한 타격을 가했다. 홀랜드 제독은 후드 호에게 항구로 철수할 것을 지시했지만 그때 비스마르크 호의 15차 사격이 후드 호에게 치명타를 날렸고 후드 호는 엄청난 폭발과 함께 사라졌다. 1,419명의 승조원 중 단 3명만이 생존했다. 후드 호의 침몰에 대한 정확한 원인이 무엇이었는지는 지금까지도 논쟁거리로 남아 있다.

프린스 오브 웨일스 호는 7차례 타격을 받고 철수했으며 비스마르크 호는 2차례의 타격을 받고 연료탱크에 심각한 피해를 입었다. 이때 비스마르크 호가 받은 피해 때문에 독일의 뤼첸스 제독은 비스마르크 호가 더 이상 기함의 역할을 하기 힘들다고 판단하고 작전을 모두 포기한 채 프랑스로 뱃머리를 돌렸다,

왼쪽: 비스마르크 호를 상대하기 위해 나가고 있는 프린스 오브 웨일스 호에서 찍은 후드 호의 마지막 모습.

아래: 2문의 38cm(15인치) 회전포탑의 위용을 뽐내고 있는 영국 해군의 자랑이었던 함정 후드 호.

# 23 엑스타입(X-Type) 낙하산

영국의 최초 낙하산 부대는 최소 5,000명의 낙하산병 부대를 만들라는 윈스턴 처칠의 지시하에 창설되어 1940년 6월 22일 여름부터 훈련을 받기 시작했다. 그때 낙하산병들은 비행기에서 뛰어내린 후 낙하산 끈을 잡아당겨야 펴지는 영국 공군에서 만든 위급 상황용 낙하산으로 훈련을 받았다.

강하하는 사람은 낙하산을 언제 펼쳐야 할지 직감적으로 추정해야 했으며 두 손은 언제든 줄을 잡아당길 수 있도록 대비하고 있어야 했다. 하지만 이러한 방법은 무거운 장비들을 짊어지고 낮은 높이에서 집단적으로 강하해야 하는 육군 낙하산 부대 병사들에겐 안전하지 못하고 적절하지 않은 것으로 판명되었다. 이 때문에 링웨이(Ringway)에 위치한 낙하 훈련소는 미국에서 디자인된 자동열림식 낙하산(Statichute)으로 변경했다.

135번의 강하 이후 한 명의 낙하산이 항공기 내 정박줄(Rigging Line)에 얽혀 사고사했다. 전쟁을 통해 개선된 형태의 낙하산이며 공수부대에서 사용했던 낙하산인 미국의 자동열림식 낙하산(Statichute)은 강하자가 비행기에서 뛰어내려 강하할 때 낙하산낭과 비행기를 연결하는 자동열림줄(Static Line) 다음에 리깅 줄이 오도록 했다.

만약 강하자가 캐노피와 자동열림줄을 연결하는 마지막 끈인 생명줄(Lazy Cord)이 끊어지기 전에 트위스팅되거나 텀블링하는 불완전한 강하를 했을 경우 강하자는 자신의 리깅 줄에 얽힐 수 있는 위험을 감수해야 한다. 이러한 경우 최선의 경우는 강하자가 한발이나 두발이 낙하산에 매달린 채 떨어져 등 또는 머리로 착지하는 것이다. 최악의 경우에는 강하자가 낙하산에 심하게 감겨 아무런 조치도 취하지 못하고 그대로 떨어지는 것이다.

영국의 낙하산병들은 2차 세계대전에서 예비 낙하산이 없었기 때문에 이러한 상황이 발생한다면 죽음을 면치 못했다. 모든 것이 훌륭히 진행되었다고 해도 리깅 줄의 끝이 확 당겨져 사타구니 부분이 강하게 조여오는 아찔한 경험을 항상 해야 했다.

GQ 낙하산 회사의 레이몬드 퀼터(Raymond Quilater)가 해결 방법을 찾아냈다. 어빙 낙하산 회사와 공동으로 GQ 패킹 백(packing bag)안에 어빙사의 낙하산을 넣어 생산했다.

이 엑스타입(X-type) 낙하산은 1960년대까지 표준 낙하산이 되었는데 여러 다른 방식의 시작을 알리게 되었다. 강하를 하기 위해 뛰어내릴 때 자동 열림줄이 비행기에 고정된 채 등 뒤로부터 낙하산팩이 떨어졌다. 그리고 리깅 줄과 하네스를 연결하는 캔버스 스트랩이 강하자의 하중으로 인해 당겨지면 리깅 줄이 낙하산 백으로부터 떨어진다. 마지막으로 강하자가 6m 아래에 위치해서 리깅 줄이 팽팽하게 늘어나면 캐노피가 낙하산 백 옆으로 빠져나오고 캐노피의 끝과 연결된 마지막 끈이 끊어지면서 낙하산이 완전히 펴지게 된다. 이로 인해 낙하 시 처음에 오는 충격들은 상당 부분 완화되었고 줄 꼬임 현상으로 인해 생기는 위험성도 상당 부분 감소되었다. 2만 4,000번의 강하에서 단 한 건의 사고도 없었다.

엑스타입의 성공에도 불구하고 대다수의 낙하산병들은 받아야 할 훈련들이 더 많아졌기 때문에 공수부대와 공군은 낙하산 훈련 캠프에서 벌어지는 일들을 계속 모니터해야만 했다.

그 결과 항공기 프로펠러 회전(Slipstream)으로 인해 발생하는 공중제비와 비틀림 현상을 새로운 형태의 팩을 만든다면 줄일 수 있다는 결론을 내리게 되는데 자동 열림줄을 가슴 위치보다는 목의 위치에 연결하는 것이었다. 또한 실크로 만든 캐노피들에서 발생하는 정전기들 때문에 제대로 작동이 안 될 때가 있었는데 이것은 캐노피를 나일론으로 대체하면서 해결되었다.

엑스타입 낙하산은 영국 공수부대가 2차 세계대전 동안 사용한 표준 낙하산이다. 제1 강하훈련학교에서 자동열림식 낙하산(Statichute)으로 1948년 8월까지 총 50만 번 이상의 강하가 이루어졌고 오직 42건의 치명적인 사고가 발생했다. 이는 1만 2,000분의 1의 확률이다.

왼쪽: 착륙 순간에 촬영된 낙하산병.

위쪽: 엑스타입 낙하산을 매고 철모를 쓴 낙하산병의 뒷모습. 끈의 끝 부분에 있는 'D'링은 비행기의 자동 열림줄에 연결하는 것이다.

# 24 스텐건(Sten Gun)

1940년 프랑스 전투 당시 영국 해외 파견군은 반자동 기관총(주로 MP28)으로 무장한 독일군을 상대로 고전을 면치 못했다. 볼트 액션(bolt-action)식 소총(총알을 장전하고 노리쇠를 후퇴시킨 후 다시 전진시키면 탄환이 장전되는 방식의 소총)으로 무장한 영국군은 특히 근접 전투에서 자동으로 발사되는 반자동 기관총을 가진 독일군에 비해 불리할 수밖에 없었다. 독일군은 장교들이나 오토바이 운전병과 같은 특수 병들만이 권총이나 그와 비슷한 정도의 총으로 무장했다.

영국은 됭케르크 철수 작전 시 많은 무기의 손실이 있었기에 소화기(小火器)를 대량 생산해서 재빠르게 군을 재무장시켜야만 했다. 영국은 미국으로부터 톰슨 반자동 기관총을 구입하기도 했지만 미국도 자신의 군대를 재무장시키는 데 우선적으로 사용하고 남는 화기를 줄 수밖에 없었기 때문에 턱없이 부족했다. 그래서 영국 엔필드(Enfield)의 왕립 소화기 공장(Royal Small Arms Factory)은 영국제 반자동 기관총을 만들어야만 했고 개발자들 이름의 첫 글자(Shepherd와 Turpin)와 엔필드(Enfield)의 첫 두 글자를 따서 이름을 붙인 스텐(Sten)건을 만들었다.

스텐건은 생산 비용이 저렴했고 비숙련공들이 작은 공장에서도 쉽게 만들 수 있을 정도로 제작 공정이 단순했다.

총 8개의 모델이 있었으며 그중에는 소음기를 달았던 모델도 있다. Mk Ⅲ는 가장 비용이 저렴했고 단순했다. 47개의 부품으로만 구성되었기 때문에 5명이 1시간이면 조립을 끝낼 수 있었다.

독일의 MP28을 모방해서 탄창이 옆에 달려 있었지만 탄창을 붙잡고 발사를 해야 하는 상당히 불편한 구조로 되어 있었다. 나중에는 자동 발사시 생기는 진동 때문에 가뜩이나 조악하게 만든 탄창 꽂이 부분이 뒤틀리게 되어 탄창의 각도가 변하면서 탄창 결합 불량과 송탄 불량이 발생하기도 했다. 그래서 병사들은 언제 고장이 날지 몰랐기 때문에 한 손으로 방아쇠를 당기면서 다른 한 손으로는 탄창을 꼭 쥐고 있어야 했다. 2차 세계대전 당시 수많은 사진 속 병사들이 왜 한결같이 탄창을 쥐고 있었는지가 이해될 것이다.

스텐건은 블로 백(blow-back)식으로 되어 있었다(화약 가스의 힘에 의하여 약협이 뒤쪽으로 되돌아오는 것을 이용하여 노리쇠 등을 후퇴시켜 장전을 하는 자동 기관총 또는 자동권총. 격발과 동시에 약실이 열리기 때문에 비교적 약실내 압력이 낮은 소형 탄약의 총에 쓰인다).

스텐건은 9mm 탄약을 썼기 때문에 관통력도 약했다. 스텐건의 초기 모델은 안전 장치가 없어서 때때로 총기를 들고 있던 병사나 그 주위에 있던 동료 병사들에게 적보다 더 위험한 존재가 되기도 했다. 불의의 총기 사고로 목숨을 잃거나 부상을 당하는 경우가 흔하게 일어났다. 방아쇠를 당기지 않아도 개머리판을 세게 치거나 바닥에 떨어뜨리면 노리쇠 후퇴와 장전이 되면서 탄창이 빌 때까지 자동 발사가 됐다. 이런 사고를 방지하기 위해 나중에 생산된 모델은 부분적으로 개량되었다.

이렇게 불완전한 면들이 많았음에도 불구하고 2차 세계대전 동안에 수백만 정의 스텐건이 만들어졌고 전반적으로는 기대한 정도의 임무를 성공적으로 수행한 무기가 되었다. 근접 전투에 더 적합했으며 90m 이상의 거리에서는 별 효과를 기대하기 힘들었기 때문에 평야 지대의 전투에서는 거의 쓸모가 없었다.

왼쪽: 1944년 9월 아른헴(Arnhem) 전투 당시 네덜란드의 오스터르베크(Oosterbeek)에서 작전을 벌이고 있는 영국의 낙하산 부대원들 모습. 탄창을 낀 스텐건을 잡고 있는 모습을 볼 수 있다.

위: Mk Ⅲ 스텐건.

# 25 T-34 전차

T-34전차는 2차 세계대전 중에 가장 눈에 띄는 소련 전차였다. 이 전차를 만든 미하일 코시킨(Mikhail Koshkin)이 1934년에 기본 설계를 했기 때문에 T-34로 이름지었다. 2차 세계대전 당시에 약 4만 대가 생산되었으며 그 당시에는 가장 최신식으로 디자인된 전차였다. 1940년 초 프로토타입이 완성되었고 신속하게 생산에 들어갔는데 이는 소련이 전쟁 상황이 아니었지만 독일이 프랑스와 저지대 국가들(유럽 북해 연안의 벨기에, 네덜란드, 룩셈부르크로 구성된 지역)을 침공하는 것을 보고 자극을 받았기 때문이었다.

T-34는 같은 시대의 독일, 영국, 미국 전차와 비교해 빠른 속도와 훨씬 두꺼운 경사 장갑, 높이가 낮은 형태로 되어 있었다. T-34는 76.2mm L40포를 장착하고 있었다. 넓은 트랙과 스프링에 연결된 바퀴를 가진 크리스티식 완충장치(Christie suspension)는 지표면에 미치는 하중이 작았고 이로 인해 진흙과 눈길에서도 훌륭하게 지형을 횡단할 수 있었다. 이는 러시아에서 굉장히 중요한 역할을 했고 이러한 관점으로 보면 그 어떤 독일의 전차보다 우수했다. T-34의 V12 디젤 엔진은 가솔린 엔진을 사용하는 독일 전차보다 휘발성이 덜 했다. 유지 보수와 운영이 간단했던 T-34는 그 시대의 어떤 전차보다 현대적이었다. 2차 세계대전의 막바지에 이르러 독일과 영국 그리고 미국 전차들이 전방 경사판과 전방 포탑판을 갖춘 전차를 만들기 시작했다. 평평한 평판에 90도의 탄도 궤적으로 포탄을 맞으면 더 쉽게 관통이 되지만 T-34와 같이 경사 장갑은 그렇지 않았다.

모든 장갑 차량은 두꺼운 장갑, 큰 대포 그리고 빠른 속도가 서로 조합을 이루어야만 성공작이 될 수 있다. 이런 관점에서 T-34의 경우는 크기와 내부 공간이 문제였다. 1944년 초기 개선된 T-34 85가 도입되기 전까지 포탑에는 지휘관과 장전병 2명만 탑승할 수 있는 공간밖에 없었다. 다른 대부분의 전차에는 지휘관, 사수, 장전수 3명이 탑승할 수 있었다.

T-34 지휘관은 전차 지휘 임무를 수행하면서 목표물을 조준하고 발포해야 했다. 또한 소대장들의 경우에는 동시에 자신에게 소속된 다른 전차들도 지휘해야 했다. 지휘관이 겪었던 또 다른 문제점은 무선 통신 장치를 갖춘 소련 전차가 별로 없었기 때문에 그 지휘마저도 쉽지가 않았다. 중대장급 이상만 무선 통신 장치를 가지고 있었고 나머지는 깃발을 이용해 통신을 했다. 그렇기 때문에 중대장은 다른 중대장이나 대대장들과만 통신 장치를 이용해 서로 연락을 하고 자신의 중대원들에게는 깃발을 이용해 지시를 내렸다.

바르바로사 작전(Operation Barbarossa: 1941년 6월 22일 부터 12월까지 나치 독일이 소련을 침공한 작전 명칭)이 1941년 6월에 개시되었을 때 아주 소수의 T-34가 배치되었기 때문에 독일은 러시아를 침공한 후에도 처음 몇달 동안은 T-34에 대해 제대로 알지 못했었다. 소련 침공 초기에 독일은 수천 대의 소련 전차를 파괴하는 성과를 거두었다. 하지만 1941년 9월에 독일은 대량의 T-34를 대항하여 싸워야 했고 T-34는 독일의 어떤 전차들보다 더 빠르고 강했으며 무적임이 입증되었다. 그래서 결국은 모든 독일 전차가 구식이 되게하였다.

폴란드, 프랑스, 저지대 지역, 북아프리카에서 계속 전쟁을 승리로 이끌어간 팬저 기갑사단들은 더 이상 전쟁터의 제왕이 아니었다. 에발트 폰 클라이스트(Ewald von Kleist) 육군 원수는 T-34를 '세계 최고의 전차'라 불렀다. 프리드리히 폰 멜렌틴(Friedrich von Mellenthin) 소장은 훗날 "우리는 상대할 만한 전차를 가지고 있지 못했다."라고 썼다. 하지만 그 당시 소련의 전술은 허점이 많았기 때문에 독일은 1942년까지 붉은 군대를 몰아붙였고 승승장구하고 있었다.

소련의 지휘, 통제, 운영의 기술들이 독일만큼 좋지 않았고 무선 통신 장치가 없었기에 소련군이 전차를 제대로 운영하지 못하고 있었다. 또한 독일이 한동안 계속 승리할 수 있었던 또 다른 이유는 중포로 무장된 티거 전차와 중형 판터 같은 새로운 전차의 투입 때문이었다. 그러나 T-34는 2차 세계대전의 끝날때까지 소련 전차부대의 든든한 기둥 역할을 했다.

왼쪽: 1944년 제3벨로루시 전선군(Third Byelorussian Front)에서 발포 포지션을 취하고 있다. 이 전차의 넓은 트랙이 진흙에서도 쉽게 기동할 수 있게 하였다.

위쪽 상단: T-34 전차의 경사 장갑이 포탄으로부터 관통되는 것을 막는 역할을 하였다.

위쪽 하단: 1945년 5월, 베를린에 들어서는 T-34.

뒷장 전면: 보병이 탑승한 T-34가 속력을 내고 있다. 가장 가깝게 보이는 탱크가 무선 통신 장치를 장착했으며 중대장 혹은 대대장의 전차로 보인다.

# 26 대서양 헌장

미국이 2차 세계대전에서 공식적인 교전국이 되기 전에도 프랭클린 루스벨트 대통령은 미국과 영국 그리고 소련의 공통적인 전쟁 목표에 대해 걱정을 하고 있었다. 루스벨트와 처칠 그리고 스탈린은 공통의 전쟁 목표로서 나치 독일을 패배시키는 것에 합의했다. 국가들의 생존과 번영을 위해 독일은 전쟁의 위협으로 제국주의적 확장과 정치적인 강압을 행하는 무력을 영원히 금지시키는 국제 조약 체제를 받아들여 무장을 해제하고 국가를 개혁해야만 한다고 명시했다.

전쟁 참여 또는 영국, 소련과 동맹 관계를 맺는 것에 대한 자국의 반대에도 불구하고 현명하고 나이도 지긋한 윌소니안(Wilsonian: 미국 민주주의 가치를 세계에 전파하고 세계평화를 위해 세계 각국의 책임을 강조하는 사람들)이었던 루스벨트는 대외 정치에 대한 기사를 싣고 있는 신문이나 잡지를 읽거나 기사를 쓸 수 있는 사람들인 미국의 이상주의자와 국제주의자들에게 호소력이 있는 전쟁 목표에 대한 원칙적 선언을 원했다. 루스벨트는 처칠과 스탈린이 제국주의자로서 알려져 있는 데다가 영국 우월주의자와 공산주의자의 이미지를 벗어나 좋은 평가를 받기 힘들다는 사실을 알고 있었다. 하지만 프랭클린 루스벨트는 최소한 처칠의 이미지를 든든한 협력자와 국제주의자로 개선시킬 수 있었다.

1941년 8월 9일부터 12일까지 루스벨트와 처칠은 최근의 전략적 관계와 미국이 교전국이 되었을 때의 향후 계획을 상의하기 위해 뉴펀들랜드 플라센티아 베이에 정박 중인 전함에서 회담을 가졌다. 또한 그들은 소련 연방이 일본으로부터 위협을 받음으로 인해 2개의 전선에서 전투를 벌어야 하는 압박으로부터 벗어날 수 있게 도움을 줄 것이라고 스탈린을 안심시키고 싶어했다.

미해군의 구축함과 군사 원조 물품을 영국에게 지원하는 협상에서 루스벨트가 내건 조건은 처칠이 대서양 헌장에 서명하도록 하는 것이였다.

대서양 헌장은 자국의 국민들과 잠재적인 동맹국들에게 그들이 영토 또는 경제적 이점에 있어 제국적 이익을 추구하지 않는다는 것을 확인하고 민족 자결권과 공해 자유 원칙을 보장하는 것을 내용으로 하는 미국과 영국사이의 조약 증서였다.

또한 이 증서는 루스벨트의 '4가지 자유'를 구체화한 미래의 희망들에 대한 내용을 담고 있었다. 4가지 자유는 공포로부터의 자유, 결핍으로부터의 자유, 신앙 생활의 자유, 언론과 의사 표현의 자유이며 1941년 1월 루스벨트의 연설에서 공표되었다.

그 당시 전쟁의 한 가운데 있었던 처칠은 곤혹스러운 조약을 맺을 수밖에 없었고 이 조약이 내건 목표들은 존경스러운 원칙이라고 동의했다. 그는 현실 가능성에 대해서는 특별히 언급하지 않았다. 처칠의 모습을 보면서 스탈린은 같은 해 말 대서양 헌장을 받아들이기로 동의했다.

처칠과 루스벨트 중 그 누구도 실제적으로 대서양 헌장에 서명을 하지는 않았다. 대신 그들은 이것을 보도 자료로 만들었다. 하지만 이상주의적이고 편의주의적인 대서양 헌장의 조항은 최종적으로 국제 연합(United Nations) 헌장에도 영향을 미치게 되었다.

위쪽: 1941년 뉴펀들랜드 플라센티아 베이에 있는 영국 군함 프린스 오브 웨일스 호에서 대화를 나누는 미국 대통령 프랭클린 루스벨트와 영국 총리 윈스턴 처칠.

오른쪽: 윈스턴 처칠의 수정 마크가 있는 최종 대서양 헌장.

다음 장: 대서양 헌장의 원칙에 동의하는 26개국의 사인이 있는 UN의 선언서.

Prime Minister's meeting with President Roosevelt — Aug. 5. 1941
Drafts of Joint Declaration —

COPY NO: 1

M O S T   S E C R E T

NOTE: This document should not be left lying about and, if it is unnecessary to retain, should be returned to the Private Office.

P R O P O S E D   D E C L A R A T I O N

B. ~~ALTERNATIVE VERSION - i.e. VERSION "A" INCORPORATING NEW PARAGRAPH PROPOSED BY CABINET IN ABBEY TELEGRAM NUMBER:- 31.~~

The President of the United States of America and the Prime Minister, Mr. Churchill, representing His Majesty's Government in the United Kingdom, being met together, deem it right to make known certain common principles in the national policies of their respective countries on which they base their hopes for a better future for the world.

First, their countries seek no aggrandisement, territorial or other;

Second, they desire to see no territorial changes that do not accord with the freely expressed wishes of the peoples concerned.

Third, they respect the right of all peoples to choose the form of government under which they will live; and they wish to see self-government restored to those from whom it has been forcibly removed.

Fourth, they will endeavour, with due respect to their existing obligations, to further the enjoyment by all peoples of access, on equal terms, to the trade and to the raw materials of the world which are needed for their economic prosperity.

Fifth, they support fullest collaboration between Nations in economic field with object of securing for all peoples freedom from want, improved labour standards, economic advancement and social security.

Sixth, they hope to see established a peace, after the final destruction of the Nazi tyranny, which will afford to all nations the means of dwelling in security within their own boundaries, and which will afford assurance to all peoples that they may live out their lives in freedom from fear.

Seventh, they desire such a peace to establish for all nations safety on the high seas and oceans.

Eighth, they believe that all of the nations of the world must be guided in spirit to the abandonment of the use of force. Because no future peace can be maintained if land, sea or air armaments continue to be employed by nations which threaten, or may threaten, aggression outside of their frontiers, they believe that the disarmament of such nations is essential pending the establishment of a wider and more permanent system of general security. They will further the adoption of all other practicable measures which will lighten for peace-loving peoples the crushing burden of armaments.

Private Office.
August 12, 1941

# DECLARATION BY

DECLARATION BY UNITED NATIONS:

A JOINT DECLARATION BY THE UNITED STATES OF AMERICA, THE UNITED KINGDOM OF GREAT BRITAIN AND NORTHERN IRELAND, THE UNION OF SOVIET SOCIALIST REPUBLICS, CHINA, AUSTRALIA, BELGIUM, CANADA, COSTA RICA, CUBA, CZECHOSLOVAKIA, DOMINICAN REPUBLIC, EL SALVADOR, GREECE, GUATEMALA, HAITI, HONDURAS, INDIA, LUXEMBOURG, NETHERLANDS, NEW ZEALAND, NICARAGUA, NORWAY, PANAMA, POLAND, SOUTH AFRICA, YUGOSLAVIA.

The Governments signatory hereto,

Having subscribed to a common program of purposes and principles embodied in the Joint Declaration of the President of the United States of America and the Prime Minister of the United Kingdom of Great Britain and Northern Ireland dated August 14, 1941, known as the Atlantic Charter.

Being convinced that complete victory over their enemies is essential to defend life, liberty, independence and religious freedom, and to preserve human rights and justice in their own lands as well as in other lands, and that they are now engaged in a common struggle against savage and brutal forces seeking to subjugate the world, DECLARE:

(1) Each Government pledges itself to employ its full resources, military or economic, against those members of the Tripartite Pact and its adherents with which such government is at war.

(2) Each Government pledges
with the Governments signatory h
a separate armistice or peace wi

The foregoing declaration ma
other nations which are, or whic
material assistance and contribu
for victory over Hitlerism.

Done at Washington
January First, 1942

# UNITED NATIONS

o cooperate
not to make
emies.
red to by
rendering
the struggle

is of America
Roosevelt
f Great Britain
urchill
the Government
st Socialist

the Republic of China

inister for Foreign Affairs
of Australia

elgium

The Republic of Costa Rica
by M. Fernández

The Republic of Cuba
by Aurelio F. Concheso

Czechoslovak Republic
by V. S. Hurban

The Dominican Republic
by J. M. Troncoso

The Republic of El Salvador
by

The Kingdom of Greece
by Cimon G. Diamantopoulos

The Republic of Guatemala
by Enrique Lopez Herrarte

La République d'Haïti
par Fernand Dennis

The Republic of Honduras
by Julián R. Cáceres

The Grand Duchy of Luxembourg
by Hugues Le Gallais

The Kingdom of the Netherlands

Signed on behalf of
the Govt of the Dominion
of New Zealand
by Frank Langstone

The Republic of Nicaragua
by León De Bayle

The Kingdom of Norway
by W. Munthe Morgenstierne

The Republic of Panamá
by

The Republic of Poland
by Jan Ciechanowski

The Union of South Africa
by Ralph W. Close

The Kingdom of Yugoslavia
by
Constantin A. Fotitch

India by
Girja Shankar Bajpai

# 27 공습 감시원의 헬멧

2차 세계대전 중 영국에서 W라고 커다랗게 칠해진 헬멧을 착용한 남성 또는 여성은 공습 감시원이라고 바로 알 수 있었다. 공습 사전 경보반(Air Raid Precautions: ARP)들은 독일의 폭탄 투하 공격으로 인해 많은 사상자가 발생할 수 있다는 예측이 보고된 후 1935년 영국 정부가 대비책으로 마련한 것들 중 하나이다.

공습 감시원 체제는 1937년에 만들어졌으며 1938년 중반까지 20만 명으로 늘어났고 뮌헨 위기 이후에는 50만 명이 더 증원됐다. 공습 사전 경보반 감시원들은 대부분 파트타임 자원 봉사자들로 감시원의 임무를 수행하지 않을 때에는 자신의 직업에 충실했다.

ARP 감시원들은 모두 완장을 착용했으며 하얀색의 W가 칠해진 검은 철모를 쓰고 있었다. 감시원 소장은 검은색의 W 글자가 새겨진 하얀색 철모를 썼다. 후에 전쟁이 발발하고 나서 모든 ARP 감시원들은 청색 모직 전투복을 착용했다.

정부와 국민들의 생각과는 다르게 2차 세계대전의 초기 11개월 동안 영국에는 큰 규모의 공습이 벌어지지 않았다. 이에 대한 이유 중 하나는 독일 공군이 영국까지 왔다가 돌아갈 때까지 폭격기를 호위할 수 있는 전투기를 가지고 있지 못했기 때문이다. 1940년 6월 프랑스에 있는 비행장들을 사용할 수 있게 된 후부터 영국에 대한 공습이 활발해질 수 있었다.

공습이 없던 전쟁 초기 몇달 동안 공습 감시원들이 할 수 있었던 일은 소등 규정을 실행하도록 독려하는 것뿐이었다. 때문에 이는 영국의 유명 TV시리즈 〈데즈 아미(Dad's Army)〉에서 공습 감시원 소장인 하지스를 자부심이 강한 참견쟁이로 묘사했다. 하지만 이들은 1940년에서 1941년 동안 있었던 독일의 영국 대공습 당시에 민방위 대원, 사상자 처리반, 소방대원들과 함께 본연의 임무를 수행하면서 헌신적이고 때로는 영웅적인 활동을 펼쳤다.

민방위대는 구조반, 사상자 이송반, 본부 운영반, 연락반으로 이루어졌고 사상자 처리반은 앰뷸런스 요원들과 응급 처치 요원들로 구성되었다. 또한 소방대는 풀타임과 파트타임 정규 소방대원과 파트타임 보조원들로 구성되었다. 경찰관들과 수십만의 여성 자원대 또한 민방위대의 일원이 되었다.

런던에 있는 공습 감시원들은 약 10제곱킬로미터마다 소재하고 있는 지역 우체국에 본부를 두고 있었다. 그들은 정기적으로 순찰을 돌았으며 폭탄이 투하된 지역을 보고했다. 소이탄이 투척된 경우에는 모래주머니를 사용해 불길을 잡았다. 그들은 공공 대피소를 감독했으며 민방위대의 눈과 귀의 역할을 했다.

구조팀은 폭탄 피해 지역에 소집되었으며 들것 운반부와 주택 건축에 대해 잘 아는 건설 노동자들이 주를 이루는 붕괴된 건물의 구조 요원들로 구성되었다.

거리 순찰 동안 공습 감시원들은 건물에서 불빛이 새어나오지 않도록 소등시키는 역할을 했다. 만약 불빛이 보인다면 "소등하시오."라고 소리쳤고 상습적인 불이행자들을 경찰에 신고했다. 폭격 피해 지역에서 경찰들을 도왔으며 폭격 피해자들에게 신속한 도움을 주었다. 또한 소방 교육과 응급처치 교육을 받았고 구조반이 오기 전까지 상황을 통제했다.

2차 세계대전 동안 2명의 공습 감시원이 조지 십자훈장을 받았다. 조지 십자훈장의 최초 수상자는 토마스 앨더슨(Thomas Alderson)이었으며 1940년 9월 30일에 수상했다. 레오날드 마일스(Leonard Miles)는 그가 죽고 난 다음인 1941년 1월 17일에 훈장을 받았다.

왼쪽: 공습 감시원 대장(왼쪽)과 감시원이 1941년 5월 6일 리버풀에 위치한 집이 폭격당한 후에 그 자리에 있던 여인을 응급 처치하고 나서 리셉션 센터로 이동시키고 있다.

위쪽: 공습 감시원의 헬멧.

# 28 모신 나강(Mosin-Nagant) 소총

모신 나강 소총은 100년 넘게 사용되었다. 러시아 제국 육군이 처음 사용하였고, 그 다음에는 붉은 군대(Red Army: 1918년부터 1946년까지의 소련 육군의 명칭)가 그리고 마지막으로 2001년 아프가니스탄에서 북부동맹군이 사용했다.

1877~1878년 러시아 - 터키 전쟁 시 터키군은 윈체스터 연발총을 사용한 반면 러시아는 단발 장총을 사용했다. 그때를 계기로 러시아는 새로운 소총을 개발하기로 하고 벨기에의 레옹 나강(Léon Nagant)이 설계한 소총과의 경합 끝에 세르게이 이바노비치 모신(Sergei Ivanovich Mosin) 대위가 설계한 7.62mm 구경의 탄창식 소총을 채택했다. 하지만 그 후 몇차례의 논의를 거친 후 러시아 제국 육군은 모신의 디자인과 나강의 일부 디자인을 결합해 1891년 처음으로 모신-나강 M1891이라는 이름으로 소총을 만들었다.

러시아와 프랑스에서 동시에 생산된 모신 나강 소총은 러일 전쟁이 발발했을 때까지 약 380만 정이 러시아 제국 육군에 보급되었다. 하지만 제대로 사용되지 못했다. 왜냐하면 사용법을 훈련 받은 병사들이 거의 없었기 때문이었다.

1차 세계대전이 일어났을 무렵에는 러시아의 열악한 산업환경 때문에 미국에 있는 레밍턴과 웨스팅하우스라는 회사에게 M1891의 생산 하청을 줄 수밖에 없었다. 그곳에서 생산된 모신-나강 소총이 처음으로 러시아에 도착했을 때 1917년 러시아 혁명이 일어났고 뒤이어 브레스트 리토프스크 조약(Brest-Litovsk Treaty: 1918년 러시아 혁명으로 생겨난 소비에트 정부가 1차 세계대전 중의 교전국인 독일, 오스트리아, 불가리아, 터키 등과 맺은 강화 조약)을 체결해 러시아는 1차 세계대전에서 이탈했다. 미국에서 생산된 모신-나강 소총이 독일이나 오스트리아 제국의 손에 들어갈 것을 염려한 미국 육군은 25만 정의 모신-나강 소총을 구입했다. 이때 구입한 소총들은 1918~1919년의 반볼셰비키 전쟁 때 북러시아에 파견된 영국과 미국군에 지급되었다.

모신-나강 소총은 또한 러시아 내전(1918~1924년)당시 양쪽 편에서 모두 사용됐고 겨울 전쟁(1939~1940년)에서는 핀란드군이 붉은 군대에 대항하기 위해 사용했다. 독일이 러시아를 침공했을 때 붉은 군대의 기본 화기였고 2차 세계대전이 끝날 무렵까지 약 1,740만 정의 M1891이 생산되었다. 모신-나강 소총은 인기가 매우 높았으며 관리하기도 편리하였다. 저격용 총으로 개량되어 몇몇 유명한 붉은 군대의 저격수들이 사용하기도 했다. 핀란드의 한 저격수는 저격용 모신-나강 소총으로 500명 이상을 저격하기도 했다고 한다.

2차 세계대전이 끝난 후 러시아는 돌격용 자동 소총인 AK로 병기를 대체하기 위해 모신-나강의 생산을 중단했다. 하지만 M1891은 한국전쟁(1950~1953년), 베트남전쟁(1955~1975년)에서 사용되었고 아프가니스탄에서는 지금까지도 사용되고 있다. 러시아의 군사 지원을 받는 국가나 반란군은 모두 모신-나강 소총을 사용했다. 그중에는 이집트, 시리아, 이라크, 팔레스타인 반군 등이 있다.

모신-나강 소총은 8개의 모델이 생산되었고 핀란드, 체코, 헝가리, 루마니아, 폴란드 등에서는 개량 작업을 거친 모델들이 생산되기도 했다.

왼쪽 위: 모신-나강 소총.

위: 모신-나강 소총을 들고 있는 붉은 군대 병사들이 T-34 전차에서 내리고 있다.

# 29 공수 특전단(SAS)

1941년 10월 로버트 래이콕스 대령의 포스 Z(Force Z) 제8특공대에 소속된 스카츠 가즈(Scots Guards) 일원이었던 데이비드 스털링(David Stirling) 중위는 카이로 병원에 누워있었다. 낙하산 사고로 인해 일시적으로 허리에 부상을 입었기 때문이었다. 포스 Z의 특공대는 좌절 상태에 빠져 있었다. 기습 작전이 취소되어 모든 계획이 수포로 돌아갔기 때문이었다. 크레타 전투의 마지막 작전 단계에 참여하는 것으로 계획되었으나 패배로 끝나는 바람에 모든 게 수포로 돌아갔다. 그리고 포스 Z는 1941년 7월 말 해체된다.

스털링은 별다른 성과없이 끝나는 일이 많았던 넘버 8 특공대의 기습 작전을 어떻게 하면 성공적으로 이끌 수 있을까 궁리했다. 그래서 스털링은 전선으로부터 수 백 km 떨어진 곳에 있던 적의 후방 기지 특히 비행장과 같은 시설물들을 목표로 해야 한다는 결론을 내렸다. 그런 목표물에 접근하기 위해서는 사막이나 바다를 통해서 가는 방법이 있는데 바다를 통해서 가는 방법은 특공대들이 이미 사용했지만 대 실패로 끝난 습격 작전이었고 1941년 크레타 철수 작전 시 영국 해군이 이미 대 실패를 경험한 터라 다시 사용하기에는 힘든 방법이었다. 수륙합동 작전 시 아마추어들이 세운 빈약한 작전은 실패만 불러왔다. 스털링은 4명에서 5명으로 이루어진 작은 분대들이 낙하산, 잠수함, 보트, 차량을 이용해 동시 다발적으로 목표물을 공격하는 것이 성공 확률이 더 높을 수 있다고 생각했다.

스털링은 자신의 생각을 보고서로 만들어서 카이로 최고 사령부에 무턱대고 들어가서 중동지역 최고 사령관이었던 클라우드 오친렉(Claude Auchinleck) 장군에게 자신의 생각을 말할 기회를 잡게 된다. 그 일로 스털링은 대위로 특진을 하고 적의 후방에 침투할 65명의 병사를 선발해서 작전을 수행하는 임무를 맡게 된다. L-파견대, 공수특전여단(L-Detachment, Special Air Service Brigade)이라고 이름이 붙여진 그 특수부대는 기만 전술을 담당하고 있던 더들리 클락 준장의 아이디어로 생겨난 가상의 편제였다. 이집트에 완전 무장을 한 공수 여단이 주둔하고 있다고 독일이 믿게끔 하려는 전술을 펼쳤다. 실제로는 단지 65명의 병사만이 있었지만 독일에게는 많은 낙하산 부대원들이 준비 중인 것처럼 보이게 하는 기만 전술이었다.

1941년 12월 16일 밤에 있었던 최초의 기습 작전은 실패로 끝났다. 강풍과 모래 폭풍 때문에 낙하 지점으로부터 수km 벗어난 곳에 떨어졌고 작전에 참여했던 55명 중 스털링을 포함한 22명만이 오웬 대위의 장거리 사막 정찰대(LRDG: Long Range Desert Group)를 만나 구출된다. 그때 스털링은 오웬 대위에게 머지 않아 LRDG가 목표물에서 임무를 수행한 자신들을 데리러 오게 될 것이라고 말했고 그 약속을 지켰다. 다음 해 SAS가 자신들의 지프를 운용하기 전까지 사막 전문가들로 구성된 LRDG는 임무를 마친 SAS를 무사히 데려오는 택시 역할을 했다.

SAS는 주로 비행장을 습격하는 등의 혁혁한 전과를 올리기 시작했다. 그들이 목표물로 삼았던 비행장에 있던 비행기들도 파괴했으며 아일랜드인이었던 메인(Mayne) 대위는 연합국의 전투기 에이스 조종사들보다 더 많은 성과를 올리기도 했다. 사막에서의 전투가 끝난 후 SAS는 이탈리아와 에게 해 그리고 프랑스에서 임무를 수행했다. 대부분은 낙하산을 이용해 작전 지역에 침투했지만 지프를 이용하기도 했다. 연합국의 프랑스 상륙작전 이후에는 독일의 후방을 교란하는 임무를 수행할 때는 지프를 이용해 더 놀라울 만한 성과를 이루었다.

SAS의 날개 달린 단검 배지는 현재 3개의 SAS 연대(21, 22, 23연대)가 부착하고 있다. 이 디자인은 2명의 SAS 장교가 만들었는데 그중 1명은 조크 루이스 중위로 옥스퍼드 대학교 보트 클럽의 회장이었고 다른 1명은 톰 랭턴으로 케임브리지 조정 선수였다. 그들은 카이로에 있는 셰퍼즈 호텔의 내부 장식에 있던 아프리카 따오기의 날개 모양을 바탕으로 하고 케임브리지와 옥스퍼드의 조정 선수들의 유니폼 색을 조합해 만들었다.

왼쪽: 서부 사막에서 아랍 두건을 쓰고 정찰을 하고 있는 SAS. 1943년까지 SAS는 비커스 기관총으로 무장한 지프를 타고 다녔다.

위: SAS 모자에 부착되는 날개 달린 단검 배지.

# 30 보잉 B-17

독일의 나치를 물리치기 위한 연합군 전략의 핵심 중에는 독일 산업의 심장부를 파괴하기 위한 영국과 미국 공군의 합동 폭격 작전이 있었다(암호명 포인트블랭크, Pointblank). 이 임무를 맡은 비행기는 하룻밤새에 개발된 것이 아니라 1930년대에 독일을 공격할 때 미국과 영국 공군이 사용할 수 있는 폭격기가 필요하다는 미국 국방부의 결정이 이미 있었기 때문에 가능했다.

1차 세계대전이 끝나고 폭격기 개발이 늘어나면서 1934년 미육군 항공대는 보잉 사에게 1톤의 폭탄을 적재하고 최소 1,600km를 날아갔다가 다시 기지로 돌아올 수 있는 멀티 엔진 폭격기를 개발해달라고 의뢰했다. 보잉 사는 선수금을 받지 못했고 나중에 미육군 항공대에서 그 폭격기를 선정하면 그때 비용을 모두 정산하는 방식을 제안받았다. 1935년 7월 처음으로 보잉 사의 XB-17이 시험 비행을 시작했으나 4개월 후 사고가 발생한다. 이륙 시에 일어난 그 사고로 인해 설계와 테스트 팀원 대부분이 죽었지만 미육군 항공대는 그 폭격기만이 가지는 최고의 성능 때문에 13대를 주문했다.

B-17은 바다 위를 날아가서 적의 함대에게 폭탄을 투하하는 것에 초점을 맞추어 개발됐다. 그러한 임무는 대서양 해안 방어를 위해서는 전혀 설득력이 없는 것처럼 보였지만 반대로 필리핀과 하와이 그리고 파나마 운하 지역을 방어하기 위해서는 그렇지 않았다. 1939년 미육군 항공대가 차후에 독일과 일본 전역에서 그런 폭격기를 사용할 것이라고 미리 예측하고 진행한 것은 아니었지만 연안 방어 임무를 위한 XB-17 프로젝트는 국회로부터 예산안 집행 승인을 받아내기에 충분했다.

1936년부터 1941년 다른 모델들의 시험 비행을 계속 한 끝에 2차 세계대전에서 활약한 B-17(E와 F 모델)의 기본 특징들이 자리를 잡았다. 4개의 플랫 앤드 휘트니(Pratt & Whitney) 1,200마력 엔진을 달고 1만 700m 고도까지 올라 갈 수 있으며 시속 462km(287mph) 속도로 3,200km까지 비행할 수 있는 이륙 중량 29톤의 폭격기가 됐다. B-17은 10명의 승무원이 탑승했으며 그중 8명은 곳곳에 설치된 13정의 기관총 사수였다. 이 때문에 날으는 요새(Flying Fortress)라고 불리기도 했다. 스페리 랜드(Sperry-Rand)가 개발한 노

던(Norden) 폭격 조준기를 통해 고도나 바람에 상관없이 더 높은 폭격 명중률을 가질 수 있도록 했다.

미육군 항공대가 작전에 배치시키기 위해 주문 생산한 B-17은 1941년 12월까지 600대 미만이었고 1941년부터 1942년 사이의 일본과의 전쟁 당시에는 생산 대수가 더 줄어들었다. 이 당시의 B-17 모델들은 영국으로 보내져 U 보트 기지 공격에 사용됐고 1942년에는 E와 F 모델이 영국 기지에서 독일의 주간 폭격에 가담했지만 1943년 독일의 대공 방어력에 막혀 중지됐다. 실제적으로 두각을 나타낸 것은 G와 H 모델들로 이들은 엔진 성능을 높이고 장갑을 두껍게 하고 적 전투기가 정면으로 공격해 올 경우에 대비하기 위한 기수 기관총(Chin Turret)을 장착했다. 2차 세계대전이 끝날 때까지 총 1만 2,677대의 B-17이 만들어졌는데 그중 약 5,000대는 적의 공격으로 격추되었으며 수백 대가량은 작전 수행 중 사고로 추락했다.

위쪽: 약 1941년의 B-17 폭격기.

다음 페이지: 2차 세계대전 중 보잉 사의 공장에서 만들어지고 있는 '하늘의 요새'

KEEP 'EM FLYING!

# 31 오보에(Oboe)

2차 세계대전 동안 독일과 영국 그리고 미국 모두는 밤이나 악천후 기상에서도 폭격기들이 목표물을 정확하게 찾을 수 있도록 도와주는 전자 항법 장치를 도입했다. 전쟁 초기에는 양측 모두 중무장한 전투기들의 호위없이 날씨 좋은 날 낮에 방어망이 견고한 국가에 폭격기를 사용하는 것은 언제나 비싼 대가를 치루어야 했다.

영국 공군은 2차 세계대전이 발발하기 전부터 폭격기가 언제나 자신의 임무를 성공적으로 수행할 것이라는 전략은 맞지 않는다고 생각했다. 전쟁 초기 영국 공군이 받은 손실로 인해 폭격기를 사용해 독일에 폭탄을 투하하는 유일한 방법은 야간 공습전술뿐이라는 공군 참모총장의 말에 무게를 실어주게 되었다.

반대로 미국은 전투기의 호위없이 방공망이 탄탄한 유럽 본토를 주간에 폭격하는 것은 부적절하다는 것을 알게 되었다. 그래서 미국에서 장시간 비행할 수 있는 전투기들로 폭격기를 호위하는 방안을 강구했다.

야간 폭격의 가장 큰 문제는 목표물의 위치를 파악하는 것이었다. 영국 본토 전쟁이 실패로 돌아선 후 독일은 야간 공습으로 바꾸면서 처음으로 그 해결책을 찾아냈다. 무선 빔 장치인 크니케바인(Knickebein)을 처음으로 사용했고 나중에 X-장비 그리고 Y-장비로 대체된다. 하지만 이들 장치들은 썩 좋지 않았는데 특히 전파 방해 때문에 제 기능을 발휘하지 못했다.

반면 영국 공군은 아무런 항법 보조 장치도 없는 최악의 수준이었다. 유일한 방법이라고는 3명의 승무원들 중 1명이 목표 지점에서 8km 내에 때로는 16km이나 벗어난 지점에 폭탄을 떨어뜨리는 것 뿐이었다.

1942년 초 영국 공군은 지(Gee)라고 하는 무선 장치를 도입했다. 크니케바인처럼 정확도는 높지 않았지만 곧이어 명중률이 향상된 오보에(Oboe)를 개발했다. 레이더 펄스가 마치 목관 악기인 오보에 소리같다고 해서 그런 이름을 붙였다.

오보에 장치는 영국 본토에 있는 2개의 기지국을 이용했다. 그중 하나는 목표물까지 정확하게 비행을 하는지 계속적으로 추적하고 항로를 이탈하게 되면 정확한 경로를 알려준다. 두 번째 기지국은 폭격기에서 오는 신호를 가지고 미리 계산해 놓은 폭탄 투하지점까지의 거리를 측정해서 가까워지면 신호를 보내게 된다. 이때 모스키토(Mosquito) 선도기(Pathfinder)에서 이 신호들을 받으면 폭격기 주편대에게 조명탄으로 목표물의 위치를 알려준다.

오보에는 정확도가 매우 높았고 재밍 현상이 일어나지도 않았다. 유일한 단점이라면 지구의 만곡 때문에 기지국으로부터 약 450km 내의 거리에서만 제대로 작동했다. 그래서 모스키토 선도기가 기지국으로부터 신호를 받을 수 있는 범위 내에서 최대한 높이 그리고 최대한 멀리 비행했다.

1944년 프랑스에서 독일군을 몰아낸 후 독일 가까이에 기지국을 세울 수 있었고 이는 영국 내에 있던 기지국에서 최대한 통제할 수 있었던 독일 북서부의 루르(Ruhr) 지방보다 더 멀리까지 통제할 수 있게 되었음을 의미했다.

1943년 중반 H2S 레이더가 영국 폭격기들에 탑재되었고 이것은 지상의 목표물을 스크린상에 나타나게 해주었고 오보에의 작동 거리보다 더 멀리까지 폭격 임무를 수행할 수 있게 해주었다. 하지만 레이더 에코(레이더의 전파가 대상에 부딪쳐 되돌아온 신호)의 상태에 따라 폭격의 정확도가 달라졌다. 목표물이 섬의 해안가라면 깨끗하게 보이지만 복잡한 지형이나 적의 위장하에 있는 목표물은 찾기가 더 어려울 수도 있었다.

미국은 오보에와 비슷한 전자 항법 장치를 자신들의 폭격기에 탑재해 구름이 많이 끼거나 안개가 낀 날 주간 공격 시 목표물을 찾아내서 공격할 수 있게 했다.

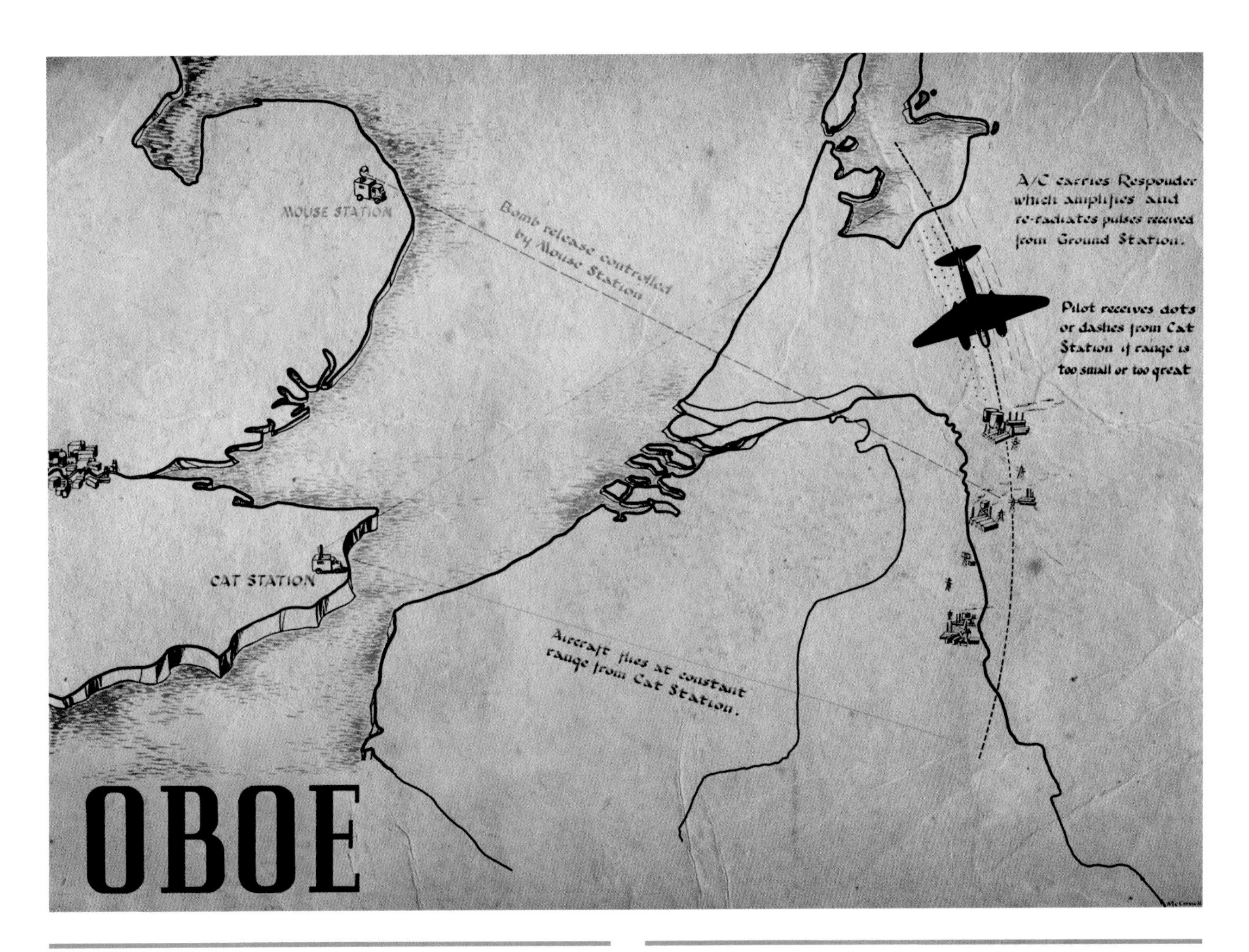


왼쪽: H2S 레이더를 테스트하고 있는 모스키토 B Mk XVI. 모스키토는 오보에 테스트에서도 사용됐다.

위: 영국에 있는 2개의 기지국에서 아크(호)를 따라 비행하는 모스키토를 추적할 수 있는 범위를 보여주고 있는 다이어그램.

# 32 인간 어뢰들(Human Torpedo)

2차 세계대전에서 처음으로 인간 어뢰를 사용한 것은 이탈리아였고 뒤를 이어 영국과 독일 그리고 일본이 재빠르게 따라했다. 이탈리아의 인간 어뢰인 마이알레(Maiale)는 돼지라는 뜻으로 6.7m의 길이로 되어 있으며 잠수복과 산소통, 산소 마스크를 낀 2명의 승조원이 탑승했다.

1941년 12월 19일 2명의 이탈리아 잠수부가 알렉산드리아 항구에 정박해 있던 영국 전함 발리안트(Valiant) 호에 붙잡혀서 심문을 받고 있었다. 그 포로들은 자신들이 타고온 어뢰에서 빠져나와 수영을 해서 항구 밖으로 도망치다 잡혔다고 했다. 그리고 몇 분 후 급유선인 사고니아(Sagonia)의 선미 부분에서 거대한 폭발이 일어났다. 그리고 이탈리아 포로들은 발리안트 호의 함장에게 잠시 후 배의 아래 부분에서 폭발이 일어나게 되니까 선원들을 모두 갑판위로 올라오게 해야 한다고 말했다. 함장이 그렇게 지시를 내린 지 몇 분 후 발리안트 호에게 심각한 피해를 입히게 되는 폭발이 일어났다. 그리고 곧이어 퀸 엘리자베스 전함에도 심각한 타격을 가하는 폭발이 일어났다. 3정의 인간 어뢰를 타고 온 6명의 이탈리아 병사들에 의해 지중해 함대에 있던 유일한 전함 2척이 꼼짝 못하게 됐고 수개월 동안 아무런 작전에도 투입될 수 없게 됐다. 이탈리아는 자신들의 인간 어뢰를 이용해 지브랄타, 말타, 알제리 등에서 연합국의 선박을 공격했다.

이탈리아의 인간 어뢰를 보고 영국은 채리엇(Chariot)이라는 인간 어뢰를 만든다. 7.7m 길이의 채리엇은 노르웨이 트론헤임(Trondheim)에서 독일 전함 티르피츠(Tirpitz) 호를 공격하기도 했다. 1942년 10월 30일 밤에 2정의 채리엇이 어선 밑에 매달려 트론헤임 피요르드로 향했다. 티르피츠 호에서 약 15km 떨어진 곳에서 발각되어 도주하다 침몰되었고 채리엇에 타고 있던 승조원들은 스웨덴으로 도망칠 수 있었다.

1944년 10월 28일 2정의 채리엇이 푸켓에서 성과를 올리게 된다. 잠수함으로 목표 지점 근처까지 접근한 후 자체 동력으로 2척의 대형 상선인 수마트라와 볼피 호의 배 밑에 폭탄을 설치한 후 잠수함으로 돌아왔고 잠시 후 2척의 상선은 거대한 폭발과 함께 큰 피해를 입게 된다. 그게 채리엇이 처음이자 마지막으로 작전을 성공적으로 수행한 전부였다.

독일의 인간 어뢰는 개발자인 리차드 모흐의 이름을 따서 모흐(Mohr) 혹은 네거(Neger)라고 불리며 2정의 어뢰를 위아래로 연결해 만들었다. 위에는 탄두 부분에 플렉시글라스(Plexiglass)로 덮인 작은 조종석이 자리했다. 네거는 속도도 느렸고 잠수도 할 수 없었다. 물 위로 조종석이 올라온 상태로 움직였다. 그렇기 때문에 낮에는 쉽게 발견됐고 야간에도 조종석에서 반사되는 빛 때문에 쉽게 노출되었다. 네거는 1944년 안지오 전투에서 연합국 선박을 상대로 사용되었고 노르망디 전투에서도 사용되었다. 노르망디 해안에서 2척의 소해정(기뢰를 찾아서 제거하는 배)과 경순양함에 타격을 가하기도 했지만 대부분은 실패로 돌아갔다. 네거 다음으로 개발된 마더(Marder: 담비라는 뜻)는 더 형편없는 결과만 보게된다.

일본의 인간 어뢰인 카이텐은 다른 인간 어뢰들보다 훨씬 더 길게 만들어 승무원을 위한 전용칸과 잠망경이 있었다. 롱 랜스(Long Lance: 연합군이 붙인 이름) 인간 어뢰는 9m 길이로 되어 있고 앞 부분에 0.5톤의 폭약을 탑재했고 49노트의 속도를 낼 수 있었다. 이 인간 어뢰는 목표물에 곧바로 돌격해서 자살 공격을 하는 용도로 사용되었다. 1944년 11월 미국 함대가 정박 중이었던 울리시(Ulithi) 산호섬에서 처음 사용되었는데 8정의 카이텐 자살 공격으로 1척의 급유선이 침몰되었다. 이오지마, 오키나와와 태평양의 다른 해안 교두보 지역에서 카이텐은 총 4척의 미국 선박을 침몰시켰고 그중 가장 큰 선박은 미국 구축함인 언더힐(Underhill) 호였다. 하지만 성과에 비해 카이텐의 손실은 너무 컸다. 카이텐을 실어 나르던 18척의 잠수함 중 8척이 침몰됐고 약 80정의 카이텐을 잃었다.

이탈리아의 인간 어뢰 공격은 투자 대비 수익적인 측면에서는 가장 성공적이었을지도 모른다. 무기를 개발하는 데 들어가는 시간과 돈, 노력에 비해서 인간 어뢰는 용감한 한 사람의 생명만 있으면 되기 때문이다. 영국과 독일, 일본이 인간 어뢰에서 얻은 투자 대비 수익은 극히 미약한 정도이지만 인간 어뢰에 탑승했던 병사들의 용기까지 폄하해서는 안 된다.

위: 이탈리아 인간 어뢰인 마이알레(Maiale).

오른쪽: 마이알레의 내부 조종석.

다음 페이지: 1942년부터 1943년에 지브롤터에서 연합국 선박을 공격하기 위해 개조된 상선인 오테라(Otterra) 호에 실려 있던 이탈리아 인간 어뢰. 1943년 오테라 호가 영국에게 나포된 후 배 안에 숨겨놓았던 인간 어뢰가 발견되었다.

1
2
3
4
5
6
7
FEET

9
10
11
12
13

# 33 일본군 철모와 전투모

일본군이 착용했던 모자 중 우리에게 가장 친숙한 두 종류의 모자는 냄비 모양의 철모와 천 또는 가죽 챙으로 된 전투모이다. 일본 제국 육군에는 별이, 그리고 일본 제국 해군에는 닻이 헬멧이나 전투모 앞부분에 부착되어 있다.

USS 미주리(Missouri)함에서 있었던 항복 조인식에 참가한 일본 장교들의 사진에서 볼 수 있듯이 편하고 실용적인 전투모는 격식을 갖춘 군복과 함께 착용했다. 또한 이 전투모는 야마시타 도모유키(山下奉文) 장군이 1945년 10월 마닐라에서 열린 전범 재판에서도 착용하고 있었다. 이 전투모는 모든 계급들에서 동일한 패턴으로 되어 있었다.

철모는 대개 위장을 위해 나뭇잎과 풀들을 끼워 넣을 수 있는 망으로 감싸져 있었다. 모든 계급의 일본군 장교들은 대부분 타이가 없는 하얀 셔츠 위에 목부분이 열린 짧은 상의(Tunic)를 착용했다.

전투모는 일본군 특히 일본 제국 육군이 장비와 복장에 대해 실용성을 강조했다는 것의 한 단면을 보여준다. 예를 들어 일본군의 병사들은 0.8kg의 유탄을 640m까지 발사할 수 있는 굉장히 효율성과 정확성이 뛰어난 유탄발사기 장비를 갖추었는데 이는 연합국이 보유한 장비보다 훨씬 뛰어났다.

일본군은 적에게 두려움을 안겨주기 위해 항상 6.5mm 구경의 소총에 38cm 총검을 달고 전투 훈련을 받았다. 특히 일본군의 보병대는 시골 주민들로 이루어졌고 이들은 거친 농민에서 훌륭한 군인으로 탈바꿈되었다. 일본의 교육 수준은 아주 높았으므로 이들을 무식한 소작농들로 보는 것은 잘못된 생각이다. 그들은 일본이 세계에서 가장 막강하다는 주입식 교육을 받았으며 죽음은 두려워해야 하는 것이 아니라 마땅히 여겨야 하는것으로 받아들였다.

일본 수병은 푸른색의 제복에 하얀색의 라운드 모자를 썼는데 이것은 영국 수병들이 하얀색 제복을 입을 때 썼던 모자와 비슷하다. 그리고 겨울용 푸른색 제복을 입을 때는 푸른색 모자를 썼다. 이 두 가지 종류의 라운드 모자는 영국 해군이 '탈리(Tally)'라고 불렀으며 모자의 이마 부분에는 착용자가 타고 있던 배 이름이 일본어로 적혀 있었다.

계절에 따라 일본 해군의 장교와 하사관들은 푸른색 또는 하얀색 챙 모자를 착용했다. 이 모자들은 대부분의 해군들이 착용했던 모자와 유사했다. 일본 수병들은 작업복을 입고 항공모함 비행갑판 위에서 전투기 작업을 할 때는 전투모나 면으로 된 비행모를 썼다.

위쪽: 필리핀 바탄 반도에서 촬영된 일본 병사.

오른쪽: 천으로 만든 전형적인 일본군 전투모.

# 34 무선 통신 장치

비밀 공작 작전 시 중요한 첫 번째 단계는 스파이들이나 첩보원들 혹은 파괴 공작원들을 적진에 잠입시키는 것이다. 하지만 그들과 연락을 취할 수 없다면 그 작전은 아무런 쓸모가 없게 된다. 본부로부터 지령을 하달받거나 정보를 본부에 전달해야 하는데, 예를 들어 필요 물자를 공중 투하해 달라고 요청하거나 자신들이나 다른 사람들의 구조 요청 시 또는 투입 시 항공기에게 진로와 낙하 지점과 픽업 장소를 알려줘야 한다. 이럴 때 가장 효과적이고 빠른 방법은 무선 통신 장치를 사용하는 것이기 때문에 첩보원들이 중요한 내용을 전달할 때 사용할 수 있도록 특수 제작된 무선 통신 장치 세트가 개발되었다.

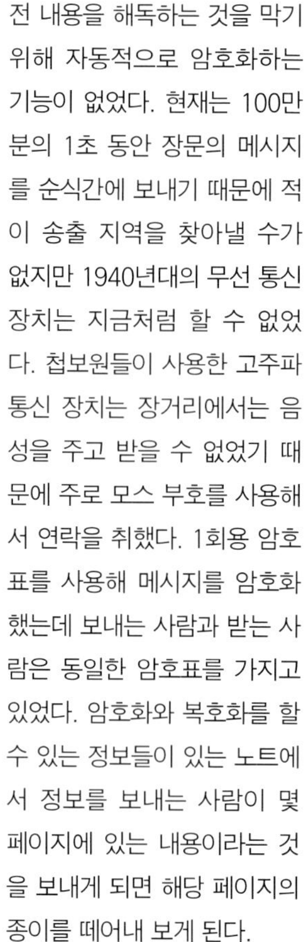

무엇보다 그 장치는 튼튼해야 하고 어떤 지형에서도 세울 수 있어야 했다. 또 쉽게 휴대할 수 있게 가능한 작아야 했고 몰래 숨겨 다니기 편한 작은 박스 안이나 여행 가방에 들어갈 수 있어야 했다. 또한 장거리 수신과 송신이 가능해야 했고 배터리로 작동되거나 손이나 페달 발전기로도 작동될 수 있어야 했다.

이런 요구 사항들은 그 시대의 기술력에 비추어 보면 힘들어 보일 수도 있었다. 그 당시에는 장거리 송출을 하기 위해서는 전력이 풍부한 큰 무선 통신 장치가 있어야 했기 때문이다. 그때만해도 트랜지스터가 아직 발명되지 않았기 때문에 깨지기 쉬운 진공관으로 작동을 했다. 또 장거리 송수신을 위해서는 일반적으로 큰 안테나가 필요한데 그렇게 되면 비밀 작전에는 전혀 적절하지 않았다.

이러한 문제점들은 주로 영국의 특수작전국(Special Operations Executive, SOE)과 미국의 전략정보국(Office for Strategic Services, OSS)에서 다루고 있었는데 1942년 초 문제점들을 해결한 무선 통신 장치가 첫 선을 보였다. 첩보원들을 위한 가장 작은 무선 통신 장치는 특수작전국과 비밀정보국(M16)에서 만든 파라셋 클랜데스틴 라디오(Paraset Clandestine Radio)로 무게가 약 2.3kg이었다. 하지만 좀 더 유용하게 쓰인 것은 많은 영화에서도 모습을 보였던 무게 6kg에 송출 거리 800km의 영국의 특수작전국 Type A, Mk III로 여행 가방에 가지고 다니는 무선 통신 장치였다. 미국은 이와 비슷한 무게 약 13.5kg의 AN/PRC-1를 만들었다.

그 당시의 무선 통신 장치들은 불안전한 상태로 다른 사람이 무전 내용을 해독하는 것을 막기 위해 자동적으로 암호화하는 기능이 없었다. 현재는 100만 분의 1초 동안 장문의 메시지를 순식간에 보내기 때문에 적이 송출 지역을 찾아낼 수가 없지만 1940년대의 무선 통신 장치는 지금처럼 할 수 없었다. 첩보원들이 사용한 고주파 통신 장치는 장거리에서는 음성을 주고 받을 수 없었기 때문에 주로 모스 부호를 사용해서 연락을 취했다. 1회용 암호표를 사용해 메시지를 암호화했는데 보내는 사람과 받는 사람은 동일한 암호표를 가지고 있었다. 암호화와 복호화를 할 수 있는 정보들이 있는 노트에서 정보를 보내는 사람이 몇 페이지에 있는 내용이라는 것을 보내게 되면 해당 페이지의 종이를 떼어내 보게 된다.

메시지를 주고받은 후 해독이 끝나면 수신자와 송신자 모두 그 종이를 없애버렸다. 이 방법은 안전하기는 했지만 너무 느려서 장문의 메시지를 보낼 때는 적에게 위치가 발각될 위험성을 내포하고 있었다. 독일은 높은 사양의 전파송출 위치탐지기를 많이 보유하고 있었기 때문에 많은 첩보원들이 생포되기도 했다.

첩보원들은 음성을 전송하기 위해 S폰(S-phone)으로 비행기와 교신을 했다. 비행기에는 마스터 장치가 있고 첩보원은 여행 가방이나 배낭에 들어가는 약 7kg의 지상장치를 가지고 있었다. 이론적인 교신 거리는 비행기가 고도 3,000m에 있을 때 65km까지였고 고도 150m에서는 10km였다. 2.5km 이상 떨어진 지상 전파탐지기들은 비행기에게 교신을 하는 지점을 찾아낼 수 없었다. 이런 식의 교신은 약 130km 떨어진 곳에서도 낙하 지점을 유도하는 데 도움이 되기도 했다.

왼쪽: 프랑스 레지스탕스 대원들이 무선 통신 장치를 작동하고 있다.

위: 영국의 특수작전국에서 이본느 베이스덴(Yvonne Baseden)의 교육용으로 쓰인 무선 통신 장치. 그녀는 22세 때 프랑스 디종 근처에 낙하산으로 침투해 레지스탕스에게 필요한 물자를 공수한 것 중 가장 규모가 컸던 작전에 참여했다. 그리고 1944년 6월 24일 포로가 되어 게슈타포에게 고문을 받은 후 라벤스부르크 수용소로 보내진다. 1945년 4월 석방되어 대영제국 훈장이 수여되었다.

# 35 실크 탈출 지도

실크 탈출 지도는 영국의 비밀 탈출부서(Escape Service)인 MI 9와 미국의 MIS-X에 의해 제작되었다. 1939년 12월에 영국 첩보부 소속으로 만들어진 MI9의 업무는 본국으로 송환된 포로들로 부터, 또는 아직도 포로 수용소에 잡혀 있는 포로들과의 암호화된 서신 교환을 통해서 적에 대한 첩보를 수집하며, 사전에 제공했거나 밀반입시킨 탈출장비로 포로들의 탈출을 지원하고 장병들에게 탈출 방법을 교육하며, 탈출자들이 본국까지 돌아오는 단계에서 이들을 도와줄 지원세력을 해외에 조직하는 것이었다.

MI9은 작전 비행을 나가는 비행기 탑승자들과 기습 작전을 나가는 특공대원들에게 해당 지역의 화폐로 약 10파운드에 해당하는 돈과 작은 쇠톱, 그리고 작은 나침판이 들어 있는 지갑을 제공했다. 또한 그들은 실크에 새겨진 지도를 가지고 다녔는데 이 지도는 잘 훼손되지도 않고 숨기기에도 쉬웠다. 이 탈출 지도는 모노폴리(Monopoly) 같은 카드와 보드 게임을 생산하고 있던 와딩턴(Waddington) 사에서 인쇄했다. 이 지도는 전쟁 기간 동안 모든 저작권과 특허권을 포기한 지도 발행자 바솔로뮤(Bartholomew)가 제작한 지도의 복사본이었다.

실크 지도는 담배갑 또는 신발굽에 숨길 수 있었으며 물에 빠지거나 하는 나쁜 환경에서도 보존될 수 있었다. 지도는 작은 크기였지만 넓은 지역을 담고 있었고 어떤 지도는 양면에 인쇄되어 있었다. 영국 지도의 범위는 광범위했다. 예를 들어 유럽 전역의 작전을 위한 1943년 시리즈는 프랑스, 벨기에, 네덜란드, 독일, 체코슬로바키아, 폴란드, 헝가리, 루마니아, 세르비아, 불가리아, 스페인, 스위스, 그리스, 알바니아, 터키, 크레타섬과 포르투갈을 포함하는 10가지의 지도로 이루어져 있었다. 또 다른 시리즈는 노르웨이, 이탈리아, 리비아 지역, 동태평양 전역 그리고 영국군이 작전을 펼치고 있던 전 세계 모든 지역들을 포함했다.

임무 수행 전에 항공기 요원들 또는 특공대원들에게 실크 지도를 배부하는 것과 전쟁 포로들에게 지도를 밀반입시키는 것은 별개의 문제였다. 어떠한 지도나 탈출 장비도 적십자 식량 꾸러미에 포함되어 있지 않았으며 특히 전쟁이 막바지를 향하고 있을 때에는 식량 꾸러미가 금지된 상황에서 전쟁 포로들은 생존을 위해 변변치 않은 배급 식량에 겨우 의지해야 했다.

가족으로부터 보내진 소포는 항상 철저히 검사된다고 알려져 있었기에 탈출 도구를 밀반입시키는 수단으로 이용되지 못했다. 그로 인해 게임과 옷가지들을 담은 소포를 전쟁 포로들에게 보내기 위해 가짜 자선 단체가 만들어졌으며 이 소포들에는 보드 게임도 포함되어 있었다.

독일 측이 포로들의 보드 게임 수취를 허용했는데 그 이유는 포로들이 무엇인가 할 일이 있으면 문제를 덜 일으키기 때문이었다. 지도를 필요로하는 포로들에게 정확하게 전달하기 위해 어떤 지도가 감추어져 있느지를 알려주는 단서들이 있었는데 예를 들어 모노폴리 보드 게임에서 메이페어(Mayfair)와 말리본(Marylebone) 등과 같이 보드 게임에 있는 장소들의 이름이 최종목적지를 의미했다.

전쟁 포로들은 실크 지도를 이용하여 복사한 지도들과 다른 탈출 도구들, 위조 서류, 민간인 복장들을 만드는 탈출조직들을 만들었다. 이들은 피치(pitch: 석유·석탄에서 얻는 검고 끈적한 물질)를 잉크로 사용하고 창문 빗장을 롤러로 만들어 복사하기도 하고 손으로 직접 그리기도 하거나 적십자 소포에 있는 젤리를 사용해 복제하기도했다. 전쟁 포로 수용소에 성공적으로 밀반입된 지도가 몇개나 되는지는 아무도 모르지만 약 33,000명이 넘는 영국군과 영연방군 그리고 미국군이 적의 영토로 부터 연합군 지역으로 탈출했다는 것으로 알려져 있다.

오른쪽: 비행 편대장 휴 베레스퍼드 베러티(Hugh Beresford Verity)가 특수 작전을 지원하는 동안 가지고 있던 실크 탈출 지도.

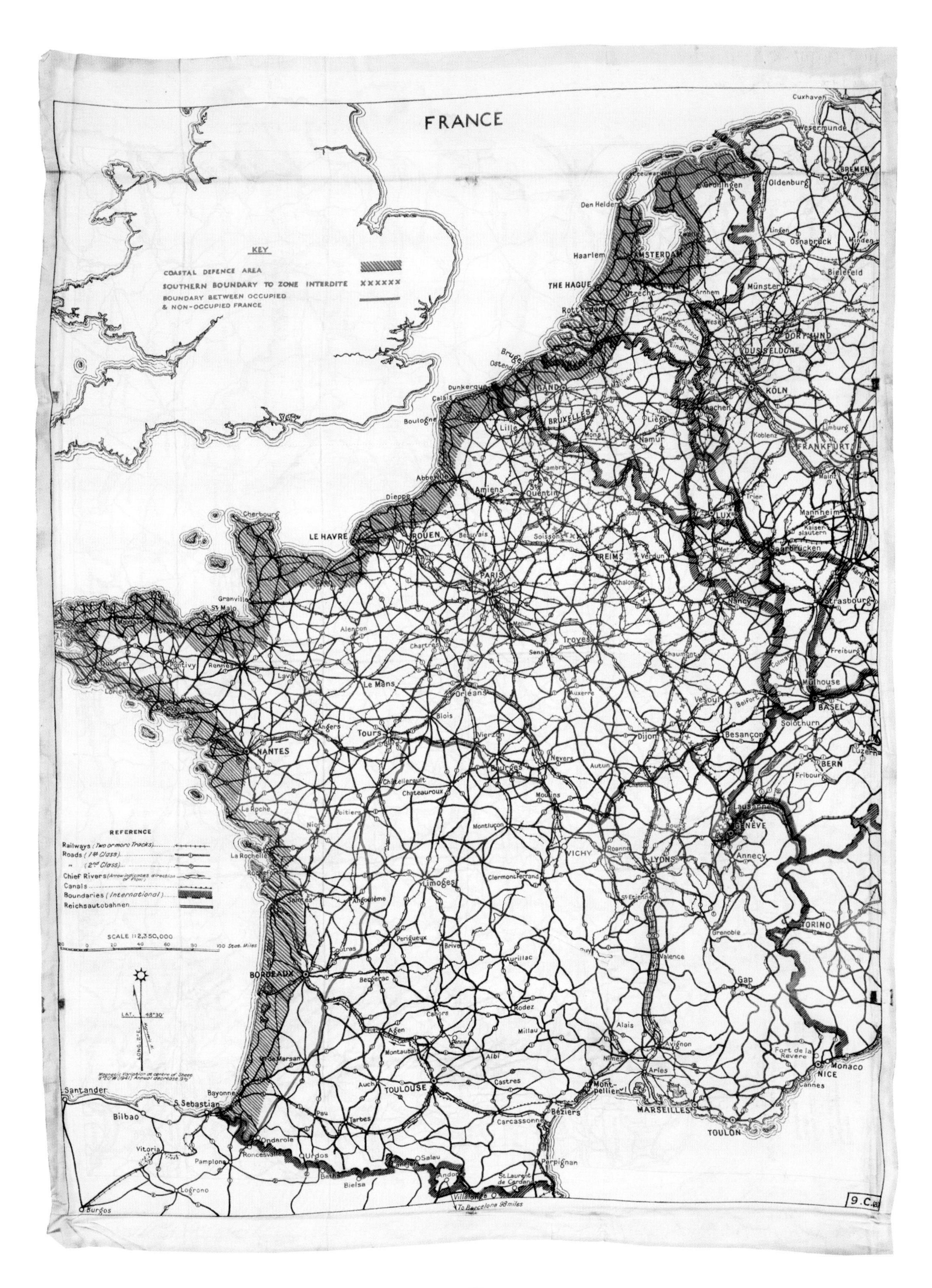
FRANCE
KEY
COASTAL DEFENCE AREA
SOUTHERN BOUNDARY TO ZONE INTERDITE XXXXXX
BOUNDARY BETWEEN OCCUPIED & NON-OCCUPIED FRANCE
REFERENCE
Railways (Two or more Tracks)
Roads (1st Class)
(2nd Class)
Chief Rivers (Arrow indicates direction of flow)
Canals
Boundaries (International)
Reichsautobahnen
SCALE 1:2,350,000
100 Stat. Miles
LAT. 48°30'
Cuxhaven
Wesermünde
BREMEN
Oldenburg
Groningen
Leeuwarden
Den Helder
Lingen
Osnabrück
Minden
Haarlem
AMSTERDAM
Bielefeld
THE HAGUE
Utrecht
Arnhem
Münster
Rotterdam
Wesel
Paderborn
DORTMUND
Eindhoven
DUSSELDORF
Brugge
Ostende
Dunkerque
GAND
KÖLN
Calais
Aachen
Boulogne
Lille
BRUXELLES
Liège
Mons
Namur
Koblenz
Limburg
FRANKFURT
Cambrai
Abbeville
Amiens
St Quentin
Mainz
Dieppe
Trier
Mannheim
Cherbourg
LUXE
Kaiserslautern
LE HAVRE
ROUEN
Beauvais
Soissons
REIMS
Verdun
Saarbrücken
Metz
PARIS
Chalons
Karlsruhe
Granville
St Malo
Nancy
Strasbourg
Melun
Alençon
Troyes
Chartres
Sens
Freiburg
Quimper
Pontivy
Rennes
Chaumont
Colmar
Laval
Le Mans
Mulhouse
Lorient
Auxerre
Orleans
Vesoul
Belfort
BASEL
Blois
Angers
Tours
Vierzon
Dijon
Besançon
Solothurn
NANTES
Luzern
Nevers
BERN
Bourges
Autun
Châtellerault
Fribourg
Chateauroux
Moulins
Lausanne
La Roche
Poitiers
GENÈVE
Niort
Montluçon
Bourg
La Rochelle
VICHY
Roanne
Annecy
LYONS
Rochefort
Limoges
Clermont Ferrand
Saintes
Angoulême
St Etienne
TORINO
Grenoble
Périgueux
Coutras
Brive
Puy
Valence
Aurillac
BORDEAUX
Bergerac
Gap
Rodez
Cahors
Agen
Millau
Alais
Mont de Marsan
Montauban
Albi
Avignon
Fort de la Revère
Nîmes
Monaco
NICE
Arles
Cannes
Castres
Auch
TOULOUSE
Montpellier
Santander
Bayonne
S. Sebastian
MARSEILLES
Bilbao
Pau
Tarbes
Béziers
Carcassonne
TOULON
Ondarole
Vitoria
Pamplona
Roncesvalles
Urdos
Salau
Perpignan
Andorra
St. Laurent de Cerdan
Bielsa
Logrono
Villalonga
Burgos
To Barcelona 98 miles
9.C.(a)

# 36 봄베(Bombe)와 콜로서스(Colossus)

봄베(Bombe)는 최초의 컴퓨터라고도 할 수 있는 콜로서스(Colossus)의 선조격이었다. 봄베는 독일의 암호문을 풀기 위해 개발된 전기 기계 연동기였다.

독일의 암호문은 에니그마 장비를 통해 암호화되었는데 에니그마는 1923년 개발되어 독일의 육군, 해군, 공군, SS 친위대, 군정보국, 철도국 등에서 사용되고 있었다. 에니그마는 3개의 회전판(Rotor)과 1개의 키보드가 전기 회로로 연결되어 있어 한 글자를 누르면 전혀 다른 글자에 불이 들어 오는 구조로 되어 있었다.

원래의 문장을 받은 운영자가 에니그마를 통해서 그 문장을 입력해 전혀 다른 글자의 배열을 만들어냈다. 로터의 세팅은 매일 변경되었기 때문에 아무리 간단한 배열을 가진 문장이라도 수억 개의 다른 형태로 나타날 수 있었다. 2차 세계대전 중에 회전판이 추가되기도 해서 문장을 제대로 해독해 내기 위해서는 엄청난 가지의 수가 증가되었다. 그렇기 때문에 독일은 에니그마 장비가 절대 해독되는 일은 없을 것이라고 굳게 믿었다.

전쟁 중에 몇 대의 에니그마 장비가 영국의 손에 들어가기도 했지만 어떻게 작동되는지 알게 된 게 전부였고 영국도 그와 비슷한 타이펙스(Typex)라는 기계를 가지고 있었다. 문제는 매일 바뀌는 로터의 세팅을 어떻게 알아내느냐 하는 것이었다.

영국은 에니그마 장비를 해독해야만 한다는 신념하에 런던 북쪽에 위치한 암호 해독 전문 기지였던 블레츨리 파크(Bletchley Park)에 수학자들을 불러모았다. 그리고 암호문을 작성할 때 다음과 같은 공식들이 있다는 점을 밝혀냈다. 첫째로 알파벳 26글자뿐이다. 둘째 자판을 누른 글자와 불이 들어오는 글자는 절대 같을 수 없다. 셋째 숫자 키를 사용할 수 없기 때문에 그림들은 모두 문장으로 설명해야 한다.

이들을 돕기 위해 폴란드의 해독 전문가가 고안한 기계와 특히 블레츨리 파크에 있던 뛰어난 수학자인 앨런 튜링(Alan Turing)의 덕분으로 암호 해독과정에 상당한 진척이 있었다. 봄베라고 불렸던 암호 해독기계들은 전쟁 동안 꾸준히 업그레이드되어 5개의 모델 유형이 사용되었고, 1940년 8월 1일 봄베가 처음으로 에니그마 코드를 해독하게 되었다.

콜로서스는 로렌츠(Lorenz) 암호화 코드를 해독하기 위해 1943년 12월 블레츨리 파크에서 만들어진 최초의 컴퓨터라고 할 수 있다. 로렌츠는 4개의 회전판을 가지고 있던 에니그마를 발전시켜 12개의 회전판을 가지고 있었다.

블레츨리 파크에는 총 5대의 콜로서스가 있었고 이들 중 일부는 일본의 암호를 해독하는 데 사용되었는데 일본의 암호를 해독하는 과정 중에서 뜻밖의 성과를 거두기도 했다. 1944년 6월 연합군의 노르망디 상륙작전에 영향을 미친 중대한 기밀을 얻는 계기가 되었다.

1944년 초 베를린에 있던 일본 무관이 대서양 방벽(Atlantic Wall)에 대한 종합 상황판을 전달 받았는데 그중에는 연합군이 침투하려고 계획했던 지점에 대한 상황판도 들어 있었다. 일본 무관이 대사관으로 돌아간 후 그는 장문의 내용을 도쿄에 있는 육군 본부로 보냈는데 그 안에는 대단히 상세한 내용까지 세밀하게 묘사된 부분들이 주를 이루었다. 그 내용들은 곧바로 영국에 있는 감청 기지국에서 도청되어 해독되었다. 그 정보들과 정찰기가 보내온 항공 사진을 비교 분석해서 해안가를 방어하고 있던 포들의 구경과 숫자, 기관총들의 위치까지도 파악할 수 있을 정도가 되었다. 실로 엄청난 정보였던 셈이다.

왼쪽: 1940년 8월 1일 에니그마 암호 코드를 처음으로 해독한 봄베.

위: 콜로서스에서 작업을 하고 있는 여자 해군 부대원들의 모습으로 희귀한 사진이다. Mark I은 1,500개의 진공관을 사용했고 Mark II는 2,500개의 진공관을 사용했다.

위 왼쪽: 블레츨리 파크에서 작업 중인 팀들 중 하나로 암호화된 통신을 해독하고 있다.

위 오른쪽: 미들섹스 이스트코트에 있던 봄베 유닛 룸. 블레츨리 파크에 있는 봄베 룸과 비슷한 형태를 띠고 있으며 전쟁 중에 이런 유닛들이 블레츨리 파크를 제외하고 8개 이상 세워졌다. 1944년 무렵에는 최소 200대의 봄베들이 다양한 지역에서 운영되고 있었다.

# 37 〈스타스 앤드 스트라이프스〉 신문

1917년부터 1919년까지 미국 해외 파견 병사들을 위해 발행되었었던 신문 〈스타스 앤드 스트라이프스(Stars and Stripes)〉가 국내전선(Home Front: 전시에 국내에 남아 일을 하는 사람들)과 전투 중인 병사들이 세운 세계대전의 공을 알리기 위해 1942년에 다시 등장했다. 이 신문은 육군성의 허가 아래 재정적 지원을 받았지만 편집에 대한 통제권은 한편으로는 군사령관과 수석 공보 장교, 그리고 다른 한편으로는 신문 편집자의 손에 달려 있었다. 신문의 편집자들은 인정받은 저널리스트로서 군복을 입고 있기는 했지만 군법보다는 수정헌법 제1조(언론, 종교, 집회의 자유를 보장한 조항)를 더욱 중요시했다.

〈스타스 앤드 스트라이프스〉가 국내 뉴스를 위해서는 신문들이나 US 뉴스(US News)의 도움을 받아야 했기 때문에 국내전선에 대한 기사를 실을 때는 '언론의 자유'라는 특별한 문제점은 제기되지 않았다. 정부 정책과 국내 사건들 심지어 별로 달갑지 않은 사건들과 옵셋지에 나오는 루머들 그리고 동맹국과 적국의 선전 내용까지 실었다. 또한 미군 병사들은 〈스타스 앤드 스트라이프스〉를 통해 미국 밖에서 벌어지고 있는 전쟁에서 연합국들과 다른 군대들의 활약상을 접했고 또 육군의 전략과 작전 운영에 숨겨진 이유에 대한 육군성의 설명을 들을 수 있었다. 기밀을 누설해서 작전을 망치는 폭로성 기사는 거의 없었다. 〈스타스 앤드 스트라이프스〉의 기자들은 모든 뉴스 기자에게 적용되는 보안상의 검열 규율을 따랐다.

신문이 자신들의 권위를 약화시키고 기강을 해이하게 만들어 하극상을 불러일으키지 않을까라고 생각한 상급 지휘관들 사이에서 〈스타스 앤드 스트라이프스〉는 골치덩어리가 되기 시작했다. 하지만 〈스타스 앤드 스트라이프스〉 편집자들은 상급 지휘관들이 항상 옳거나 모든 군 정책이 항상 현명하다고 생각하지 않았다.

유명 만화가인 빌 몰딘(Bill Mauldin) 병장은 그가 목격했던 군의 부정한 정책을 비판하기 위한 수단으로 2차 세계대전의 병사를 상징하는 캐릭터 윌리(Willy)와 조(Joe)를 만들어냈고 그 캐릭터를 통해 장교들과 후방 지역 병사들이 누렸던 부당한 특혜를 폭로했다. 〈스타스 앤드 스트라이프스〉는 사병들에게 특혜를 주기 위해 군 정책을 위반하는 지휘관들의 사례를 찾아냈다. 이 조사 보고서는 전투 부대의 부족 물자들을 암거래하거나 부적절하게 배급한 사례들을 밝혀냈다.

마크 클라크(Mark W Clark) 장군은 계속해서 군 기자들을 위협했다. 태평양의 군 사령관 더글러스 맥아더(Douglas Mac Arthur) 장군은 1945년까지 자신의 지휘 지역에서 〈스타스 앤드 스트라이프스〉를 금지했다. 하지만 〈스타스 앤드 스트라이프스〉 기자들은 민간인이었던 종군 기자들에게 이야기를 흘림으로써 지휘관들을 압박해나갔다.

조지 패튼(George S Patton) 장군은 몰딘 병장을 군법회의에 넘기고 싶어했지만 몰딘은 1945년 퓰리처 상을 수상했다.

〈스타스 앤드 스트라이프스〉는 2차 세계대전 동안 100만 명 이상의 독자들을 가지고 있었으며 독일과의 전쟁에 대한 기사는 미국 병사들이 맞서 싸운 전쟁 관련 정보의 매우 귀중한 자료로 남게 되었다.

위쪽: 〈스타스 앤드 스트라이프스〉를 읽고 있는 군인들.
오른쪽: 1945년 5월 9일 유럽 전승기념일(VE Day)을 기념하기 위해 발행된 〈스타스 앤드 스트라이프스〉의 호외보.

NICE-MARSEILLE EDITION

V-E Day | THE STARS AND STRIPES | D+336

Daily Newspaper of U.S. Armed Forces in the European Theater of Operations

Vol. 1—No. 57 | Wednesday, May 9, 1945 | ONE FRANC

# Allies Proclaim:

# IT'S OVER

## Surrender Is Signed At Rheims

By CHARLES F. KILEY
*Stars and Stripes Staff Writer*

RHEIMS, May 8 — The Third Reich surrendered unconditionally to the Allies here at Gen. Dwight D. Eisenhower's forward headquarters at 2:41 AM Monday.

The surrender terms, calling for cessations of hostilities on all fronts at one minute past midnight (Double British Summer Time) Wednesday, May 9, were signed on behalf of the German government by Col. Gen. Gustaf Jodl, Wehrmacht chief and Chief of Staff to Fuehrer Karl Doenitz.

Under Jodl's signature were those of Lt. Gen. Walter Bedell Smith, Chief of Staff to the Supreme Allied Commander; Gen. Ivan Susloparoff, head of the Russian mission to France who was authorized by Moscow to sign on behalf of Soviet forces, and Gen. Suvez of France.

The surrender was signed in five minutes in the SHAEF war room here, 55 miles east of Compiegne forest where Germany surrendered in the last war on Nov. 11, 1918, and the scene of the capitulation of France to the Third Reich in this war June 21, 1940.

**Flew from Germany**

The terms were signed in less than ten hours after the arrival of Jodl by plane from Germany, and 34 hours after final negotiations first begun with the arrival Saturday of Gen. Adm. Hans Georg von Friedeburg, commander in chief of German navy, who on Thursday headed the Nazi delegation which surrendered German forces in Denmark, Holland and Northwestern Germany to the 21st Army Gp.

Gen. Eisenhower did not take

(Continued on Page 8)

Announce the Victory

GEN. EISENHOWER

PRESIDENT TRUMAN

*"The crusade . . . has reached its glorious conclusion."*

## 3rd Told Big News After Taking Prague

On the day of official announcement of the European war's end Third U.S. Army troops drove into Prague, and Marshal Joseph Stalin announced the fall of Breslau, Germany's ninth city, after an 80-day siege.

The Czech radio announced yesterday that the Czechoslovak commander of Prague defenses had welcomed the commander of the First Div. to Prague. The Germans, who fought a four-day patriot uprising, surrendered effective the afternoon of May 9—today.

A Soviet correspondent reported that the German commander raised the surrender flag at Breslau at 1800 hours Monday. German defense efforts ended in almost complete destruction of the city.

## SWEDES BREAK WITH GERMANY

Sweden yesterday severed diplomatic relations with Germany on the ground that there is no central government to be recognized. The Swedish radio said all German buildings in Sweden had been taken over.

## Doughs Watch 'Final' Battle

ON THE ELBE RIVER, May 8—One of the last battles of the European war was fought on the east bank of the Elbe today—between the Russians and the Germans with Americans as spectators.

Everybody knew the end of hostilities was only a few hours away.

For the last week the German 12th Army was pushed back on the Elbe, and began surrendering to U.S. troops. The Germans built bridges while Americans on the west bank of the Elbe watched and accepted their surrender.

**Peace came to Europe at one minute past midnight this morning (Nice-Marseille time) when the cease-fire order to which Germany had agreed went into effect.**

**Formal announcement of Germany's unconditional surrender came nine hours earlier in radio proclamations by President Truman and Prime Minister Churchill.**

**As they spoke the last "all-clear" sirens sounded in London and Paris, and the streets in both cities were the scenes of frenzied celebrations. America took the announcement calmly and quietly, having staged its celebration Monday when the German announcement of the surrender was flashed.**

**All hostilities had not ceased yet, however. Some German pockets still were resisting the Russians in Czechoslovakia and on islands in the Baltic Sea. Moreover, up to a late hour last night Moscow had not proclaimed victory.**

**The surrender agreement, it was disclosed, was signed at 0241 hours Monday in Gen. Eisenhower's headquarters at Rheims, France. To the last the Germans attempted to split the Western Allies and Soviet Russia, offering surrender at first only to the Western Allies. This was rejected flatly by Gen. Eisenhower.**

**Defeat of Germany—concluded in the bomb-burned and**

(Continued on Page 8)

## *Allied Soldiers Praised In Ike's Victory Order*

The text of Gen. Eisenhower's victory order of the day follows:—

Men and women of the Allied Expeditionary Force:

The crusade on which we embarked in the early summer of 1944 has reached its glorious conclusion. It is my especial privilege, in the name of all nations represented in this theater of war, to commend each of you for valiant performance of duty. Though these words are feeble they come from the bottom of a heart overflowing with pride in your loyal service and admiration for you as warriors.

**". . . Astonished the World . . ."**

Our accomplishments at sea, in the air, on the ground and in the field of supply have astonished the world. Even before the final week of the conflict you had put 5,000,000 of the enemy permanently out of the war. You have taken in stride military tasks so difficult as to be classed as impossible. You have confused and destroyed your savagely fighting foe.

On the road to victory you have endured every discomfort and privation and have surmounted every obstacle ingenuity and desperation could throw in your path. You did not pause until our front was firmly joined up with the great Red Army coming from the east, and other Allied forces coming from the south.

Full victory in Europe has been

(Continued on Page 8)

# 38 오스터 경비행기(Auster Light Aircraft)

오스터(Auster) 경비행기는 2차 세계대전 동안 적군의 포대 위치를 찾아내는 관측기로는 가장 뛰어난 비행기였다. 개인용 비행기 시장이 활성화되면서 미국의 테일러크래프트(Taylorcraft) 사에서 처음 만들었고 1938년 영국에서 정식 허가를 받고 생산되기 시작했다. 몇 가지 변종들이 생산되었고 2차 세계대전이 발발하면서 포대의 위치를 관측하는 용도로 재조명을 받게된다. 테일러크래프트 플러스C(Taylorcraft Plus C)라는 2인용 비행기를 군에서 사용할 수 있게 만들어 오스터 Mk I이라는 이름을 붙였다.

그후 오스터 Mk III 버전까지 개발될 정도로 굉장히 성공적이었는데 집시 메이저 1(Gipsy Major I) 엔진을 달았고 470대가 생산됐다. 그 다음으로 개발된 Mk IV는 미국의 라이코밍(Lycoming) 엔진을 달았으며 내부를 더 넓혀 세 사람까지 탑승할 수 있게 했다. 전체가 유리로 된 조종석을 가졌던 Mk IV와 다음 버전들의 오스터는 초기 모델들에 비해 측면과 후방 시야가 월등히 좋아졌다. 영국군에서 주로 활약했던 Mk V는 계기 비행 장치를 장착하고 있었고 약 800대가 생산되었다.

오스터는 근해, 좁고 기다란 바다나 육지 등에서 운용될 수 있었고 주변의 장애물이 제거될 경우에는 도로에도 착륙할 수 있었다. 주날개가 위쪽에 있어서 상승이 수월했고 지상 관찰도 편했다. 커다란 보조 꼬리 날개 덕분으로 오스터는 스톨링(Stalling: 비행을 유지하지 못하는 실속[失速]현상) 없이 매우 저속으로 비행할 수 있어서 지상 관찰에 매우 유용했다. 또한 커다란 방향타(Rudder)와 연계되어 저속으로 뛰어난 선회력을 제공함으로써 전투기들이 공격하기 어렵게 되어 있었다.

뛰어난 오스터 조종사들은 비행 시 트위스트나 회전 등과 더불어 기체를 아주 잠깐 정지시킬 수도 있어 뒤따라오는 전투기들이 엉뚱한 곳을 쏘게끔 만들 수도 있었다. 항공 관측에 의한 포사격 수정(Air Spot)을 위해 영국 공군이 만든 라이샌더(Lysander)도 이런 식으로 자신의 임무를 수행했다.

오스터 Mk V의 최고 속도는 시속 209km로 독일의 피젤러(Fieseler) Fi 156C 슈토르히(Storch, 시속 174km)와 미국의 O-49 비질란트(Vigilant, 시속 196km)보다 빨랐다. 또한 오스터의 비행 거리는 402km로 슈토르히(286km)보다 길었고 비질란트(450km)보다 짧았다.

오스터의 이륙 무게는 837kg로 가벼웠기 때문에 아주 좁은 지형이나 수목이 벌채되어 열려 있는 숲 등에서도 효율적으로 이용할 수 있었다. 이런 점들로 인해 오스터는 최전선 가까이에 접근해서 임무를 수행하고 매우 빠르게 지원을 요청할 수도 있었다.

오스터는 항공 정찰 임무도 맡았는데 흔히 부대가 진격해야 하는 지점에 무엇이 있는지 먼저 알고 싶어하는 상급 지휘관들이 오스터를 보내 정찰을 했다. 지금은 헬리콥터가 이런 역할을 하고 있다. 하지만 오스터가 가장 많이 이용된 작전은 정확한 포격 지점을 알고 싶을 때 포병 관측 항공기로 사용한 것이다.

비행 교육을 받은 포병 장교와 공군 파일럿이 팀을 이루어 공중 관측을 함께 하는 공중 관측소를 운영했다. 그들은 목표물을 감지하고 지상에 있는 포대에게 포격 지점을 알려줬다. 그리고 때때로 오스터가 나타나면 적 포병이 포를 발사할 때 발생하는 후폭풍으로 인해 지상에 있는 자신들의 위치가 노출될까 걱정해서 포격을 멈추는 보너스를 얻기도 했다.

공중 관측소는 목표를 향해 곧바로 비행하지 않고 대개는 아군의 진영 위를 비행하면서 지상에서는 관측하기 힘든 사각 지대를 충분히 관찰할 수 있는 고도까지 올라갔다.

공중 관측소의 운영 초기에는 영국 공군이 강하게 반대했었다. 그 이유는 현재도 그렇지만 육군이 필요하면 그들만의 별도의 항공 부대를 운영해야 하고 공군만이 모든 종류의 항공기를 비행할 수 있다는 식의 약간의 편집증적인 생각 때문이었다.

오른쪽: 130마력 집시(Gipsy) 엔진을 장착한 오스터 Mk III.

LB31

# 39 MG 42 독일 기관총

1차 세계대전이 끝날 무렵 기관총은 중기관총과 경기관총 두 가지가 있었다. 중기관총으로는 비커스(Vickers), 맥심(Maxim), 브라우닝(Browning)을 들 수 있었고 모두 수냉식이었다.

캘리버 50(.50-calibre) 브라우닝이 전쟁 말기에 개발되기는 했지만 1922년까지 미국 육군에 보급되지는 못했다. 중기관총은 공격 시 아군을 지원하거나 반대로 적이 공격해 올 때 방어를 위해 사용되었다. 주로 삼각 거치대에 올려 놓고 발사하는데 냉각기는 수냉식으로 되어 있어서 크고 무거웠다. 물이 모두 증발되면 더 이상 사용할 수도 없었기 때문에 때때로 기관총을 냉각시키기 위해 그 위에 소변을 보기도 해야만 했다. 탄환은 250발짜리 탄띠로 되어 큰 상자 안에 들어 있다. 개략적인 구성은 냉각기통, 탄띠, 삼각대 그리고 총으로 되어 있으며 한 사람이 모두 들고 다닐 수는 없었다. 덩치가 커서 은폐하기가 어려웠기 때문에 참호를 파서 그 안에 자리를 잡고 있어야 했다.

1차 세계대전이 일어나기 전에 미국의 아이작 루이스(Isaac Lewis)가 경기관총을 개발해서 영국에서 만들어졌다. 1차 세계대전 동안 미국과 영국군에서 주로 사용되었고 2차 세계대전에서도 많이 사용되었다. 루이스 경기관총은 한 사람이 들고 다닐 수 있었고 부사수가 예비의 탄환을 들고 다니기도 했다. 주로 엎드린 자세에서 발사했는데 필요에 따라서는 서있는 자세로 발사할 수도 있었고 은폐도 쉬운 편이었다. 2차 세계대전이 일어나기 전에 성능이 향상된 경기관총들이 개발되었다. 미국의 브리우닝 자동 소총, 영국의 브렌 경기관총, 프랑스가 개발했던 비커스 베르띠에 등이 그들이었는데 모두 탄창을 사용했다. 경기관총은 모두 공랭식이어서 총열이 과열되면 예비총열로 교체할 수 있었다.

대부분의 군대는 2차 세계대전 동안 적어도 두 가지 형태의 기관총 즉, 경기관총이나 중기관총 혹은 그 중간 단계의 기관총을 사용했다. 하지만 독일군은 서로 다른 전략적 임무를 가지는 두 가지의 기관총을 사용하는 것은 적재적소에 무기를 활용하는 측면에서 좋지 못하다고 생각했다. 그래서 독일은 다목적 기관총(GPMG, General Purpose Machine Gun)을 처음으로 만들었다. 벨트 형태의 송탄방식으로 되어 있고 총열은 쉽게 교체할 수 있으며 삼각대 위에 올려놓을 수 있고 원거리 조준장치도 있었고 또는 양각대를 사용해서 어깨에 견착한 상대로 사격할 수 있었다. 원거리 사격 임무수행 시에는 개머리판이 제거될 수도 있었고 양각대를 제거하지 않은 상태로 삼각대 위에 거치하고 조준장치를 이용하여 고정된 전선지역에서 간접조준사격이나 야간사격을 할 수 있었다. 경기관총이나 중기관총을 각각 별도로 생산하지 않고 한 가지 형태의 기관총만 생산하면 된다는 것이 또 다른 이점이었다.

MG 34가 최초 모델로 1938년대 초에 설계되었고 1934년에 보급되었다. 무게는 12.1kg이고 7.92mm 탄환을 사용했으며 탄띠와 탄창 겸용이었고 분당 650발을 발사할 수 있었다. 1942년까지 독일군에서 다목적 기관총의 역할을 하고 있다가 기능이 더 향상되고 생산 단가가 더 낮춰진 MG 42에게 그 자리를 물려줬다. MG 42는 11.6kg로 무게가 더 가벼워졌고 탄띠식으로만 되었으며 분당 발사 속도도 1,200발로 MG 34에 비해 2배 이상 늘었다. MG 42는 경외와 공포의 대상이었다. 발사 속도가 너무 빨랐기 때문에 톱질하는 소리처럼 들리기도 했다. 반면에 미국과 영국의 기관총은 분당 발사 속도가 450~550발이었다. 어느 영국 보병부대 지휘관은 이렇게 회상하기도 했다. "독일과 영국의 보병 간에 총격전이 벌어지면 보나마나 독일의 MG 42가 승리했다. 1944년 7월에 있었던 보병 전투에서 MG 42가 발사되는 순간 느꼈던 공포를 지금도 생생히 기억한다."

현재 대부분의 군대에서는 다목적 기관총을 모두 가지고 있다.

위: MG 42 기관총.

왼쪽: 1944년 이탈리아 전투 당시 피렌체에서 MG 42를 발사하고 있는 독일의 낙하산 부대원들.

# 40 PLUTO

PLUTO는 Pipeline Under The Ocean(바다 밑의 파이프라인)의 첫 글자를 따서 만든 단어이다. 1942년 초 유럽 본토에서 전투를 벌이고 있던 연합군에게 어떻게 하면 엄청난 양의 연료를 공급할 수 있을까 하는 것이 문제로 대두되었다. 약 200만 명의 병사들과 수천 대의 전차와 트럭, 항공기들 모두에게 연료는 중요한 문제였다.

브리스톨 해협을 가로지르는 해저 파이프라인을 성공적으로 건설한 후 영국 해협에 파이프라인을 놓는 계획이 진행되었다. 최종 설계안은 75mm 지름의 용접된 쇠 파이프를 각각 총 길이 48km에 이르게 하고 그것을 거대한 코넌드럼(Conundrum)에 돌돌 말게 하는 것이었다. 코넌드럼은 마치 거대한 실뭉치처럼 생겼으며 길이 27.5m, 지름 15m의 크기로 파이프를 전부 말면 구축함 정도의 무게가 나갔다.

와이트 섬(Wight: 영국 남부에 있는 섬)에서 출발해 코넌드럼을 영국 해협을 가로질러 견인해 가면서 총 4개의 파이프라인을 프랑스 남부의 셸부르 지역까지 놓고 한편으로는 와이트 섬에서 리버풀까지 연결하는 파이프라인을 건설한다는 것이었다. 그래서 결국은 리버풀에서 보낸 연료를 셸부르에서 받는다는 계획이었다.

하지만 PLUTO는 1944년 노르망디 전투에서 연료를 공급하는 데 사용되지 못했는데 3개월 동안 독일이 항구와 코탱탕 반도(Cotentin Peninsula)에 설치해 놓은 지뢰밭을 제거할 때까지 최초 4개의 파이프라인(작전명: 밤비, Bambi)을 설치하지 못했기 때문이다. 연료 공급을 시작한 것은 연합군이 네덜란드와 벨기에부터 프랑스 동북부에 있는 보주(Vosges)까지 진격했던 9월 18일이었다.

전투에 사용할 연료는 톰볼라(Tombola) 작전으로 제공되기도 했다. 이 작전은 노르망디 해안 밖에 있는 작은 급유선들에서 포르앵 베셍에 있는 영국 기지와 호노린느에 있는 미국 기지의 저장 탱크로 파이프라인을 통해 보내졌다. 이들 파이프라인들은 하루 용량이 8,000톤이었다. 또한 기름통에 담겨진 연료를 노르망디 해안 교두보들로 선박을 이용해 실어날랐는데 8월 말까지 이렇게 선박을 이용해서 영국에서만 실어나른 게 18만 1,000톤에 달했다.

휘발유 파이프라인은 노르망디에서 시작해 셸부르, 포르앵 베셍, 루앙까지 연결됐다. 10월 3일 이후에는 파이프라인으로 보내진 휘발유는 센강 북쪽의 다르네탈(Darnetal)에 저장되었다.

연합국이 벨기에 오스텐트를 확보한 뒤에는 급유선들이 그곳에 정박할 수 있었기 때문에 해안에서 곧바로 연료를 수송했다. 1944년 11월 3개의 PLUTO가 영국의 던지니스(Dungeness)와 캐나다군이 9월 23일에 점령했던 프랑스 볼로뉴(Boulogne) 사이에 놓여졌다. 또 다른 3개의 PLU TO 가 12월 1일 놓였는데 톰볼라 작전으로 불렸던 파이프라인들이 폭풍 때문에 제기능을 하지 못했을 때였다.

벨기에 겐트와 프랑스 볼로뉴에 있는 연료 저장소는 영국군이 사용했고 파리와 리옹 근처에 있는 저장소는 미군이 사용했다. 미국 남부 집단군을 위해 파이프라인이 프랑스의 메스(Metz)와 디종(Dijon)까지 연결됐고 북쪽에서는 미군과 영국군을 위한 파이프라인들이 안트베르펜(Antwerpen)에서 동쪽과 남동쪽으로 각각 확장되고 있었다.

기계화 부대들에게 연료가 얼마나 많이 들어가는지 실감할 수 있는 한 가지 예는 1945년 4월 한 달 동안 프랑스와 벨기에 항구들에서 총 350만 톤의 군수물자가 하역됐는데 그중에는 탄약과 탱크와 차량들의 부품들, 철도 엔진, 트럭들이 있었으며 휘발유만 90만 톤에 달했다. 또한 11개의 PLUTO가 1945년 3월부터 4월 사이에 하루에 평균 3,100톤의 연료를 공급했다. 종전 바로 전날에는 3,500톤이 보내졌다. PLUTO는 또 다른 전쟁인 연료 전쟁에서 중요한 역할을 해냈다.

왼쪽: 1944년 6월 영국군 수송함인 샌크로프트(Sancroft)에서 PLUTO 설치 작업이 벌어지고 있다.

위: 영국 해협으로 나갈 준비를 끝낸 코넌드럼.

# 41 지프(Jeep)

이 차량의 공식적 명칭은 MB 4x4 트럭이었지만 모두가 지프라고 불렀으며 모두가 하나쯤은 가지고 싶어했다. 2차 세계대전이 종전되기 전에 주로 포드와 윌리스-오버랜드(Willys-Overland) 같은 미국의 자동차 회사들이 64만 대의 지프를 생산했다.

1939년 미육군이 이 트럭을 6개의 다른 크기의 모델로 표준화하려 했지만 1940년의 야외 훈련을 통해 어떠한 지형에서도 운전자와 3명의 동승자를 태울 수 있는 작은 듀얼 드라이브(dual-drive) 휠의 차량이 필요하다는 것을 알게 되었다.

최종 모델은 60마력의 직렬 4기통 인라인 엔진을 달았고 550kg를 적재할 수 있었다. 트레일러를 달아 화물 적재량을 늘릴 수도 있었다. 또한 떼어낼 수 있는 캔버스로 된 천장과 금속 프레임으로 된 사이드 패널이 있었다.

49일 내에 디자인 안을 제시하라는 육군성의 최초모델 제시 요구는 135개의 회사에게 전달되었다. 그중에서 이틀 만에 차량 기본 설계를 마친 칼 프롭스트(Karl Probst)가 디자인을 한 어메리칸 반탐 자동차회사(American Bantam Car Company)에서만 답장을 보내왔다. 육군성의 요청을 따를 수 있었던 것은 반탐(Bantam) 사에 있던 2명의 육군 장교가 디자인 작업에 참여할 수 있었기 때문이었다.

반탐 사가 새로운 차량을 만들만한 공장이나 노동력을 가지고 있지 않았기 때문에 로열티에 대한 합의 하에 포드와 윌리스(Willys) 사가 생산 계약을 맺게 되었다.

차량 자체만의 무게는 1,090kg으로 필요 시에 병사들이 직접 밀고 당길 수 있을 정도이었다. 60마력의 4기통 엔진은 가파른 경사도 쉽게 올라 갈 수 있게 했고 평탄한 지형에서는 시속 89km의 속력을 낼 수 있었다. 운행 거리는 450km이었다.

지프는 전투 지역에서의 임무를 위해 캘리버 30(.30-calibre) 또는 캘리버 50(.50-calibre) 기관총을 장착했고 무선 통신 장치와 들것들도 적재할 수 있었다. 또 경대전차포와 작은 곡사포도 견인할 수 있었다.

지프라 불리는 이 차량의 이름의 근원은 불명확하지만 널리 알려진 추측은 'general purpose'를 뜻하는 'GP'로부터 왔다는 설과 〈뽀빠이(Popeye)〉 만화에서 나오는 어디든 가는 강아지 캐릭터인 유진 더 지프(Eugene the Jeep)에서 따왔다는 설이 있다.

지프의 다양한 모델들이 모든 연합군에서 사용되었고 붉은 군대에서는 복제품이 사용되기도 했다. 미국의 사단들은 일반적으로 1,350대의 지원 차량을 가지고 있었는데 그중 612대가 지프였다. 모든 보병 중대는 1대의 지프와 1대의 트레일러를 보유했고 작전 참가가 많은 부대는 1대 이상의 지프를 가지고 있었다.

사병 10명 중 7명은 입대하기 전에 자신의 집에 차, 트럭 또는 트레일러 등을 가지고 있었기 때문에 유지 관리와 간단한 정비는 부대 내에서 이루어졌고 지프의 내부는 아주 단순했기 때문에 더 쉽게 관리, 수리될 수 있었다.

험준한 지형에서 지프의 유용성은 2차 세계대전에서 충분히 입증되었고 그로 인해 오늘날까지도 전 세계에서 다양한 모델의 지프가 존재하고 있다.

위: 미군 병사가 지프에서 붕괴된 생로(Saint-Lô) 도시를 바라보고 있다.

오른쪽: 유럽 본토의 연합군 상륙을 앞두고 대량 생산된 지프들이 줄지어 세워져 있다.

# 42 그린 베레(Green Beret)

1940년 6월 4일의 저녁 무렵 존 딜(John Dil) 참모총장의 보좌관이었던 더들리 클라크(Dudley Clarke) 중령이 육군성에서 그의 숙소로 걸어가고 있었다. 그날 오후 14시 23분에 해군성이 됭케르크 철수 작전인 다이나모 작전을 종료한다고 알려왔다. 거대한 규모의 영국 해외 파견군이 프랑스와 플랑드르(Flandre)로부터 철수하긴 했지만 앞으로의 전망은 암울하기만 했다.

49일 만에 독일은 덴마크, 노르웨이, 네덜란드 그리고 벨기에를 점령했다. 프랑스는 함락 직전에 있었으며 영국 해협과 마주하고 있는 항구들은 이미 적의 손에 넘어갔다.

클라크는 영국군이 반격을 가할 수 있는 방도가 있는지에 대해 스스로에게 되물었다. 그리고 대략 40년 전 남아프리카에서 벌어졌던 보어 전투에서 보어인 특공대(Boer commandos)가 대규모의 영국군을 어떻게 괴롭혔는지에 대해 기억해냈다. 그는 자신의 생각을 보고서로 작성해 자신의 상관이었던 윈스턴 처칠에게 제출했다. 이틀 후 딜 참모총장은 클라크에게 코만도 계획안이 승인되었으니 빠른 시간 안에 영국 해협을 건너 기습 작전을 벌일 수 있게 부대를 조직해서 시행하라고 지시했다.

첫 번째 기습 작전이 벌어지기 전에 이 부대의 이름을 뭐라고 해야 할지에 대해 여러 가지 말들이 오고갔다. 육군성 안에 있던 일부 사람들은 이미 그들을 특수임무대대(Special Service Battalion)이라고 불렀는데 이건 악명이 높았던 나치 친위대(Schutzstaffel)를 의미하는 SS와 유사하다는 사실을 잊은 것인지 아니면 무시한 것인지 모르겠다. 참모총장은 새로운 부대를 코만도(Commandos)라고 한다고 했지만 그럼에도 불구하고 1944년 말까지 코만도 여단들은 특수 임무(Special Service)라는 이름을 계속 가지고 있었다.

초기에 모든 코만도 부대들은 자신의 연대를 상징하는 모자와 배지를 착용하고 있었다. 1942년 5월 그 당시 합동 참모총장이었던 마운트배튼(Mountbatten) 해군 제독이 전쟁성 차관에게 다음과 내용의 공문을 보냈다.

"1. 나는 특수임무여단(Special Service Brigade) 사령관이 그 여단만의 특별한 두건을 착용하는 것을 허락해 달라는 요청을 받았다.

2. 그래서 공수사단이 착용하는 밤색 베레모(Maroon Beret)와 비슷한 그린 베레를 착용하는 것을 승인하며 장교들과 사병들은 자신의 연대 배지를 달 수 있게 한다.

3. 차별화된 자신들만의 모자를 쓰고 싶어하는 모든 장교들과 병사들의 열망에 깊은 인상을 받았으며 그런 열망이 단결력을 더 강화시킬 수 있을 것이라 생각한다.

4. 나는 이 문제를 공식적으로 발표하기 전에 부관 참모와 충분히 논의했다."

이 새로운 베레모는 1942년 10월까지 발표되지 않았고 베레모의 색이 여성적이었기 때문에 마운트배튼 제독이 은연중에 언급한 것과 같이 모든 장병들이 이 베레모를 착용하고 싶어하는 간절한 의지가 있었던 것은 아니다. "하지만 느낌은 변하기 시작했고 머지않아 그린 베레의 실용적이고 부대원들이 느끼는 자부심의 가치는 색깔이 주는 편견보다 대단했다."라고 당시 제40영국 해병 특공대의 소령이었던 J. C. 비들(J C Beadle)이 회고했다.

그린 베레모는 실전과 퍼레이드에서 자부심의 상징이었으며 그 어떤 모자보다 선호되었다. 오늘날까지도 영국 해병과 특공대는 이 초록색의 베레모를 착용하고 있다.

왼쪽: 데니슨 스목을 입고 소음기 스텐건을 든 특공대원.

위쪽과 왼쪽: 영국 해병 캡 배지가 달린 영국 해병 특공대 베레모.

# 43 판저파우스트(Panzerfaust)

판저파우스트는 독일의 견착식 대전차 무기였다. 처음 모델은 판저슈렉(Panzerschreck)이었고 그 다음으로 나온 것이 판저파우스트이다. 원래는 미국이 60mm 구경의 바주카(Bazooka)포라고 불렀던 최초의 견착식 대전차 무기를 개발했었다. 2차 세계대전이 일어나기 전부터 고안되기는 했지만 성형 화약탄(hollow charge: 대전차탄의 일종)이 개발되기 전까지는 별로 효과적이지 못했다. 성형 화약탄은 둥근 원뿔형 안에 폭약을 넣어놓으면 15배 이상 화력이 증가하게 된다는 원리를 가지고 있었다.

그 당시까지만 해도 장갑을 관통하는 무기들은 단단한 강철로 만든 총알(철갑탄)을 발사하는 것에 전적으로 의존하고 있었다. 운동 에너지를 이용해 장갑을 뚫고 들어가는 것으로 지금도 이런 특성을 가지고 있는 무기들이 있다.

이런 무기들에서 발사되는 탄환 속도의 위력을 높이기 위해서는 크고 강력한 포가 필요했기 때문에 보병이 들고 다닐 수는 없었다. 전쟁이 진행되면서 더 두꺼운 장갑으로 무장한 전차들이 등장하게 되었고 대전차포들도 뒤따라서 더 커질 수밖에 없었다. 예를 들어 영국군은 거의 쓸모없던 보이즈(Boyes)와 25mm 호치키스 기관포에서 1943년 성능이 좋아진 17파운드 포를 개발했다. 대전차포들은 차량에 탑재되거나 차량이 끌고 다녀야 했고 발사할 때 생기는 먼지와 섬광 때문에 은폐도 어려웠다.

성형 화약탄이 이 모든 것들을 바꾸어 놓았다. 성형 화약탄은 고온, 고압의 화약가스를 이용해 장갑판에 구멍을 뚫고 차량 내부에서 분사되어 병력을 살상하거나 탄약과 연료에 불이 나게 했다. 종종 거대한 폭발이 일어나게 해서 전차의 포탑까지도 날려버릴 만큼 위력적이었다. 성형 화학탄은 장갑 차량을 파괴하기 위해 특별히 크게 만들 필요도 없었다. 공기역학적인 원뿔형으로 만들어서 보병이 들고 다닐 수 있을 만큼 가벼운 발사기에서 발사되는 로켓에 장착하기만 하면 됐다.

미국의 바주카포는 상당수가 러시아로 보내졌는데 그곳에서 일부가 독일군의 손으로 들어가게 되고 독일은 바주카포를 본따 전기로 점화되는 88mm 로켓포인 판저슈렉(Panzerschreck)을 만들게 된다. 판저슈렉은 2인 1조로 사용되어 1명이 운반과 발사를 책임졌고 나머지 1명은 예비의 로켓탄을 들고 다니면서 로켓탄을 장전했다. 발사거리는 135m이었고 21cm의 장갑을 관통할 수 있었다. 바주카포처럼 발사관은 재장전이 가능했으므로 로켓탄만 있다면 언제든 사용할 수 있었다.

판저파우스트 역시 성형 화약탄을 사용했지만 발사관은 1회용이었다. 하지만 1명이 들고 다니면서 발사할 수 있을만큼 가벼웠다. 1942년 처음 나타났을 때 발사거리는 90m였고 관통력은 19.8cm였다. 판저파우스트는 생산비가 적게 들었기 때문에 2차 세계대전 동안 약 600만 개가 생산되어 독일 육군에서 광범위하게 쓰였고 전쟁 말기에는 국민돌격대(Volkssturm)에서도 사용됐다.

판저파우스트는 시가지나 숲이 우거진 지형에서 월등한 효과를 볼 수 있었다. 전차가 앞을 지나갈 때까지 매복하고 있다가 탱크의 장갑이 비교적 취약한 측면이나 후방을 공격했다. 이러한 이유로 판저파우스트는 연합군 전차에게는 공포의 대상이었고 특히 도시나 마을에 있는 건물들과 숲과 울타리 등으로 둘러싸인 지형에서는 더욱 위력적이었다.

왼쪽: 1944년 1월 동부 전선의 우크라이나에서 판저파우스트를 들고 있는 SS 친위대 병사.

위: 판저파우스트.

다음 페이지: 독일군 병사들이 방패 보호막이 있는 판저슈렉을 들고 있다. 판져슈렉은 판저파우스트보다 먼저 생산된 대전차 로켓포이다.

# 44 몽고메리 베레모와 전차

1942년 8월 13일 버나드 몽고메리(Bernard Montgomery)가 리비아 사막의 제8군 사령관으로 임명됐을 때 몽고메리는 장군들이 착용하는 붉은 띠가 둘러진 카키색 캡 모자를 쓰고 나타났다. 하지만 9월 말 제8군 소속의 호주 부대를 순시할 때 찍힌 사진 속에서 몽고메리는 챙이 넓은 호주 부대의 군모인 부시 햇(Bush Hat)을 쓰고 있었다. 그리고 그 후에 제8군 소속의 부대들을 순시할 때마다 그가 방문했던 부대들의 배지를 그 모자에 달기 시작했다. 몽고메리의 말에 의하면 "무엇보다 사막에서는 최고의 모자였기 때문에 호주 부대 밖에서도 쓸 수밖에 없었다."라고 했다.

시간이 지나면서 순시했던 부대들의 숫자만큼 배지가 늘어났고 몽고메리가 쓰고 있던 부시 햇에도 배지들이 잔뜩 부착되어 있었다. 몽고메리는 이 모자를 알람 할파(Alam Halfa) 전투(1942년 8월 20일~9월 5일) 당시에도 쓰고 있었다. 1942년 9월 6일에 찍힌 사진 속에서 몽고메리는 루스벨트 대통령의 특사였던 웬델 윌키(Wendell Wilkie)에게 전투에서 파괴당한 독일 전차를 보여주고 있을 때도 부시 햇을 쓰고 있었다.

알람 할파 전투가 끝난 후 몽고메리는 다음 전투였던 엘 알라메인에서 자신과 함께할 지휘 전차가 필요하다고 생각했다. 사막 전투에서는 전투 현황을 관찰하기에 좋은 지형이 필요했는데 그 곳까지 차량으로 접근하는 것은 안전하지 못했고 적에게 위치가 발각되면 포격을 당할 게 뻔했다. 그래서 몽고메리는 자신의 지휘 전차로 그랜트(Grant) 전차를 선택했고 왕립 전차 연대(Royal Tank Regiment, RTR) 소속의 병사들이 함께했다. 그랜트 전차는 무선 통신 장치가 우수했고 장갑은 사령관을 보호하기에 충분할 만큼 튼튼했다. 하지만 회전 포탑의 해치 안으로 들어가거나 나올 때마다 몽고메리가 쓰고 있던 부시 햇의 챙이 너무 넓어서 해치 가장자리에 걸리게 되고 전차 내부에서도 그랬던 것 같았다.

결국 몽고메리와 함께 있던 전차병들이 왕립 연대 배지가 달린 까만색의 베레모를 몽고메리에게 대신 쓰라고 하면서 건네주었다. 왕립 전차 연대는 베레모를 쓴 최초의 영국 육군 연대였으며 그들이 쓰고 있던 베레모는 1923년 조지 5세가 허가한 것이었다. 어쨌든 몽고메리는 그렇게 해서 쓰게 된 베레모가 전차에서 쓰기에는 최고의 모자라는 것을 알게 되었다. 몽고메리는 그 후 베레모에 장군 배지와 왕립 전차 연대(RTR) 배지를 부착하게 된다. 훗날 몽고메리는 자신의 회고록에서 다음과 같은 말을 했다.

"베레모에 2개의 배지를 달았던 것은 처음에 별 생각 없이 했던 것이었는데 그후 생각지 못했던 점을 알게 되었다. 내 모자를 보고 친밀감이 생긴 전차 연대 부대원들과 개인적인 농담까지 주고받을 수 있게 되었고 사막 전체에 내 존재를 알리는 좋은 수단이 될 수 있다는 것을 알게 되었다. 2개의 배지를 단 베레모를 쓰고 전쟁터에 나타나면 부대원들의 관심과 호응을 받는다는 것을 느낄 수 있었다. 결국 그 베레모는 내 상징이었고 또 매우 편하기도 했다."

몽고메리가 사용할 그랜트 전차는 참모들이 사용할 통신 장치와 지도를 펼쳐 놓을 수 있도록 내부 공간이 개조되었다. 몽고메리는 1943년 3월까지 북아프리카 전투에서 그 지휘 전차를 사용했지만 시칠리아와 이탈리아 전투에서는 그 전차는 별로 효과적이지 못했다. 좁은 도로와 사막과 다른 지형 때문에 차나 지프를 이용해 이동하거나 관측지까지 걸어가는 것이 더 수월했다. 1944년 8월 31일 영국 육군 원수가 된 후에도 몽고메리는 계속해서 2개의 배지가 부착된 베레모를 쓰고 다녔고 전쟁이 끝나고 세상을 뜰 때까지 카키색 군복을 입어야 할 때면 항상 그 베레모를 쓰고 나타났다.

왼쪽: 2개의 배지가 달린 왕립 전차 연대의 베레모를 쓰고 있는 몽고메리. 이 사진은 1943년에 찍은 것이다.

위: 몽고메리의 지휘용이었던 그랜트 전차로 런던 전쟁 박물관에 전시되어 있다.

# 45 잠수정(Midget Submarine)

영국, 독일, 이탈리아, 일본 모두 2차 세계대전 동안 잠수정을 만들었다. 잠수정은 재래식 잠수함(Conventional Submarine)이 침투하기 힘든 항구에 침입해서 정박중인 전함을 공격하는 용도로 사용됐다. 영국의 잠수정은 X-크래프트(X-craft)로 1톤짜리 폭탄 2발을 선체 측면에 각각 1발씩 장착하고 목표물 밑에 투하하거나 강력한 자력 장치를 사용해 목표물 선박에 고정시켰는데 이 방법을 사용할 때는 X-크래프트에서 잠수하여 탈출해야만 했다.

2차 세계대전 중에 영국의 X-크래프트가 가장 성공적으로 수행한 임무는 1943년 9월 22일 노르웨이의 피요르드에서 독일 전함인 티르피츠(Tirpitz) 호에 대한 공격이었다. 6정의 X-크래프트가 각각 4명의 승조원을 태우고 6척의 잠수함에 이끌려 북대서양으로 향했다. 그중 2정은 중간에 항로를 잃고 나머지 4정만 피요르드 안으로 들어갔다. 갓프레이 플레이스(Godfrey Place) 중위가 지휘하고 있던 X7은 한동안 독일의 대잠 그물에 걸려 고생했지만 결국은 뚫고 들어가 티르피츠 호 밑에 2발의 폭탄을 투하했다. 또 도널드 카메론(Donald Cameron) 중위가 지휘하고 있던 X6은 티르피츠 호에 발각되어 총격을 받았지만 티르피츠 호에 바싹 붙인 채 수면으로 떠올라 폭탄을 투하하고 잠수정에 구멍을 내고 가라앉혔다. 하지만 X6에 타고 있던 승조원들 모두 포로로 붙잡혔다.

총 4발의 폭탄이 투하되어 폭발했고 도주하던 X7은 또 다시 대잠 그물망에 갇히게 되고 결국 폭발에 의해 잠수정이 파손되었다. 할 수없이 수면 위로 떠오른 X7은 적의 포격으로 침몰되고 플레이스 중위와 다른 승조원들은 포로로 붙잡혔다. X7에서 투하된 폭탄 중 1발이 티르피츠 호의 기관실 밑에서 정확하게 폭발해 티르피츠 호를 6개월 동안 꼼짝하지 못하게 만들었고 이로 인해 연합군이 북대서양에서 해군력의 우위를 점할 수 있는 계기가 되었다.

그 당시 독일 전함 샤른호르스트(Scharnhorst) 호를 공격하기 위해 갔던 X5와 X10은 작전에 실패하고 잠수함으로 돌아오는 길에 침몰당한 것으로 추정된 채 실종되었다. 카메론과 플레이스 중위는 훗날 빅토리아 십자훈장을 수여받았다.

다음해 3월 맥스 션(Max Shean) 중위가 지휘하는 X24가 노르웨이 베르겐에 있는 플로팅 독(Floating Dock)을 공격하기 위해 나섰지만 독일의 대형 상선 아래에 설치되었던 기뢰들 때문에 목표물을 제대로 확인하지 못하고 결국은 그 상선을 침몰시킨 다음에 자신을 태우고 왔던 잠수함으로 무사히 복귀하였다.

2정의 X-크래프트가 노르망디 전투에서 영국군의 상륙작전을 위해 활동을 벌였고 X-크래프트의 다음 모델인 XE-크래프트 2정이 싱가포르 근해에서 일본의 중순양함인 다카오(高雄) 호를 침몰시켰다. 그때의 두 잠수정의 지휘관 모두가 빅토리아 십자훈장을 수여받았다. 같은 날 또 다른 2정의 XE-크래프트가 사이공에서 홍콩을 연결하고 있던 전신 케이블을 파괴했다.

독일은 2차 세계대전 말기에 연합국의 상륙 합동작전에 대항하기 위해 여러 종류의 잠수정을 만들었다. 이들은 주로 항구보다는 해변에서 떨어진 근해에서 사용됐지만 성과는 거의 없었다. 그나마 성공적이라고 할 수 있는 것은 영국 해협에서 연합국의 작전 항로상에서 활동한 게 전부였다. 142정의 잠수정이 출격해 8척의 선박을 침몰시켰지만 35정의 잠수정이 파괴되었다.

일본은 50정의 잠수정을 만들었지만 대부분 작전이 실패로 돌아갔다. 1941년 12월 7일 진주만 공습 때 5정의 잠수정이 동원되었으나 모두 침몰했고 1942년 5월 31일 3정의 잠수정이 시드니 항을 공격해 HMAS 커타벌(Kuttabul) 호를 침몰시켰으며 그때 21명의 선원들이 사망했다. 그 전날인 5월 30일에 2정의 잠수정이 마다가스카르의 디에고 수아레즈 항에 침투해 영국의 구형 전함인 라밀레즈(Ramillies) 호에 타격을 가하고 유조선 1척을 침몰시켰다. 그 작전에 참여했던 잠수정 중 하나는 실종됐고 나머지 1정에 있던 승조원들은 식량을 구하기 위해 육지로 올라왔다가 연합군 병사들에게 사살되었다. 일본 잠수정들은 과달카날, 오키나와, 필리핀 등지에서 작전을 벌였지만 거의 다 실패로 돌아갔다. 이탈리아는 2차 세계대전 동안 단 4정의 잠수정만을 만들어 흑해에서 세바스토폴(Sevastopol) 전투에 참여했지만 성과는 거의 없었다.

위: 잠수함 기지 안에 있는 독일 잠수정 시훈트(Seehund, 물개).

왼쪽: 영국의 XE4 잠수정을 조정하고 있는 로데스 수병. 이런 종류의 잠수정이 일본의 중순양함 다카오 호를 침몰시켰다.

오른쪽: XE4의 조정실을 다른 각도에서 찍은 사진.

다음 페이지: 파괴된 일본의 건조독(Dry dock)에 있던 일본 잠수정들. 이 사진은 일본의 항복 후에 찍은 것이다.

# 46 애브로 랭커스터(Avro Lancaster) 폭격기

애브로 랭커스터는 공중전 역사상 가장 큰 비행기 중 하나로 설계상의 심각한 결함을 가지고 있던 맨체스터(Manchester)를 개량한 폭격기이다. 1939년 영국 공군은 2개의 엔진을 가지고 있고 그 당시 크기면에서 압도적인 폭격기를 원했는데 결국 7월 26일 맨체스터가 시험 비행을 마치고 209대가 작전 비행 중대들에 배치되었다. 하지만 맨처스터의 성능이 형편없었고 특히 엔진 결함으로 인해 모두 회수해서 폐기했다. 맨체스터 설계를 바탕으로 날개의 중앙폭을 더 넓혔고 4개의 롤스로이스 멀린 엔진을 달았다. 이렇게 해서 개발된 최초의 랭커스터는 맨체스터 III라고 불렀는데 1941년 초 시험 비행을 했다. 시험 비행이 워낙 성공적이었기 때문에 곧바로 생산에 들어갔다. 랭커스터는 시험 비행 때 부족한 부분을 찾기 힘들었던 몇 안 되는 전투기 중 하나였고 그래서 그 이후에 생산된 랭커스터들의 모델들에서도 아주 작은 부분적인 변경 작업만 있었다. 1942년 44대가 처음으로 작전 비행 중대에 배치되면서 이름도 랭커스터로 바꾸게 된다. 2차 세계대전이 끝날 때까지 총 59개의 영국 공군 비행 중대에 배치되어 15만 회의 출격과 60만 6,612톤의 폭탄을 투하했다.

랭커스터는 유럽 본토에서 그 어떤 폭격기보다 대형 폭탄들을 더 많이 실어 날랐다. 그 양은 B-17 플라잉 포트리스보다 2배 이상이었다. 일반적으로 랭커스터는 6,336kg의 폭탄 적재량과 2,694km의 항속거리를 가지고 있었지만 최후의 일격을 가하기 위한 엄청난 양의 폭탄 투하 작전 시에는 짧은 작전 반경 내에서 9,959kg까지 실을 수 있었다. 이것은 B-29 슈퍼 포트리스보다 더 큰 적재량이었다. B-17 플라잉 포트리스가 랭커스터와 거의 비슷한 정도의 폭탄을 실을 수 있기는 했지만 미육군 항공대(USAAF)는 폭탄 적재량을 늘리는 대신 장갑을 더 두껍게 하고 중무장 포들을 더 많이 장착하기로 했는데 왜냐하면 미국은 주간 공습 작전에서 자체 방어를 할 수 있는 폭격기가 전략적으로 더 좋다고 생각했기 때문이었다. 랭커스터는 6문의 7mm 기관총을 가지고 있었기 때문에 13문의 12.7mm 중기관총을 가지고 있던 B-17에 비해 훨씬 더 열악했다. B-17과 다르게 랭커

위: 랭커스터 폭격기

왼쪽: 병사들이 랭커스터에 대함 기뢰를 실고 있다. 작전명이 가드닝(Gardening)인 기뢰 작전은 잘 알려지지는 않았지만 독일의 선박과 잠수함들에게 심각한 타격을 입힌 작전으로 거의 매일 밤 비행 임무를 수행했다. 주로 북해나 발트 해에서 작전이 벌어졌으며 폭탄 투하 고도가 약 3,352m로 상당히 위험한 작전이었다. 소규모의 비행 편대로 작전에 투입됐는데 독일 레이더에 쉽게 잡혔고 전투기들에게 자주 공격당했다.

스터는 기체 아래 부분에 반구형 기관총좌를 가지고 있지 않았고 기체 중간에도 없었다. 그렇기 때문에 랭커스터는 독일의 전투기들이 기체 밑 부분을 공격할 때 매우 취약할 수밖에 없었다. 기체 밑 부분에 반구형 포탑을 설치한 랭커스터 기종도 있었지만 더 이상 생산되지는 않았었다.

랭커스터는 1943년 5월 17일 루르(Ruhr) 댐 공습 작전을 통해 영국 국민들에게 유명해졌지만 영국 공군에게는 독일 전역에 폭탄을 투하하고 중요한 야간 공격에 모두 참여했던 말없이 묵묵히 일만 하는 존재였다. 132톤의 폭탄 투하당 랭커스터 1기가 격추된 셈이었는데 이런 계산법으로 하면 핼리팩스(Halifax)가 86대, 스털링(Stirling)이 41대가 격추되었다(두 폭격기 모두 영국 공군 소속으로 4개의 엔진을 가졌다). 독일 전함 티르피츠 호도 결국은 1944년 11월 12일 랭커스터가 투하한 5,450kg의 폭탄으로 침몰되었다. 랭커스터는 또 유럽에서 지상군의 공격을 지원하기도 했는데 노르망디 상륙작전 시 프랑스의 캉 주변에서 벌였던 공습과 1944년 7월 굿우드 작전에서 있었던 융단 폭격은 가장 유명하기도 했지만 지금도 논쟁거리로 남아 있다. 무자비한 융단 폭격이 있은 후 폭격을 총 지휘했던 영국 공군 대장 아서 해리스( Arthur Harris)는 "육군이 기회를 잘 살리지 못해 유감이다."라고 말했다.

랭커스터는 영국 공군에게 있어 전략 폭격의 상징으로 남아 있다. 현재는 실전에서 사용되고 있지는 않지만 영국 공군의 2차 세계대전기념 비행 및 전시회(Battle of Britain Memorial Flight)에서 1대의 랭커스터가 아직까지 비행을 하고 있다.

# 47 미국 공수사단

2차 세계대전 당시 미국 육군은 총 89개의 사단으로 편제되어 있었는데 그중 5개가 공수사단이었다. 공수사단에 소속된 병사들은 수송기에서 낙하하는 훈련을 받거나 낙하 지점 근처에서 수송기로부터 발진한 유인 글라이더를 타고 지상에 착륙하는 훈련을 받았다. 이들 미국 공수사단들 중에서 제17, 제82, 제101공수사단이 독일에서 전투에 참가했고 제11공수사단은 필리핀에서 일본군과의 전투에 참여했으며 마지막 제13공수사단은 유럽에 보내지긴 했지만 전투에는 참가하지 않았다.

2차 세계대전 동안 독립적인 낙하산 보병연대들 역시 전투에 참가했다. 그러한 부대들 중 하나인 미육군 특전대(First Special Service Force)는 이탈리아와 남부 프랑스에서 전투를 벌였던 미국과 캐나다 병사로 구성된 낙하산 연대였다. 미육군은 또한 아프리카인과 미국 병사로 구성된 제555낙하산 보병대대를 만들었지만 전투에 참가하지는 않았다.

독일의 공수부대에 자극을 받은 미 육군은 1942년 초 낙하 훈련을 받은 대대를 제501낙하산 보병연대로 전환하고 뒤이어 3개월 후 제82보병사단을 공수사단으로 재편성하고 1942년 8월 제101공수사단을 만든다. 이처럼 미 육군의 조직을 편성하는 데 있어 중요한 역할을 한 3명의 유명 인물이 있는데 매튜 리지웨이(Matthew B Ridgway), 맥스웰 테일러(Maxwell D Taylor), 제임스 가빈(James M Gavin)이 그들이며 일명 미 육군의 공수 마피아(Airborne mafia) 일원이었다.

2개의 공수사단이 만들어지는 동안 미 육군은 공수사단의 임무에 대해 논의하기 시작했다. 그 임무 중 하나는 낙하산이나 글라이더를 이용해 적 후방 깊숙이 침투해 비행장을 점령하여 후속 부대가 올 수 있게 하는 것이었다. 이 임무는 적이 공중이나 기갑 차량으로 반격을 해올 경우에 너무 취약해 보였기 때문에 대안으로 떠오른 작전 임무는 24~28시간 안에 보병과 포병, 기갑 차량이 공수사단과 합류해 합동 작전이 가능한 범위까지 낙하산이나 글라이더를 이용해 침투해서 공수부대원들이 전멸 상태가 되는 일은 없도록 하자는 것이었다. 이 작전은 1942년 11월 북아프리카와 1943년 7월 시칠리아에서 시험되었고 그 후 1943년 9월 이탈리아와 1944년 6월부터 8월사이에 프랑스에서, 또 1944년 9월 네덜란드와 1945년 3월 독일에서 더 큰 규모의 작전으로 확대되었는데 상반된 결과가 나왔다.

근본적인 문제점 중 하나는 고립된 상태로 너무 오랫동안 전투를 수행하면 사상자(특히 지휘관)가 늘어나는 반면 증원은 어렵다는 점이었다. 또 다른 문제점은 충분한 병력과 다양한 수송 방법들, 글라이더들을 충분히 확보하지 못한 채 계획이 세워졌다는 점이다. 공수부대의 작전에서 공중지원이 없이는 절대 작전 지역에 침투할 수 없었다.

1944년까지 공수사단의 조직은 짧은 기간 동안 격렬한 전투를 벌여 적을 혼란에 빠트려야 한다는 추정하에 편성됐다. 1개의 사단에는 3개의 낙하산 보병연대, 1개의 글라이더 보병연대와 4개의 포병 대대로 구성된 연대(75mm포와 105mm 곡사포로 무장), 그리고 마지막으로 공병과 대공, 대전차 대대들로 구성된 연대가 있었다. 사단 병력은 화력과 보병의 생존률을 높이기 위한 노력의 일환으로 8,400명에서 1만 3,000명까지 늘었다.

강인한 몸과 모험 정신을 가지고 있는 병사들에게 있어 공수부대는 큰 매력을 가질 수밖에 없다. 낙하산병은 기본급 외에 수당을 더 받았고 공수 마크를 달았으며 공수부대만의 모자를 썼고 공수부대 옷과 낙하용 전투화를 신고 다녔다. 또한 전투 시 점프슈트를 입고 낙하용으로 개발된 특별한 무기들을 보유했다.

낙하산병들은 친형제와 같은 그들만의 특별한 전우애를 가진다. 높은 전사율 또한 살아남은 병사들에게는 빠른 진급을 의미하기도 했다. 미육군에서 공수부대 지원자들이 부족한 경우는 전혀 없었다.

왼쪽: 1944년 6월 6일 노르망디 전투에서 낙하 준비를 하고 있는 제82 혹은 제101공수사단의 낙하산병들.

위: 위는 제82 공수사단의 마크이고 아래는 제101공수사단의 마크이다.

다음 페이지: 1945년 3월 24일 버시티 작전(Operation Varsity)에서 제19공수단에 편제된 제17공수부대원들이 독일 상공에서 낙하하고 있다.

# 48 사막쥐 마크

사막쥐라는 용어는 2차 세계대전 동안 북아프리카 사막에서 영국편에서 싸운 모두를 일컫는 것으로 잘못 알려져 있다. 영국국적이었지만 반국가적 행위자이었던 호호 경(卿)(Lord Haw Haw: 2차 세계대전 중 독일에서 영국을 비방하는 선전 방송을 한 윌리엄 조이스[William Joyce]의 별명)이 토브룩(Tobruk)에 주둔하고 있던 호주군을 토브룩의 쥐들이라고 불러서 사막쥐와 혼동하게 만들기도 했다. 사실 사막쥐는 1940년부터 1945년간 영국군 제7기갑사단을 지칭하는 말이다.

1938년 3월 영국은 이집트의 알렉산드리아에서 서쪽으로 120km 떨어진 곳에 있던 메르사 마트루(Mersa Matruh)에 기동부대를 창설했다. 그 기동부대의 임무는 이탈리아의 식민지였던 리비아에 주둔하고 있던 이탈리아군이 영국 기지와 수에즈 운하를 공격할 경우에 대비해서 국경지대에 방어 전선을 구축하는 것이었다. 기동부대는 4개의 기갑연대로 구성되었는데 제7, 제8, 제11기갑연대와 제3왕실 포병연대(3rd Regiment Royal Horse Artillery [RHA])가 지원하는 제1왕실 기갑연대로 구성되어 있었다. 하지만 그들이 보유했던 장비들은 워낙 구식이었는데 1차 세계대전 때 사용했던 차량들과 오래된 경전차, 15-cwt 트럭들, 3.7인치 곡사포들로 장비되어 있었다.

이 부대에 제1왕립 보병대대가 소속되는데 이 대대의 지휘관은 후에 서부 사막 전투의 전설이 되었던 윌리엄 고트(William Gott) 중령이었다. 이집트에 있던 대부분의 병사들이 이 기동부대(Mobile Force)를 'Mobile Farce(웃음거리)'라고 놀려댈 정도로 조롱의 대상이었다. 하지만 다행스럽게도 1938년 9월 퍼시 호바트(Percy Hobart) 소장이 지휘를 맡게 되면서 사막 지형에서 실제 상황에 대비한 강도 높은 훈련으로 3개의 여단으로 구성된 하나의 기동사단을 기본으로 하는 최고의 부대를 만들게 된다. 2차 세계대전이 발발하자 이 기동사단은 이집트와 리비아 국경 지대로 이동하지만 곧이어 퍼시 호바트 소장은 지휘관 자리에서 강제로 해임되고 대부분의 장병들이 이에 낙담하게 되었다. 퍼시 호바트는 영국으로 돌아가 고향의 향토방위부대의 하사관이 되지만 나중에 제79기갑사단을 창설하고 지휘관이 된다.

1940년 2월 16일 이 기동사단은 제7기갑사단으로 명칭이 바뀌게 된다. 그때 마이클 크리그 사단장의 부인이 카이로 동물원에 갔다가 날쥐(Jerboa)를 보고 그림을 그리게 되는데 이것이 제7기갑사단을 상징하는 표지의 기본이 되었다.

제7기갑사단은 1940년 12월 9일 시디 바라니(Sidi Barrani) 전투에서 이탈리아군을 격파하는 것을 시작으로 오랫동안 전쟁터에서 활약하게 된다. 영국이 1941년 1월 22일 토브룩을 점령한 후 제7기갑사단은 맹렬하게 사막을 가로질러 베다 폼(Beda Fomm)에 주둔하던 이탈리아 제10군을 몰아내는 데 앞장을 섰다. 그 후에 제7기갑사단은 사막 전투 곳곳에서 혁혁한 전과를 올리게 된다. 배틀엑스 작전(Operation Battleaxe, 1941년 6월), 크루세이더 작전(Operation Crusader, 1941년 11월), 가잘라(Gazala) 전투(1942년 6월), 콜드런(Cauldron) 전투(1942년 5월~6월), 알람 할파(Alam Halfa) 전투(1942년 8월~9월), 엘 알라메인(El Alamein) 2차 전투(1942년 10월~11월) 등에 참가했다. 알라메인에서 트리폴리까지 선두에 섰던 제7기갑사단은 1943년 5월 튀니스(Tunis: 튀니지의 수도)에서 북아프리카 전투의 종지부를 찍게 된다.

제7기갑사단은 2년 반 동안 쉴틈없이 전투를 벌여왔지만 그들에게는 숨을 돌릴 시간 조차 주어지지 않은채 1943년 9월부터 11월까지 이탈리아에서 전투를 수행하고 영국으로 복귀해서 북서 유럽 전투를 위해 준비 기간을 갖게 됐다. 그때 영국 본토 내에서 훈련을 받은 병력들이 합류를 했고 그로 인해 달갑지 않은 상황들이 나타났다고 생각하는 사람들이 늘어났다. 1944년 6월 프랑스로 향하는 수송선에 올라탄 병력들을 보면서 한 선임 장교는 충격을 받은 채 이렇게 말했다. "그들은 아무 생각없이 빈둥거렸다. 영국군에서 가장 유명한 사단인 사막의 쥐들이었는데 신물난 얼굴들에 책임감도 없어 보였다."

노르망디 전투에서 작전 실패를 거듭한 후 사단장이 바뀌게 되고

* 윌리엄 고트 중령은 1942년 중장까지 진급하였으며 영국군 8군 사령관으로 임명되어 부임지로 이동하던 중 항공기 추락 사고로 사망하였다.
* 퍼시호 바트는 공병 출신으로 사단장으로 부임했으나 1940년 그의 독특한 아이디어들에 대한 전쟁성의 반감으로 전역 조치되었다. 그러나 그의 전역 조치는 잘못된 일이라는 리들하트(Liddell Hart)의 기고 신문기사를 보고 처칠 총리가 1941년에 복귀시켜 제11기갑사단장, 이어서 제79기갑사단장에 임명했다. 그는 'Hobart's funnies'라는 애칭으로 불리는 다양한 유형으로 전차를 개조하였으며 이 전차들은 실제 전장에서 매우 유용하게 활용되었다.

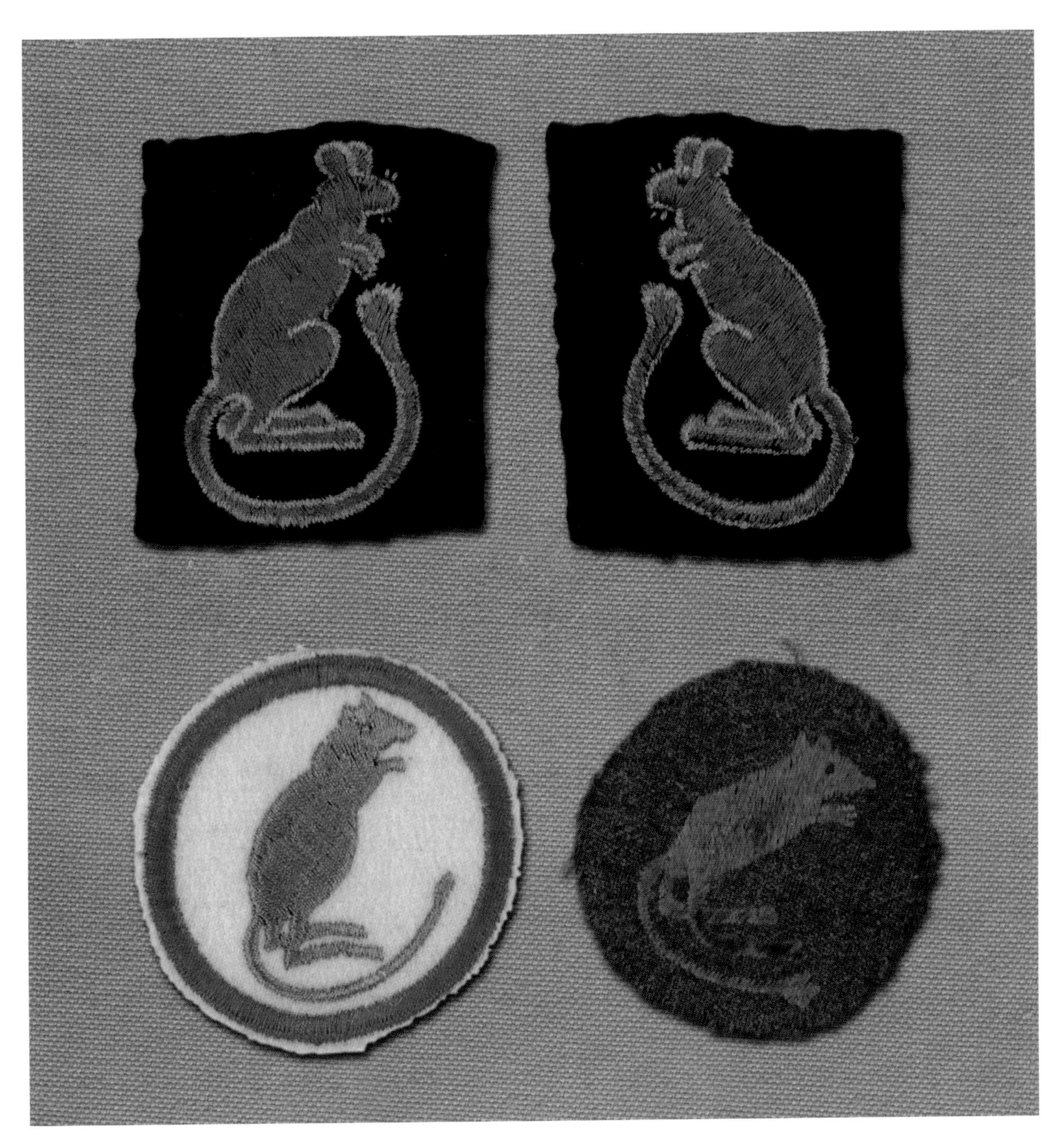

제7기갑사단은 다시금 자신감에 가득찬 그들만의 스타일을 되찾게 되었다. 1945년 5월 3일 제7기갑사단은 함부르크로 진격을 했지만 1945년 7월 25일 베를린에서 있었던 빅토리 퍼레이드에는 참가하지 않았다. 제7기갑사단의 오랜 승리의 행진은 그렇게 끝났다. 제7기갑사단이 베를린 외곽에 세운 깃발들은 알라메인에서 독일의 심장부까지 진격해 온 전과들을 보여주기는 했지만 무엇보다 영국군 역사상 가장 유명했던 사단 중에 하나였던 제7기갑사단이 초기 2년 반 동안에 수행했던 전투들을 잊어서는 안 된다.

왼쪽: 1942년 7월 서부 사막에서 제7기갑사단 예하의 제22기갑여단 소속의 그랜트 전차들.

위: 크리그 사단장의 부인이 카이로 동물원을 갔다가 그린 날쥐 그림을 바탕으로 사막쥐 마크가 탄생했다. 이것이 제7기갑사단을 상징하는 표지의 원형이 되었다.

왼쪽 아래: 1942년 초 버마에 참전했다가 제7기갑사단 소속으로 복귀한 제7기갑여단의 마크로 녹색의 정글 쥐 마크로 변형됐다.

오른쪽 아래: 사막쥐 마크의 초기 버전.

# 49 호주 부대 마크

제2호주 정예군(AIF, Australian Imperial Force)이 2차 세계대전의 시작과 함께 조직되었을 때 새롭게 만들어진 부대들은 전형적으로 그들을 나타내는 부대 마크에 호주 동물을 채택했다. 제6사단의 마크가 캥거루였고 제8사단이 에뮤, 제7사단은 웃는 물총새를, 제9사단은 오리너구리를 선택했다. 모든 동물들은 일반적으로 호주의 또 다른 아이콘인 부메랑의 위에 새겨져 있었다. 검은색 바탕에 하얀색으로 된 마크의 변형물들은 부대 차량에 새겨졌다. 제6, 7, 8, 9사단은 2차 세계대전에서 활발하게 임무를 수행한 호주군 사단들이었다.

제6사단은 1941년 1월 바르디아(Bardia) 전투(그 당시 이탈리아의 식민지였던 리비아에 주둔하고 있던 이탈리아군과의 전투)에서 처음으로 실전에 참가했었다. 전투가 벌어진지 이틀 만에 이 부대는 130명의 사상자와 320명의 부상자를 내는 대신에 적군 4만 4,400명을 포로로 잡았으며 260 문의 포와 130대의 전차를 노획했다. 전투가 벌어진 이틀째 밤에 일부 이탈리아군이 항복하러 왔지만 호주군 장교가 지금은 항복한 병사들까지 처리할 시간적인 여유가 없으니 아침에 다시 오라고 하기도 했다.

제6사단은 1941년 1월 22일 토브룩(Tobruk)을 점령하기 위해 진격했으며 베다 폼(Beda Fomm)에서 이탈리아 제10군을 패배로 몰아넣는 데 일조하기도 했다. 그리고 그 후에는 그리스와 크레타에서의 전투에 참여했고 뉴기니아에서는 일본군과의 전투에도 참여했다.

제7사단 소속의 1개 여단이 제9사단과 함께 토부룩 방어 임무를 맡고 있는 동안 제7사단의 나머지 병력은 1941년 6월부터 7월 사이의 비시 프렌치 시리아(Vichy French Syria) 침공 작전*에 투입되었다. 이후 제7사단은 뉴기니아와 보르네오에서 1942년 8월부터 1945년 8월까지 전투에 참여했다.

제8사단은 말레이시아와 싱가포르에서 전투에 참여했으며 사단 병력 중 상당수가 1942년 2월 일본군에게 포로로 잡혔다.

제9사단은 다른 호주 사단들보다 2차 세계대전에서 더 많은 전투에 참여했다. 1941년 4월부터 10월까지 적의 포위망에 갇혀 있던 토브룩을 방어하기 위해 중심에 있던 제9사단은 그 기간 동안 사상자가 3,164명의 피해를 입었다. 엘 알라메인에서 벌어졌던 두 번의 전투에도 참여했다. 몽고메리 장군이 지휘하던 2차 전투에서 제9사단은 북쪽에 위치하고 있던 이탈리아 트렌토 사단과 독일 제164사단에게 타격을 가해야 하는 어려운 임무를 맡기도 했다. 제9사단이 작전을 성공적으로 이끌자 독일은 그곳에 증원 병력을 보낼 수밖에 없었고 그로 인해 몽고메리가 계획했던 최후의 일격을 가하는 슈퍼차지 작전(Operation Supercharge)을 실행에 옮길 수 있게 되었다.

엘 알라메인에서 4개월 동안 넘게 벌어진 전투에서 제9사단은 다시 사상자 5,809명의 손실을 입게 되었다. 이때의 일을 상기하면서 몽고메리 장군은 노르망디 상륙작전이 벌어진 날 아침에 이렇게 말했다.

"하느님, 호주 제9사단이 지금 우리 옆에 있었으면 좋겠습니다"

호주 제9사단은 2차 세계대전 당시 4개의 호주 사단들 중 가장 많은 훈장을 받았다. 7명에게 빅토리아 십자훈장이 수여되었는데 그중 6명은 사후에 받았다.

* 2차 세계대전 중에 나치 독일의 점령하에 있던 남부 프랑스를 1940년부터 1944년까지 통치한 비시(Vichy) 정권이 장악하고 있던 시리아-레바논 식민지에 대한 연합군의 침공작전.

위쪽: 1942년 11월 2차 알라메인 전투 당시의 호주 제9사단 병사들.

오른쪽 위: 호주 제7사단 배지, 부메랑 위에 앉아 있는 웃는 물총새.

오른쪽 아래: 호주 제9사단은 뉴기니아에 투입되기 위해 중동 지역을 떠난 후 오리 부리를 가진 오리너구리를 배지에 새겼다.

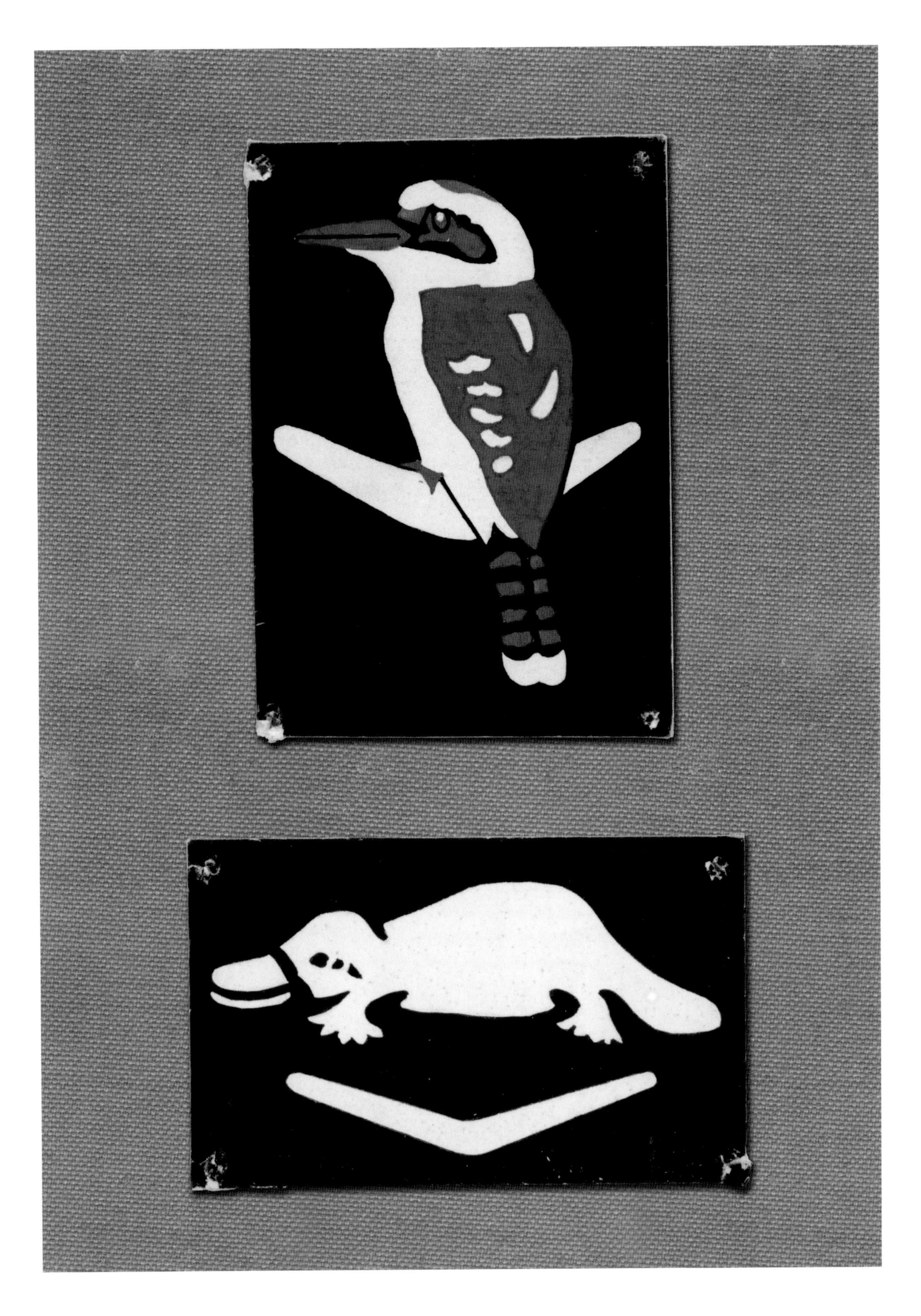

1941년 리비아 바르디아 시가지 전투에서 호주
군인 정신을 보여주고 있는 호주 보병

# 50 USS 엔터프라이즈(USS Enterprise)

1941년 일본의 진주만 공습 때 미해군은 대형 항공모함 6척을 보유하고 있었다.

USS(United States Ship) 엔터프라이즈(Enterprise CV-6)호는 태평양 전쟁이 끝날 때까지 임무를 완수한 2척의 항공모함 중 하나였다. 1933년 버지니아에 있는 뉴포트 뉴스 조선소(Newport News Shipbuilding Corporation)에서 다른 항공모함 1척과 함께 건조가 시작되어 1938년에 취역했다. USS 엔터프라이즈 호의 별명은 'Big E'이었으며 일본과의 전쟁 동안 미해군에서 활약한 전함 중 가장 많은 명예를 얻었다.

엔터프라이즈 호는 기준 배수량 1만 9,800톤, 247m의 전장과 25m의 전폭, 그리고 시속 37km(20노트)의 평균 항해 능력을 보유하고 있었다. 최대 80대의 비행기와 6대의 다목적기를 탑재할 수 있었고 총 2,500명이 상주하고 있었다.

방어 무기로는 8문의 127mm 38구경 함포 그리고 40mm, 20mm 대공포들이 있었다. 또한 항공모함 함대나 기동 함대를 이끌 때 기함의 역할을 할 수 있도록 특별한 지휘통신실을 갖추고 있었다.

진주만 공습 후 엔터프라이즈호는 마셜 군도의 전투부터 1942년 4월 도쿄 공습 때 항공모함 호넷(Hornet) 호에서 발진한 B-25 폭격기들이 안전하게 임무를 수행할 수 있도록 제공권을 장악하는 등 수많은 임무들을 통해 20개의 종군 기념 청동훈장을 받았다. 엔터프라이즈 호는 그 이후 미드웨이 해전(1942년 6월)에 참가해 제16 기동함대(레이먼드 A. 스프루언스 소장이 지휘)의 기함으로 활약을 하면서 2척의 일본 항공모함을 침몰시키는 데 일조하기도 했다.

솔로몬 해전에서 엔터프라이즈 호는 가장 큰 위기를 맞게 된다. 1942년 8월 24일 서솔로몬 제도에서 엔터프라이즈 호는 3발의 폭탄을 맞았고 168명의 사상자가 발생하였다. 그리고 하와이로 돌아가 수리를 마친 후 산타 크루즈 해전에 참가하기 위해 1942년 10월 솔로몬 제도로 돌아왔지만 다시 일본군에 의해 2발의 폭탄을 맞아 심각한 피해를 받게 된다. 그리고 수리 작업을 마치고 11월 다시 작전을 수행하게 된다. 엔터프라이즈 호가 수리를 위해 누메아(Noumea)로 갔을 때 일부 엔터프라이즈 호의 함재기들은 과달카날에서 전투에 참여했다. 엔터프라이즈 호가 다시 돌아와 미국에게 승리를 안기고 나서 빛나는 대통령 부대표창을 받게 된다. 그 당시 일본군은 엔터프라이즈 호가 두 번 모두 침몰했다고 보고했었다.

1943년 11월 태평양 전쟁을 마치고 엔터프라이즈 호는 길버트와 마셜 군도 전투에 참가했고 1944년 10월 필리핀 해 전투와 레이테 만 전투에서 중요한 임무를 성공적으로 수행했다. 계속해서 엔터프라이즈 호는 1944년부터 1945년까지 중국과 타이완에서 공중 공격 임무를 수행했다. 하지만 1945년 5월 14일 일본 가미카제의 공격을 받고 전방 활주로 갑판과 엘리베이터가 심각하게 파손되어 대규모 수리 작업을 위해 미국 본토로 돌아갈 수밖에 없게 되었다. 이때 일본 해군은 엔터프라즈 호가 침몰했다고 세 번째 발표를 했다.

더 크고, 현대적인 항공모함들이 들어서면서 1947년 2월 엔터프라이즈 호가 퇴역하고 1958년 2월 해체 처리되었다. 그 후 엔터프라이즈라는 함명의 핵 항공모함(CVN-65)이 진수되었고, 2012년 12월 1일에 퇴역했다.

왼쪽: 일본 근해에서 가미카제 특공대의 공격을 막기 위해 다른 전함에서 발사한 대공포 때문에 발생한 불길에 덮인 엔터프라이즈 호.

위: 1939년 4월 12일 함재기들과 함께 항해 중인 엔터프라이즈 호를 찍은 항공 촬영 사진.

# 51 장거리 사막 정찰대(Long Range Desert Group)

장거리 사막 정찰대(Long Range Desert Group, LRDG)는 1940년 6월 중동 원정군 총사령관이었던 아치발드 웨이블(Archibald Wavell) 장군의 부관인 랄프 배그놀드(Ralph A. Bagnold) 소령이 창설했다. 이탈리아가 독일 편에 서서 전쟁에 참전하면서 리비아에 대규모 이탈리아군이 주둔하게 되었고 그로 인해 이집트의 영국군 기지와 수에즈 운하가 위협받기 시작했다. 배그놀드 소령은 웨이블 장군에게 이탈리아군의 동태를 파악하기 위해 적 후방 깊숙이 침투할 수 있는 정찰대를 만들어야 한다고 보고했다.

임페리얼 전쟁 박물관의 음성 기록소에 따르면 웨이블 장군이 "이탈리아군이 아무 것도 안하고 있으면 어쩔텐가?"라고 물어보자 배그놀드 소령이 "그러면 고지대 사막에서 해적질이라도 시키면 어떨까요?"라고 대답하자 웨이블 장군이 크게 웃으며 그 자리에서 바로 이집트에 주둔하고 있던 영국군과 뉴질랜드군에서 지원자를 선발해 정찰대를 조직하라고 지시했다라고 한다.

배그놀드 소령은 2차 세계대전이 일어나기 전부터 이집트에서 오랫동안 있었기 때문에 사막에서의 운전과 길찾는 방법에 있어서 누구보다 잘 알고 있었다. 그렇기 때문에 정찰대에 쓰일 차량은 배그놀드 소령이 직접 골랐으며 총 33대를 사용할 생각이었다. 그 당시 영국에서 생산된 차량은 사막에서 사용하기에 적합하지 못하다고 생각해서 여러 종류의 미국 차량을 테스트했다. 결국 쉐보레(Chevrolet) 30-cwt가 적합하다고 결론내렸고 14대를 자체적으로 조달한 후 나머지 19대는 이집트군이 보유하고 있던 차량을 빌려왔다.

그리고 태양 나침반(Sun Compass)들도 준비했다. 자기 나침반(Magnetic Compass)은 트럭에 있는 많은 금속들 때문에 사용하기에 적합하지 못했다. 나침반이 알려주는 정확한 방향을 알기 위해서 매번 멈추고 트럭에서 멀리 떨어져 나침반을 봐야 하는 일이 너무 빈번하게 일어나면 장거리 정찰 시에 시간 지연이 계속 발생하기 때문에 좋지 않았다. 사막에서의 태양은 매일 뜨기 때문에 배그놀드 소령은 해시계를 개량한 태양 나침반을 사용하기로 했다. 태양 나침반의 중앙에 있는 뾰족하게 튀어나온 부분을 이용해 그림자가 지는 방향을 알 수 있었고 그것을 응용해 목적지 방향을 알 수 있었다. 그 나침반은 조수석 앞자리에 부착해서 조수석에 있는 병사가 운전병에게 방향을 알려주도록 했다.

이동 거리는 속도계를 이용해 계산됐다. 장애물을 피하기도 하고 거대한 모래 언덕을 돌아가기도 하는 등 직선이 아닌 구불구불한 거리로 달려왔다면 장거리 사막 정찰대는 추측항법(Dead Reckoning)을 이용해 실제 거리와 크게 차이가 나지 않는 범위 내에서 거리를 측정했다. 위치는 선원들이 바다 위에서 육분의(Sextant)를 이용하는 것과 같은 방법으로 세오돌라이트(Theodolite, 경위의[經緯儀]: 각도를 정밀하게 관측하는 기구)를 이용해 파악했다.

라디에이터가 과열됐을 때 쓰는 물을 조금이라도 아끼기 위해 차량 측면에 파이프로 연결된 통을 매달고 다녔다. 그래서 끓어 넘친 물이 그 통으로 모이기도 했고 증기가 그 통에서 응결되기도 했다. 통 안에 있는 물이 끓으면 운전병에게 뜨거운 물이 튈 수도 있었으므로 바람이 불어오는 방향으로 차를 멈추고 잠깐 동안 열을 식히기도 했다. 콸콸거리는 소리가 들리면 물이 라디에이터로 다시 들어가면서 통이 채워지는 과정이 반복되었다.

트럭이 부드러운 모래에 빠졌을 때 바퀴 밑에 놓을 수 있는 금속으로 된 모래 복공판(Sand Channel)을 가지고 다녔다. 장거리 사막 정찰대 초기에는 전방 사수가 이탈리아 브레다 기관총으로 무장을 했고 후방 사수는 1차 세계대전에서 사용했던 루이스식 경기관총을 담당했다. 하지만 나중에는 다양한 무기들이 지급되었는데 그중에는 보이즈(Boyes) 대전차총, 비커스 중기관총, 12.7mm 중기관총, 보포스(Bofors) 37mm 대전차포 등이 있었다.

처음에는 1개의 정찰대가 10대의 쉐보레 트럭으로 구성되었으며 각각의 트럭은 3톤의 화물을 실을 수 있었고 2~3명이 탑승했다. 작전 반경은 2,900km까지였고 지니고 있던 비상 식량과 휘발유, 물로 6주 동안 버틸 수 있었다. 기지로 돌아올 때 통신 수단은 주로 무선 통신 장치를 사용했다. 나중에는 좀 더 넓은 지역을 정찰하기 위해 차량을 5대로 줄인 정찰대가 운영됐다. 쉐보레 트럭은

왼쪽: 장거리 사막 정찰대의 쉐보레 트럭.

위: 배그놀드의 태양 나침반.

1941년 중반에 포드 트럭으로 교체됐는데 화물 적재량은 같으면서 운전은 더 어려웠기 때문에 1942년 중반에 캐나다에서 제작된 30-cwt 쉐보레 트럭으로 다시 교체됐다.

장거리 사막 정찰대(LRDG)는 투자 대비 효율성면에서 가장 최고였던 특수부대로 평가받아야 한다. 최초의 장거리 정찰 임무가 시작된 1940년 12월 26일부터 1943년 4월 10일까지 장거리 사막 정찰대원들이 사막지역 밖에서 머문 기간은 겨우 15일뿐이었다.

# 52 코만도 단검

코만도 단검은 파이팅 나이프(Fighting Knife)라고 더 많이 불린다. 1940년 상하이 국제 경찰에 교관으로 있던 윌리엄 페어베언 대위와 에릭 사이크스 대위가 비무장 전투 교육에서 사용할 수 있도록 윌킨스 스워드(Wilkinson Sword)사에게 요청해서 500자루의 칼을 만들었다. 처음 만든 칼들은 16.5cm 길이의 칼날과 S자 모양으로 된 십자형 가드(cross-guard)와 윌킨스 스워드의 로고가 새겨진 플랫 리카소(flat ricasso: 손잡이와 칼날을 연결하는 부위로 날이 없고 두터운 부분)로 되어 있었다. 가죽으로 된 칼집은 손잡이 부분이 밖으로 튀어 나와 있고 바지 가랑이에 착용할 수 있게 탭을 달았다. 약 25만 자루의 비슷한 칼들이 1941년부터 1945년 사이에 만들어졌다.

이들은 검은 니켈로 마무리 처리되었고 칼날이 17.5cm로 조금 더 길기도 했으며 직선형의 십자형 가드로 되어 있었다. 칼날 끝부분은 여전히 십자형 가드로 되어 있었지만 리카소는 없앴다. 두 가지 형태 모두 칼날은 고탄소강으로 만들었으며 칼집은 같은 형태로 되어 있었다.

칼날은 상대방의 가슴 부위를 찔러서 쉽게 들어갈 수 있도록 얇게 만들어졌고 적이 두꺼운 옷(예를 들어 군복 위에 외투를 입고 있을 때는 대략 7.5cm 두께가 된다)을 입고 있어도 뚫고 들어가서 찌를 수 있을 만큼 충분히 길게 만들어졌다. 페어베언 대위는 다음과 같이 말했다.

"백병전에서 칼보다 더 좋은 살상용 무기는 없다. 칼을 사용할 때 두 가지를 항상 마음속에 새겨 두고 있어야 한다. 균형과 날카로움. 손잡이는 쉽게 잡을 수 있게 해야 하고 칼날은 너무 무겁지 않

아래: 페어베언-사이크스(Fairbairn-Sykes) 파이팅 나이프의 세 번째 모델.

게 해서 손잡이를 느슨하게 잡아도 쉽게 움직일 수 있어야 한다. 칼날 끝은 날카롭고 쉽게 찌를 수 있어야 하고 칼날은 쉽게 벨 수도 있어야 한다. 동맥을 제대로 절단하지 못하면 출혈이 줄어들면서 멈출 수 있기 때문에 대동맥을 확실하게 베어야 상대가 곧바로 의식을 잃고 죽게 된다."

코만도들은 한 손으로 적의 입을 막고 목을 찔러 죽이는 훈련을 받는다. 어쩌면 파이팅 나이프라는 이름은 부적절할지도 모르겠다. 왜냐하면 이 칼은 전투에 사용하도록 만들었다기보다는 보초나 적이 알아챌 새 없이 조용히 죽이는 살상 무기이기 때문이다. 파이팅 나이프는 찌르는 스틸레토(stiletto: 송곳 모양의 단검)이기 때문에 나무를 자르거나 줄이나 로프를 자르는 데는 별로 효율적이지 않다. 이런 면에서는 2차 세계대전 동안 미해병대가 사용했고 지금도 사용되는 다목적용 단검인 K-바(K-Bar)가 더 낫다고 볼 수 있다. 하지만 이런 단점에도 불구하고 2차 세계대전 당시 대부분의 코만도들은 파이팅 나이프를 사용했다. 전쟁이 진행되면서 기습 작전도 많이 없어지고 백병전이 벌어지는 일도 자주 일어나지 않았지만 그래도 그들은 항상 파이팅 나이프를 차고 있었다.

파이팅 나이프는 코만도 배지와 마크처럼 하나의 상징물로 자리 잡았고 지금도 그렇게 인식되고 있다.

# 53 퍼플 하트(Purple Heart) 훈장

퍼플 하트는 전투에서 부상을 당한 미국 군인들에게 수여하는 훈장이며 불의의 사고로 목숨을 잃었거나 전투 중에 실종되었거나 사망한 것으로 추정되는 군요원들에게도 수여된다. 한 사람이 여러 번 부상을 당하게 되면 그만큼의 훈장이 수여되기도 한다. 2차 세계대전 당시와 끝난 후에 수여된 퍼플 하트는 대략 80만에서 100만 개 이상이다.

1932년 미육군성에서 만든 퍼플 하트는 무공훈장(Badge of Military Merit)의 모습에서 영감을 얻어 훈장에 'merit'라는 단어를 새겨 넣었다. 퍼플 하트는 원래 1782년 조지 워싱턴이 전투에서 영웅적인 활약을 펼치거나 뛰어난 임무를 수행한 사람들을 기리기 위해 만들었고 독립 전쟁 때 공을 세운 단 3명에게만 이 훈장을 수여했다고 한다.

미육군은 1차 세계대전이 일어나기 전까지만 해도 부상자들에게 수여하는 공식적인 훈장이나 배지가 없었다. 육군성이 군복이나 제복의 오른쪽 소매 위에 부착할 수 있는 부상자들을 위한 수장(袖章, chevron)을 만들려고 했을 때 의료 지원부의 기록들을 보관하고 있던 해외 파견군(AEF: 1차 세계대전 중에 유럽에 파견되었던 미육군 부대) 총사령관의 허가가 있어야 했다.

부상자들을 위한 수장은 좀 더 일찍 수여될 수 있었지만 1932년 제정위원회가 해외근무수장(Overseas Service Stripe)과 혼동할 수 있으므로 다른 것으로 바꾸라고 지시했다(Wound Chevron은 오른쪽 팔에 금색으로 부착되고 Overseas Service Stripe는 왼쪽 팔에 브라운색으로 부착되었다). 1932년 후에 새로운 모델이 만들어져 남다른 충성심을 보이거나 특별한 임무를 완수한 전공을 세운 미육군 장병에게 수여될 수 있었다.

1942년 루스벨트 대통령이 모든 군에게 훈장을 수여할 수 있도록 지시했고 그뿐 아니라 적십자 요원이나 종군기자들처럼 군대에서 민간 지원 활동을 펼치고 있는 미국 국민들도 똑같이 훈장을 수여받을 수 있는 자격을 갖게 되었다. 그와 동시에 전투에서 부상을 당한 경우가 아니더라도 퍼플 하트를 받을 수 있도록 했으며 퍼플 하트를 그 이전에 받았던 사람들 중 원하면 공로훈장(Legion of Merit)과 같은 훈장으로 바꿀 수도 있게 했다.

퍼플 하트는 훈장을 처음 만든 조지 워싱턴을 기리기 위해 조지 워싱턴의 얼굴이 들어가 있다. 하얀색 테두리로 둘러쳐진 분홍색 리본에 붙은 금속 메달 가운데에 조지 워싱턴의 옆모습이 새겨져 있다. 중복 수상자의 경우에는 육군과 공군은 떡갈나무 잎을 해군과 해병대는 골드 스타를 표시했다.

퍼플 하트를 수여받기 위해서는 적에 의해 부상을 당해서 의료 시설에서 치료를 받은 기록이 있어야 한다. 퍼플 하트를 수여받을 수 있는 자격을 가지고 있던 사람 중에 치료를 거부하거나 다른 사정으로 공식적인 치료 기록이 남아 있지 않을 경우에는 지금도 의료 지원이나 장애 연금 등의 문제가 발생하고 있기 때문에 2차 세계대전 이후 많은 퇴역 군인들이 곤란을 겪고 있다.

위: 5명의 해병대원들이 퍼플 하트를 수여받고 있다. 왼쪽부터 조지 메이스 중령, 제임스 파웰 상병, 존 매든 상병, 잭 워런스 상병, 클리포드 헤인슨 상병이 그들이고 그 옆에는 표창장을 받은 제임스 러틀릿지 일병과 새뮤얼 보이드 일병이 보인다.

오른쪽: 퍼플 하트 메달.

# 54 카누

2차 세계대전 당시 최초의 영국 카누 부대는 로저 코트니(Roger Courtney) 중령이 1940년 6월 스코틀랜드에 있던 넘버 8 코만도 휘하에 만들었던 폴보트(Folboat: 나무로 된 조립 틀로 접을 수 있는 카약) 부대였으며 나중에 특수선박대(SBS: Special Boat Section)로 발전되었다.

초기의 폴보트는 일반인들이 호수나 강에서 주로 스포츠 활동에 사용하던 캔버스 천과 나무로 된 카누였다. 그래서 바다에서는 사용하기 적당하지 않았다. 항법 장치나 스프레이 커버(Spray Cover: 배 안에 물이 들어오지 않게 하기 위해 사용하는 커버), 뱃머리(Bow), 선미 부유백(Buoyancy Bag) 등이 없었다.

초창기에는 상급 지휘관들이 폴보트나 카누를 전쟁 무기로 사용할 수 있을지에 대해 대부분 회의적이었다. 하지만 코트니 중령은 1940년 말 지중해에서 정찰 임무와 적의 장비, 운송 시설, 기계 등의 파괴 임무와 같은 특수 작전에서 카누가 유용한 도구로 사용될 수 있다는 사실을 보여줬다. 잠수함으로 목표물 근처까지 카누를 싣고 간 후 수면으로 떠오른 다음 어뢰 해치를 통해 카누를 끄집어 냈다.

날씨가 좋고 파도가 잠잠하면 잠수함 측면에서 선원들을 태운 카누를 띄워 보내고 잠수함은 다시 잠수를 한다. 작전을 마치고 난 뒤에는 사전에 정해진 방향과 거리를 계산해 파도를 뚫고 항해를 시작한다. 그리고 커피 원두 분쇄기의 위에 있는 핸들과 같이 생긴 장치를 사용해서 자신을 데려왔던 잠수함에게 연락을 한다. 이 기계의 핸들을 돌리면 달가닥거리는 소리가 나는데 이 소리는 19km 밖에 있는 잠수함의 하이드로폰(hydrophone: 수중청음기)에 의해 듣게 되고 이 소리를 들은 잠수함이 카누를 다시 잠수함으로 회수하게 된다.

1942년 11월 연합군이 북아프리카에 상륙했던 토치(Torch) 작전이 벌어지기 전에 미국의 마크 클라크 소장은 10월 21일 카누를 타고 프랑스령 알제리 해안에 내렸다. 클라크 소장과 그의 부관 그리고 그들을 호위하는 SBS 부대원들을 태운 카누가 잠수함 세라프(Seraph) 호에서 출발했다. 클라크 소장의 임무는 알제리에 주둔하고 있던 프랑스군이 앞으로 벌어질 상륙작전 시 어떻게 나올 것인지를 알아내기 위해서였다. 클라크 소장은 자신의 임무를 마치고 다음날 밤에 세라프 호로 귀환했다. 물론 어려움이 전혀 없지는 않았지만 그래도 클라크 소장과 일행들은 밤의 잔잔한 파도 속에서 카누를 타고 항해할 수 있었다.

며칠 후 SBS 카누 대원들이 남프랑스로부터 앙리 지로(Henri Giraud) 장군을 비밀리에 데리고와 토치 상륙작전이 끝나자마자 북아프리카 프랑스군의 총사령관에 오를 수 있게 했다.

가장 뛰어난 카누 작전 중의 하나는 허버트 해슬러 소령이 지휘하고 있던 영국 해병 급속순찰 분견대(Royal Marines Boom Patrol Detachment)가 벌였던 작전이었다. 1942년 12월 7일 지롱드 강 하구에서 잠수함 튜나(Tuna) 호로부터 출발한 5척의 카누가 보르도까

왼쪽: 2차 세계대전 동안 영국은 다양한 모델의 카누를 제작했다. 그중 Mark VI 3인승 아웃리거(Outrigger: 외곽에 지지대가 있는 카누)는 4마력의 2기통 수납식 엔진을 보유했고 대형 삼각돛을 달았다. 카누에 달린 엔진은 10km(5.6노트)의 속도로 145km까지 갈 수 있게 했다. 특별한 임무를 위해 짐을 더 많이 실어야 하는 경우에는 카누 승선 인원을 1명으로 줄일 수도 있었다.

위: 삼각돛을 단 2인승 아웃리거(Outrigger).

지 110km를 거슬러 올라갔다. 그중 2척은 역조(Rip Tide)로 인해 침몰되고 1척은 실종됐다. 남은 2척의 카누는 낮에는 숨어 있다가 밤에는 강을 따라갔다. 3일 후 보르도 항구에 도착해 6척의 선박 밑에 부착형 기뢰(Limpet Mine)를 설치했다. 폭발이 일어난 후 카누에 타고 있던 대원들은 육로를 따라 스페인으로 탈출해야 했는데 2명은 탈출에 성공하고 다른 2명은 생포되어 총살되었다.

카누는 극동 지역에서 여러 작전을 통해 정찰과 파괴 임무를 수행했다. 1943년 11월 제이윅 작전(Operation Jaywick)에서 호주에서 출발한 특수 부대원들이 싱가포르 항구에 정박해 있던 7척의 선박을 부착형 기뢰로 침몰시켰다. 싱가포르까지 약 1,925km에 걸쳐 일본군이 주둔하고 있었다. 포획한 일본 어선을 4척의 카누와 지원 부대가 이용해 호주를 떠나 싱가포르 항구 근처의 섬으로 이동한 후 부착형 기뢰를 설치하기 위해 출발했다. 작전을 마친 대원들은 다시 일본 어선에 옮겨탄 후 다른 섬으로 탈출했다. 항해 거리는 물론이거니와 장시간의 인내심을 발휘했던 이 작전은 전쟁 역사상 가장 주목받는 기습 작전 중의 하나가 됐다.

# 55 가미카제 특공대

가미카제(神風)라는 일본말은 1274년부터 1281년 사이에 일본을 침공했던 몽고와 고려의 함대를 파괴했던 태풍을 일컬어 '신의 바람(Divine Wind)'이라고 불렀는데 여기에서 유래되었다. 태평양 전쟁 당시 가미카제라는 단어는 목표물에 고의적으로 충돌해서 비행기와 조종사를 희생시키는 비행기 공격을 일컫는 말로 쓰였다.

진주만 공습 이후 일본이 우위를 점하고 있던 제공권이 1944년 10월 무렵에는 미국으로 완전히 넘어갔다. 일본의 베테랑 조종사들이 대부분 전사했고 한때 공중전의 제왕이었던 제로식 전투기와 대항할 수 있는 전투기를 미국이 생산하기 시작했기 때문이었다. 1942년 6월 4일 미드웨이 해전에서는 하루 동안 전사한 일본의 조종사 수가 일본이 1년 동안 훈련을 통해 배출해 낸 조종사의 숫자와 맞먹었다. 미해군이 일본 본토를 향해 태평양을 거침없이 나아갈 수 있었던 것은 거대하고 월등한 산업 기반이 뒷받침되었기 때문이며 어쨌든 이런 미해군의 진출을 막기 위해서 가미카제를 운영하는 결정을 내리게 되었다.

전쟁 초기에는 일본 조종사들이 가끔 연합국 전함에 고의적으로 충돌 공격을 했지만 1944년 10월 19일 오니시 다키지로(大西瀧治郎) 해군 중장이 필리핀의 레이테 만에서 작전을 지원하고 있던 미국 항공모함을 공격하기 위해 가미카제 특공대를 결성하자는 제안을 내어 놓았다. 이 제안은 열렬한 지지 속에 즉시 실행에 옮겨졌다. 다마이 아사이치(玉井浅一) 중령은 교육을 받은 훈련생들 속에서 지원자를 받아 첫 번째 특공대를 구성하고 세키 유키오(關行男) 소령이 지휘를 맡게 된다. 첫 번째 가미카제 특공대는 1944년 10월 21일 레이테 만에 있던 호주 순양함 오스트레일리아 호를 공격해서 함교와 선루갑판에 있던 선장과 7명의 장교, 23명의 수병을 전사시키고 61명의 부상자를 발생시켰다고 알려졌었다. 하지만 이 공격은 정확히 특공대 소속의 전투기가 한 게 아니라 일본 육군 항공대 소속의 미쓰비시 전투기였다. 가미카제 특공대는 일본 해군 항공대 소속이었으며 제로식 전투기를 조종하였다.

1944년 10월 25일 가미카제 특공대는 5척의 호위용 항공모함을 공격했는데 그중 1척의 화약고를 폭발시켜 침몰시켰다. 연이은 가미카제 특공대들은 7척의 항공모함과 함대를 이루고 있던 다른 선박들 40척을 공격해서 그중 5척을 침몰시켰으며 35척에게 피해를 입혔고 그중 23척은 피해 정도가 심각했다.

가미카제 공격은 선박에만 머물지 않았다. 미육군 항공대 소속의 B-29 전략 폭격기가 일본 본섬을 향해 무차별 폭격을 시작했을 때 일본 육군 항공대는 도쿄를 방어하기 위해 신텐 스페셜 유닛(Shinten Special Unit)을 만들었고 나카지마 Ki-44 쇼키'도조'(Nakajima Ki-44 Shoki 'Tojo') 요격기로 B-29를 향해 돌진했다.

나카지마 Ki-44 쇼키는 훌륭한 요격기였지만 B-29처럼 방향 선회가 좋은 목표물을 향해 빠르게 돌진한다는 것은 바다 위에 떠 있는 배를 향해 돌진하는 것과는 차원이 달랐다. 게다가 B-29는 총 11문의 기관포를 장착하고 있었기 때문에 돌진하기에는 벅찬 상대였다. B-29를 공격하려면 높은 수준의 조종술이 필요했지만 가미카제의 기본 개념은 훈련도 제대로 못 받은 소모용의 파일럿들을 이용하자는 것이었다. 연합국 선박을 공격하는 게 더 효과적인 전략이었기 때문에 태평양 전투 마지막까지 계속됐다.

가미카제 공격으로 인해 가장 크게 타격을 받은 것은 1945년 4월 오키나와 침공작전으로 여기에서 36척의 선박과 상륙용 주정이 침몰했고 368척이 피해를 입었다. 약 1,500명의 가미카제 조종사들이 이때 전사했다. 반면 주요 공격 목표였던 항공모함은 1척도 침몰되지 않았다. 그러나 대부분은 심각한 피해를 입었다. 미국 항공모함은 목제갑판으로 되어 있어서 가미카제 공격에 쉽게 피해를 입었다. 1945년 3월 1일 1대의 가미카제 공격으로 미해군의 벙커힐 항공모함에서는 389명의 전사자가 발생했는데 이 수치는 장갑 갑판으로 된 영국의 항공모함 6척에서 전쟁 동안 죽은 전사자의 숫자보다 더 많은 것이었다. 태평양 전쟁 당시 영국 해군은 5척의 항공모함이 8번의 가미카제 공격을 받았고 그로 인해 20명이 전사했다. 미국 항공모함은 가미카제 공격을 받으면 장시간의 대규모의 수리작업이 필요했지만 장갑 갑판으로 된 영국 항공모함은 비행기 잔해들을 옆으로 치워내고 그냥 아무일도 없었던 듯이 항해를 계속하면 됐다.

마지막 가미카제 공격은 1945년 8월 15일 오키나와에서 연합군 함대를 향한 것이었다.

왼쪽: 태평양 전쟁 당시 산타쿠르스 제도 근처에서 미 항공모함 호넷(Hornet)을 공격하던 가미카제 1대가 격추되고 있다.

위: 자살 공격 임무를 맡은 가미카제 조종사들.

위: 미군의 대공포 공격을 받고 바다로 추락하고 있는 가미카제의 제로식 전투기.

오른쪽: 2대의 가미카제 제로식 전투기의 공격으로 인해 불타고 있는 미국 벙커힐 항공모함(오키나와 전투, 1945년 5월 11일).

# 56 페니실린

전쟁이 갖는 역설적인 모습 중의 하나는 인간에게 커다란 이점을 안겨 주고 경우에 따라서는 동물들에게도 적용되는 의약품과 기술의 혁신적인 발전이 뒤따른다는 점이다. 이러한 기술 개발의 뛰어난 사례 중 하나는 2차 세계대전 기간에 이루어진 페니실린의 개발이다. 1940년 대 초반까지는 부상을 당하거나 병에 걸려 박테리아에 감염되면 보통은 술폰아미드(Sulphonamide)제로 치료했다. 대개의 경우는 이러한 치료약이 효과를 볼 수 있었지만 연쇄상구균에 감염된 경우는 그렇지 못했다.

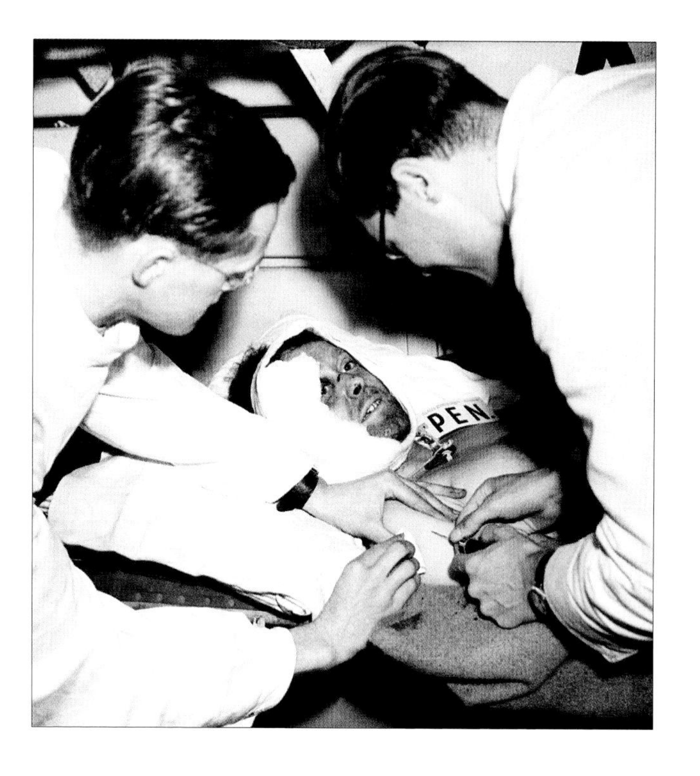


그래서 몇몇 미생물들이 다른 균들을 죽일 수 있도록 하는 효능의 새로운 약품들을 개발하기 시작됐다.

1939년 옥스퍼드 대학 병리학과의 하워드 플로리(Howard Florey) 교수와 언스트 체인(Ernst Chain: 나치 독일로부터 망명한 유대인) 교수가 여러 가지 유기물들이 가지는 항박테리아 특성들을 연구하기 시작했으며 그중에는 10년 전 알렉산더 플레밍(Alexander Fleming)이 처음 발표했던 페니실륨 노타툼(Penicillium notatum)도 있었다.

1차 세계대전 당시 영국 육군 의무대 대위였던 플레밍은 많은 병사들이 부상 부위가 감염되어 죽는 것을 목격했다. 그는 환자의 원천적 면역체계가 박테리아를 죽이는 데 더 효과적이었는데도 소독제들이 오히려 그 천연 방어를 위해한다고 주장했고 특히 부상이 깊은 경우는 더 그렇다고 했다. 전쟁이 끝난 후 플레밍은 런던 세인트 메리 병원으로 돌아와 1928년 세균학 교수가 되었다. 여기에서 훗날 플레밍이 얘기했듯이 그는 실수로 예기치 않게 항생제를 발견하게 된다.

휴가를 마치고 돌아와 작업실에 있던 포도상구균 배양균들 사이에서 1개의 배양균이 포도상구균을 죽이는 곰팡이로 오염된 것을 발견했다. 그는 그 곰팡이가 페니실륨속(Penicillium genus)이라는 것을 알게 됐다. 처음에 플레밍은 그것을 곰팡이 즙(Mould Juice)이라 불렀고 1929년 3월 페니실린이라고 했다. 같은 해 플레밍은 자신이 발견한 내용을 발표했지만 그의 기사는 관심을 받지 못했다.

1940년 5월 플로리와 체인 교수가 연쇄상구균 감염에 페니실린이 효과가 있다는 것을 입증했으며 다음 단계로 임상 실험을 해 볼 만한 가치가 있다고 인정받았다. 심각한 박테리아 감염들도 아무런 부작용 없이 페니실린으로 치료될 수 있다는 결과로 나타났다. 하지만 실험실에서 만들어지는 페니실린은 아주 극소량에 불과했고 반면 염증을 치료하기 위해서는 유기체 약 660리터를 만들어야 했다. 충분한 양의 약을 만들기 위한 유일한 방법은 산업 생산력에 의지하는 길뿐이었다.

하지만 그 당시 영국의 산업력은 전쟁에 필요한 의료품과 약을 만들기 위해 전력을 다하고 있었기 때문에 여유가 없었다. 다행히 미국의 록펠러 재단이 안정적으로 공급해 줄 수 있는 제조업체를 연결해주었다. 1942년부터 미국에서 페니실린이 전량 생산되었고 1943년 북아프리카 전투에서 처음으로 실전에 사용되기 시작했다.

페니실린의 사용은 2차 세계대전 동안 야전 수술에 중요한 영향을 미쳤다. 일부 전투 지역, 예를 들어 버마처럼 멀리 떨어져 있고 접근이 어려운 지역이나 혹은 북아프리카 전투처럼 전진과 후퇴가 빠르게 거듭되는 곳에서는 기지에 있는 병원까지 부상자를 후송하는 게 꽤 힘들었다. 버마에서는 경비행기가 부상자를 후송했지만 기상이 악화되거나 적의 공격으로 인해 부상자가 병원까지 후송되기 전까지 장시간 방치될 수밖에 없었다. 병원으로 후송되는 동안 환자가 버틸 수 있게 충분한 처치가 꼭 필요했다. 항생제는 환자가 후송을 기다리는 동안 감염으로부터 부상 부위를 안전하게 지킬 수 있게 해주었다.

알렉산더 플레밍과 하워드 플로리, 언스트 체인은 1945년 노벨 생리학 의학상을 수상했다.

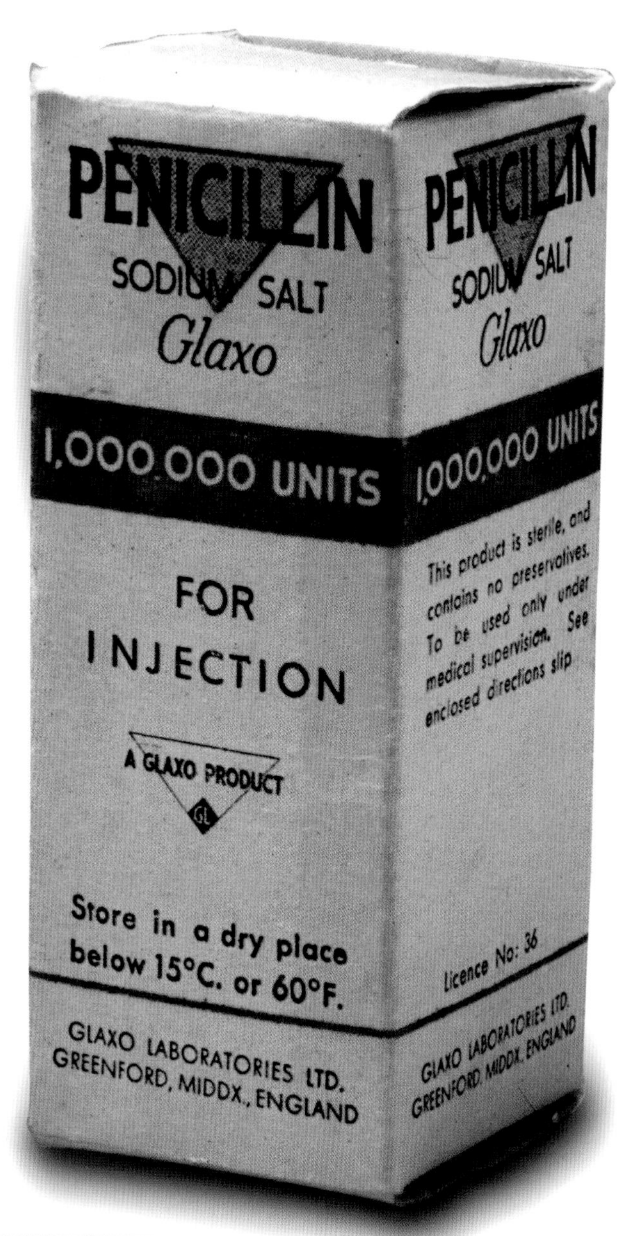

왼쪽: 병원으로 후송되는 부상병이 페니실린 주사를 맞고 있다. 페니실린이란 표식이 되어 있는 이유는 실수로 과다 투여하지 않기 위해서이다.

위쪽: 페니실린 병과 앰플.

# 57 폭뢰(Depth Charge)

폭뢰는 잠수함의 내벽(Pressure Hull)을 파괴하기 위해 화약이 장전된 금속 용기통을 바다 밑으로 가라앉히는 대잠무기이다. 2차 세계대전이 일어났을 때 영국뿐만 아니라 대부분의 나라들이 1차 세계대전에서 사용했던 폭뢰를 개량해서 사용하고 있었다.

폭뢰는 금속 용기통에 90~136kg의 고성능 폭약을 넣은 것으로 작은 초계정에서는 더 작은 폭뢰를 싣고 다녔다. 미리 정해 놓은 심도에 도달하면 수압을 이용한 기폭장치가 작동해서 폭발하게 된다. 영국의 Mk VII 폭뢰는 최대 260m의 심도에서 치명타를 가할 수 있는 거리는 9m였다.

폭뢰는 일반적으로 함선에서 36~55m 간격으로 투하장비를 이용해 투하했다. 잠수함이 잠수 중이거나 수면 위에 있을 때에나 모두 공격을 가할 수 있었다. 수중의 잠수함을 공격하기 위해서는 각각의 폭뢰에 서로 다른 심도 깊이를 세팅하거나 혹은 폭약을 더 많이 넣어서 무겁게 만든 다음 빠르게 바닷속으로 가라앉게 했다.

폭뢰는 비행기에서도 일반 폭탄처럼 투하시킬 수도 있었다. 2차 세계대전 초창기에는 비행기가 이륙하기 전에 폭발 심도를 미리 세팅해놨기 때문에 정해진 심도에 도달했을 때 기폭 장치가 작동했다. 그래서 잠수함이 수면 위나 수면 바로 아래에 있을 때는 폭뢰가 거의 쓸모가 없었다. 하지만 바로 얼마 뒤에 새로운 기폭 장치를 고안해 내면서 그 문제는 해결되었다.

선체 후미에서 투하되는 폭뢰의 단점은 180m 이내에 잠수함이 있으면 음향탐지기(ASDIC)가 제대로 작동하지 않기 때문에 잠수함을 놓칠 수도 있다는 점이다. 일명 '데프타임(deaf time)'이라고 알려진 그 시간 동안 폭뢰를 투하하면 잠수함은 회피 기동으로 폭뢰의 위험으로부터 멀리 달아날 수 있는 시간을 벌게 된다. 물론 이런 단점에도 불구하고 잠수함을 파괴할 만큼 가까운 거리에서 폭발하지 않아도 어느 정도의 피해는 입힐 수 있기 때문에 승조원들을 겁먹게 해서 수면 가까이로 부상하게 했다.

'데프타임'을 해결하기 위한 방법은 선박의 전방으로 폭뢰를 발사하는 것이었다. 최초로 사용된 것은 헤지호그(Hedgehog)로 6열의 발사관에서 24발의 소형 박격폭탄이 발사됐다. 모양이 고슴도치와 비슷하다고 해서 그렇게 이름이 붙여졌다. 각각의 발사관은 약 40m의 반경 내에서 폭뢰가 분산될 수 있게 약간씩 각도를 조정할 수 있었다. 잠수함의 위치를 계속 추적할 수 있게 선박의 전방으로 발사했다. 헤지호그 폭뢰는 목표물과 접촉해야만 폭발했다.

1943년 말 기능이 더 향상된 폭뢰 발사기가 나왔다. 3문의 박격포로 되었고 이름은 스퀴드(Squid: 오징어)였다. 스퀴드는 위력이 더 커진 Minol II 폭약 90kg이 들어 있는 폭탄을 발사했다. 이들은 침강 속도가 3배 이상 빨랐고 기능이 향상된 음향탐지기/소나(ASDIC/Sonar) 덕분에 자동으로 폭발 심도를 세팅해서 폭발하도록 했다.

일반폭뢰는 잠수함에 대한 공격 성공률이 6%였고 헤지호그는 20%였으며 스퀴드는 50% 가까운 성공률을 보였다.

위: 폭뢰와 투하기.

오른쪽: 폭뢰 발사 준비를 하고 있는 수병.

# 58 C·K 레이션(Ration)

최전방에 투입된 미군들은 신선한 식량이나 요리된 음식과는 동떨진 채 에너지와 체력을 위해 C 혹은 K로 분류된 전투 식량에 의존해야 했다. 1차 세계대전에서의 전투 경험은 깨끗한 물과 충분한 음식이 피로와 위장병 그리고 두려움을 줄여준다는 사실을 알려주었다. 나폴레옹이 관찰한 것과 같이 군대는 그들의 음식 섭취를 기반으로 싸우고 살아남는다. 더 정확하게 말하자면 하루 3,000에서 4,000칼로리의 음식 섭취가 필요하다.

군대가 직면한 문제점은 각개 병사와 해병대원들이 비가 오거나 눈이 내리거나 뜨겁고 어두울 때에도 그리고 적의 사격하에서도 또 추울 때 등 열악한 환경에서도 휴대할 수 있고 먹을 수 있는 휴대 식량을 만드는 것이었다. 휴대 식량은 휴대가 용이하고 불로 데우지 않아도 먹을 수 있어야 했다. C 레이션은 종이팩에 3개의 작은 캔과 플라스틱 숟가락이 들어 있는 휴대용 식량이었다. 병사들은 항상 작은 캔 오프너를 휴대하고 다녔는데 대개는 군번줄에 달고 다녔다.

첫 번째 캔에는 10가지의 서로 다른 고기와 야채로 된 음식 중 1개가 들어 있었으며 가장 인기가 높았던 것은 돼지고기와 콩 또는 프랑크푸르트 소시지와 콩이었다. 햄과 콩으로 된 것은 데워서 먹어야만 그나마 먹을 수 있을 정도였다. 두 번째 캔에는 복숭아 같은 과일 종류와 사과 소스가 들어 있었다. 세 번째 캔에는 파우더 커피 또는 파우더 과일 주스 또는 코코아가 캔디와 추잉 껌과 함께 들어 있었다. 네 번째 캔에는 쿠키, 치즈 크래커 혹은 땅콩 크래커 또는 과일 케이크나 파운드 케이크가 들어 있었다. 각각의 식량은 1,000에서 1,800칼로리를 함유했다. 전투 식량에는 화장실용 휴지와 담배도 함께 포함되어 있었으며 병사들은 남은 휴지와 담배를 철모 안에 넣고 다녔다.

K 레이션은 C 레이션의 가볍고 간단한 버전으로 방수가 됐다. 16.5cm로 방수 처리된 초록색의 상자 안에는 단 하나의 생존 식량만이 들어 있었으며 아침, 점심, 저녁이라는 큼지막한 라벨이 붙어 있었다. 아침은 건조 압축시킨 과일과 설탕이 든 파우더 커피, 크래커와 햄 한 통, 달걀이었다. 다른 2개는 치즈와 크래커 또는 고기 한통과 파우더 수프, 과일 주스 파우더, 설탕, 초콜릿 바, 추잉 껌과 그 밖의 가공된 음식들이 들어 있었다.

즉석에서 만든 난로나 뜨거운 물이 들어 있는 냄비로 전투 식량을 데우면 전투 식량의 맛을 더 좋게 할 수 있었다. C-4 플라스틱 폭탄을 이용해 전투 식량을 데울 수 있는 불을 만들었지만 2차 세계대전 막바지에는 레이션 안에 연기가 나지 않는 고체 연료가 함께 들어가기 시작했다.

병사들은 개별적으로 핫소스와 다른 양념들을 가지고 다니기도 했다. 전투 식량을 데워 먹을 수 있는 상황이 되면 고기와 야채로 된 식량에 치즈를 뿌려 먹기도 했다. 하지만 아무리 맛있게 해서 먹는다고 한들 어머니가 만든 애플파이와 같지는 않았다.

K와 C 레이션은 확실히 병사들의 몸무게를 감소시켰다. 미군이 2차 세계대전 중에 가장 음식 섭취를 잘했다. 노르망디 상륙작전 후 90일 남짓한 기간 동안 미육군은 병력 중 70퍼센트에게 따뜻하고 잘 준비된 음식을 제공했다.

그 기간에 프랑스인들을 위해 6,000만 개의 C와 K 레이션이 공급되었다. 군대 음식이 병사들뿐만 아니라 자유를 되찾은 유럽인들까지 먹여 살렸다.

왼쪽: 1945년 5월 31일, 일본 오키나와에서 미군 리처드 존스(Richard K Jones) 중위가 자신의 전투 식량을 무너져 내린 무덤에 숨어 있던 현지 아이들에게 나누어 주고 있다.

위쪽: 미육군 병사들에게 제공된 레이션 박스. K 레이션의 아침상자와 저녁상자 그리고 타입 K 슈퍼박스. 나머지는 아침식사 통조림들과 비스킷 팩이다.

# 59 콰이 강의 다리

실제의 콰이 강의 다리와 영화 속에서 나오는 콰이 강의 다리는 잔혹한 환경 속에서 만들어졌다는 점과 일본군에 포로로 잡힌 영국군이 일부 투입됐다는 점만 빼고는 모두 다르다. 영화 속에 나오는 건축 방식이나 외관 그리고 위치는 모두 픽션이다.

실제로는 1943년 태국의 매끌롱 강(MaeKlong: 1960년대에 쾌야이 강[Khwae Yai]으로 이름이 바뀌었다)에 2개의 다리가 만들어졌다. 하나는 목재로 건설된 임시 가교였고 몇달 후 철과 콘크리트로 만든 다리를 만들었다. 이 다리는 태국의 농프라독(Nong Pladuk)과 버마의 탄뷰자얏(Thanbyuzayat)을 연결하는 일본의 철도 중 일부로 버마 전투에 참가 중인 일본군에게 싱가포르에서 출발한 물자를 철도로 보급하기 위해 건설됐다.

동남아시아 지역을 빠르게 점령해 나가고 있던 일본은 광범위한 전지역에 대한 해상 물자 보급의 한계에 처했고 랑군(Rangoon)까지 가는 항로가 영국의 잠수함과 미국과 영국의 전투기 공격으로 인해 위험성이 커졌다.

이 철로의 건설은 엄청난 공학 기술의 산물이었다. 420km에 이르는 철로는 세계에서 가장 위험한 지역들 중 하나인 산악 정글을 통과했는데 그곳에는 말라리아, 뎅기열, 이질, 콜레라 등의 질병이 넘쳐났고 그 안에서 일하거나 거주하게 되면 목숨까지 잃을 수 있었다.

1942년 7월 철로 건설의 첫 번째 단계로 싱가포르의 창이(Changi)에 수용되어 있던 연합국 포로 3,000명이 베이스 캠프를 짓기 위해 이송되었다. 최종적으로는 6만 1,000명의 호주, 영국, 네덜란드 포로들이 철로와 다리를 짓기 위해 투입되었다. 그 외에도 존재 사실 자체도 명확하지 않은 27만 명의 노동자들을 버마, 말레이반도, 태국, 네덜란드령 동인도네시아 등에서 강제로 끌고 와서 일을 시켰다.

일본은 그곳에 필요한 노동력으로 전쟁 포로와 강제 노역자 등을 소모품처럼 이용했다. 최소한의 음식과 의료 지원도 없는 가운데 끔찍한 작업 환경과 거주 시설 그리고 전염병 등으로 인해 사망률이 무척 높았다. 사망자의 수에 대해서는 여러 가지 말들이 많지만 가장 믿을 만한 추정치는 약 1만 2,000명의 연합국 포로와 9만 명의 강제 노역자들이 죽은 것으로 나타나고 있다. 일본의 태도는 전쟁 포로로 붙잡혀 그곳에서 책임 기술자로 지냈던 제임스 노블의 한마디로 요약된다.

"너희는 잡석이나 마찬가지이니까 죽으면 철로를 놓을 때 그 밑에 깔 것이다."

1945년 2월부터 3월 사이에 영국 공군과 미육군 항공대가 철로와 다리에 대해 연이어 공격을 가해 다리가 일부 파괴되었다. 전쟁이 끝나기 직전에 두 다리 모두 복구 작업을 했지만 일본이 필요로 했던 것만큼의 물자 수송이 이루어지지는 않았다. 뒤에 목재 다리는 철거되었고 철재 다리는 지금까지 이용되고 있다.

영화 〈콰이 강의 다리〉는 전쟁 포로들이 겪었던 참혹한 생활상을 제대로 묘사하지 못했으며 강제 노역에 동원됐던 사람들은 완전히 배제된 채 만들었다. 영화 속에서 일본군과의 협력하에 교량을 건설했던 영국 선임 장교(배우 알렉 기니스가 역할을 맡았다)는 실제 인물인 필립 투시 중령을 모델로 한 것인데 대부분은 사실과 다르다.

필립 투시 중령은 다리 건설을 지연시키기 위해 최대한 노력했다. 거대한 양의 흰개미를 모아 목재 다리 구조물을 먹어 치울 수 있게 했으며 콘크리트 배합을 최대한 엉망으로 해서 공사가 제대로 진행되지 않게 했다. 모든 것이 잘못 묘사된 것은 아니었다. 영화속의 내용처럼 일본의 낙후된 기술력 때문에 영국의 공학 기술 전문가들의 도움이 없었다면 다리를 짓는 게 불가능했을지도 모른다.

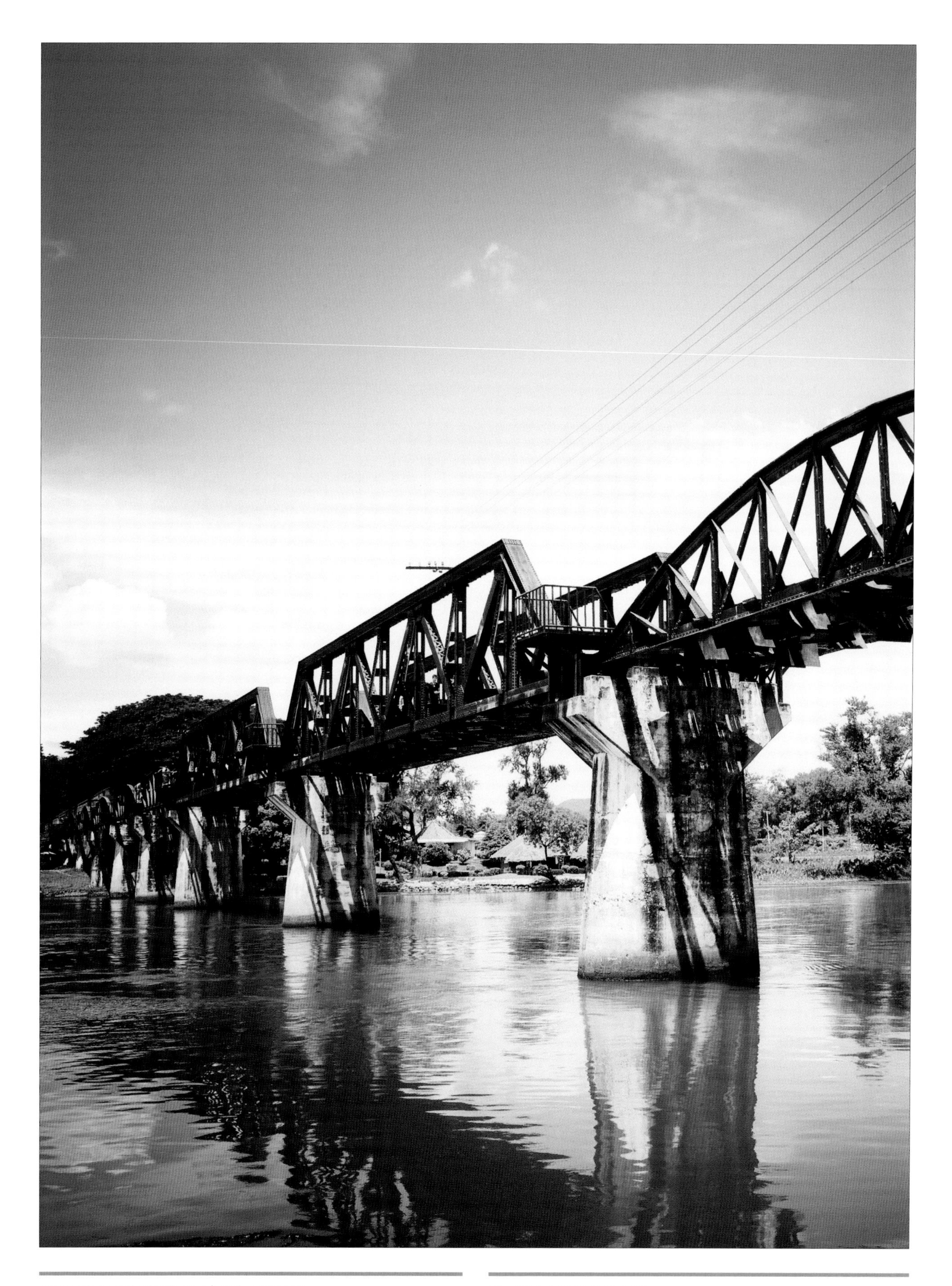

왼쪽: 건설 중인 매끌롱 강 다리의 스케치 모습.

위: 현재의 콰야이 강 다리.

# 60 무장 상선(CAM)

1940년 말 전투기 캐터펄트 무장 상선(Catapult Aircraft Merchant men, CAM)은 육상 기지에서 출격하는 전투기들의 호위 범위를 벗어난 수송 선단에게 발생되는 두 가지 위험 요소들 때문에 생겨났다. 첫 번째 위험 요소는 독일이 점령한 프랑스와 노르웨이에서 출격하는 장거리 정찰 폭격기인 FW 200 콘도르(Condor)가 아이슬란드에서 멀리 떨어진 수송 선단을 폭격했을 때 이를 저지할 수가 없었고 두 번째는 FW 200 콘도르가 수송 선단의 위치와 항로 그리고 속도 등의 정보를 U 보트 기지로 보내면 U 보트가 수송 선단이 지나는 길목에서 공격해 오는 것이었다. 영국 해군은 그때까지만 해도 수송 선단을 보호하기 위한 제공권을 가질 수 있을 정도로 항공모함이 많지 않았다.

1940년 12월 1차 세계대전 당시 수상기 모함으로 쓰이던 페가수스(Pegasus) 호를 개조해서 최초의 전투기 캐터펄트(catapult: 비행기가 항공모함과 같이 제한된 활주로에서 이륙할 수 있는 속도를 보조할 수 있도록 제작된 비행기 발사장치)함을 만들어 수송 선단을 호위할 수 있게 했다. 페가수스 호는 3대의 풀머(Fulmar) 전투기를 탑재했고 뒤이어 3척의 상선(Springbank, Maplin, Ariguani)을 전투기 캐터펄트함으로 개조했는데 각각 1대의 전투기를 탑재할 수 있었다. 1941년 8월 3일 스페인 해안으로부터 640km 떨어진 지점에서 매플린(Maplin)에서 발진한 허리케인(Hurricane) 전투기가 독일의 Fw-200 콘도르 1대를 격추시켰다. 콘도르를 격추시킨 후 허리케인은 바다에 불시착했고 조종사는 무사히 구조되었다.

그 해 4월 50척의 상선에 캐터펄트를 탑재하기 시작했고 그 해 여름에 항해를 시작했다. 전투기 캐터펄트함과 달리 무장 상선(CAM)은 영국 상선기(Red Ensign: 상선임을 표시하는 붉은색의 깃발)를 달고 상선으로 운항되었다. 무장 상선은 조종사와 엔지니어들만 영국 공군으로부터 지원받았고 나머지는 상선의 선원들과 화물을 실었다. 무장 상선에 탑재된 전투기는 시허리케인(Sea Hurricane) Mk IA을 개조한 호커허리케인(Hawker Hurricane) Mk I 1대였다. 무장 상선에는 항공모함처럼 착륙할 수 있는 장치가 없었기 때문에 출격 후에 조종사들은 운좋게 근처에 비행장이 있다면 그곳에 착륙하거나 아니면 바다 위에 불시착해야만 했다. 조종사들은 몰튼 배럿 중령이 지휘하는 자원자들로 구성된 상선 전투기 부대(Merchant Ship Fighter Unit)의 지원을 받았다. 한 팀은 1명 혹은 장거리 항해 시에는 2명의 조종사와 설비 기술자 1명, 기체 조립공 1명, 비행 갑판 장교 1명과 캐터펄트를 유지 관리하고 운영하는 해군 소속의 전기 기술자 1명으로 구성되었다.

무장 상선에 탑재된 허리케인 전투기는 적의 항공기가 시야에 들어왔을 때에만 이륙했다. 조종사들에게는 대담한 용기가 필요했는데 왜냐하면 일단 이륙 후에 배로 돌아오는 유일한 길은 배 근처의 바다에 항공기를 불시착시키면서 낙하산으로 탈출하여 보트에 의해 구조되는 길뿐이었기 때문이다. 대서양은 여름에도 추웠으며 북극의 겨울 바다에 빠지면 몇 분만에 죽을 수도 있었다. 1941년 11월부터 1943년 7월 사이에 무장 상선은 9번의 전투를 벌여 8대의 허리케인과 한 명의 조종사를 잃었고 8 대의 독일 항공기를 격추시키고 1대에 피해를 입혔다.

1941년 6월 영국은 나포된 독일의 곡물 수송선 하노버(Hannover) 호를 개조해 최초의 호위 항공모함 오대서티(Audacity) 호를 만든다. 진정한 전투기 항공모함처럼 비행 갑판을 가지고 있고 6대의 미국 F4-와일드캣(Wildcat) 전투기를 탑재해서 항공모함 작전을 벌일 수 있게 만들었다. 뒤이어 11월에 미국에서 아처(Archer) 호가 만들어지고 그 외에도 더 많은 호위 항공모함들이 완성되면서 무장 상선들은 대서양과 북극 수송 선단에서 사라지게 됐다. 약 16척의 무장 상선이 지중해와 서아프리카에서 1943년 9월까지 운항되었으며 2차 세계대전 말기에 영국 해군은 다양한 급의 호위 항공모함 44척을 운영하고 있었고 19척의 상선 전투기 항공모함(비행 갑판이 있고 영국 상선 깃발을 올리고 운항하는 항공모함)이 있었다. 이들 전투기 항공모함들은 바다 위의 전쟁에서 전세를 뒤집는 데 중요한 역할을 했으며 무장 상선의 허리케인 전투기 조종사들은 그런 초석을 다지는 데 있어 핵심적인 역할을 했다.

왼쪽: 무장 상선 SS 엠파이어 다윈(Empire Darwin) 호의 캐터펄트 위에 있는 허리케인의 뒷모습.

위: 그리녹 항에 정박해 있는 무장 상선에서 전투기 위로 올라가고 있는 조종사의 모습. 정박한 상태에서는 전투기가 이륙할 수 없었다.

# 61 대서양 방벽(Atlantic Wall)

1941년 말 독일은 프랑스 해안을 따라 방어 진지를 구축했으며 볼로뉴(Boulogne)와 칼레(Calais) 사이에는 중무장한 해안 포대가 자리를 잡았다. 영국 본토의 침공 계획을 담고 있던 바다사자(Sealion) 작전의 일환으로 영국에 포격을 가하기 위한 포대였다. 그 외에도 해군 포대들이 방어하는 U 보트 기지가 건설되었다.

바다사자 작전이 취소된 후 히틀러는 군수성 장관이었던 프리츠 토트(Fritz Todt)에게 계속해서 프랑스의 대서양 연안에 U 보트 기지와 방어 진지를 구축하라고 지시했는데 특히 브레스트(Brest), 로리앙(Lorient), 생나제르(Saint Nazaire) 지역에 집중하라고 지시했다.

18개월의 작업 끝에 1942년 9월 방어 진지들이 구축된 후 히틀러는 프랑스-독일 국경에 구축되었던 지그프리트 선(Siegfried Line)과 같은 요새선을 프랑스 해안을 따라 길게 구축하라고 지시했다. 히틀러가 지시한 새로운 요새선은 30만 명이 주둔하는 1만 5,000개의 거점들로 구성되었다.

히틀러는 상당수의 거점들을 직접 설계했는데 각각의 거점에는 30~70명이 상주하고 기관총과 대공화기를 갖추게 했다. 거점들 사이의 지역은 거점들 간의 연동 사격으로 방어하고 각각의 거점들은 공중 폭격이나 함포 사격을 견뎌낼 수 있게 설계되었다.

U 보트 기지를 더 견고하게 구축하는 것이 첫 번째였고, 그 다음은 연합군이 상륙작전을 펼치기에 적합하다고 판단되는 항구들을 요새화하는 것이었으며, 마지막으로는 수륙합동 작전으로 공격해오기에 좋은 해변들에 대한 방어였다. 그 방어선은 벨기에와 네덜란드 해안까지 확장되었다.

새로운 방어벽을 구축하는 임무는 1942년 2월 8일 비행기 사고로 죽은 프리츠 토트의 뒤를 이어 알버트 슈페어(Albert Speer)가 맡게 되었다. 독일 육군 최고 사령부는 영국해협 해안이 연합국이 상륙작전을 펼치기에 가장 유력한 장소라고 생각했지만 히틀러는 우선적으로 V-1 로켓 발사 기지를 보호하는 대서양 방벽을 구축하라고 지시했다. 결과적으로는 대서양 방벽 중 가장 강력했던 곳들까지 히틀러가 상상했던 난공불락의 요새가 되지는 못했다. 히틀러는 대서양 방벽을 직접 보지도 못했다.

히틀러는 서부 전선의 독일 육군에게 연합군의 공격이 시작되면 무엇보다 방어벽을 우선적으로 사수하라는 지시를 내렸다. 이것은 연합군의 상륙작전에 대비하기 위해 임명된 에르빈 롬멜 육군 원수의 생각과 같았다. 1944년 6월 6일 노르망디 상륙작전이 시작되기 전에 상륙작전이 벌어질 수 있는 해변가에는 콘크리트 방어 진지 안에 73 대구경포가 있었고 지뢰들과 다른 장애물들이 펼쳐져 있었다.

1943년 말 게르트 폰 룬드슈테트(Gerd von Rundstedt) 원수가 방어벽 뒤로 2차 방어선을 구축하라고 지시했는데 이는 롬멜이 주장했던 전략과는 완전히 다른 것이었다. 하지만 1944년 4월 롬멜은 2차 방어선 구축을 모두 중지시키고 해안 방어선에 콘크리트 요새화 작업을 지시한다. 또한 해안선을 모두 봉쇄하기 위해서는 5,000만 개의 지뢰가 필요하다고 생각했는데 노르망디 상륙작전이 일어나기 전까지 500만 개의 지뢰밖에 설치할 수 없었다.

작은 규모의 방어 진지들은 여전히 완공되지 못하고 있었으며 특히 코탕탱(Cotentin) 반도의 동쪽 해안이 더 심했다. 예를 들어 유타(Utah) 해변을 방어하고 있던 제352사단은 방공호 진지가 15%밖에 없었다. 히틀러가 방어 진지의 구축을 연기시키고 있었고 노동력과 물자의 부족 때문에 대서양 방벽은 결국 완공되지 못했다. 이 점은 연합군이 노르망디 상륙작전을 성공으로 이끌 수 있었던 요인 중의 하나였다.

오른쪽 위: 그리네 곶(Cap Gris Nez) 근처에 있던 죽음의 포대(Batterie Todt)의 380mm 포. 이곳에 있던 방벽은 연합군이 공격하지 않았다.

오른쪽 아래: 대서양 방벽 건설 모습.

mann Harz

# 62 리버티 선(Liberty Ship)

미국은 2차 세계대전을 연합국의 승리로 이끄는 데 중요한 일조를 했는데 그중에는 상선을 만들어 전쟁 물자, 식량, 석유 같은 부족 물자들을 바다를 가로질러 연합군의 최전선으로 실어나른 것도 중요하게 작용했다. 처칠 수상이 1941년 루스벨트 대통령에게 바다가 봉쇄 위협을 받고 있다고 편지를 보냈고, 그 후 1만 4,000톤급의 화물선인 리버티 선이 봉쇄된 바다를 뚫는 데 중요한 역할을 하게 됐다.

1940년 U 보트에 의해 상선들이 침몰되면서 영국에게 전쟁 보급물자를 지원했던 미국의 노력이 물거품이 되었다. 이에 미국 해사위원회(Maritime Commission)는 빠르게 대량으로 건조할 수 있는 화물선을 만들기로 결정했다. 1940년 12월 루스벨트 대통령은 화물선을 개발하기 위해 해사위원회가 3,650만 달러의 긴급 자금을 쓸 수 있게 승인했다. 의회도 1941년 2월에 리버티 선이라고 이름이 붙은 상선 200척을 건조하기 위해 추가 예산을 승인했다. 2차 세계대전이 종전될 때까지 미국은 2,710척의 리버티 선을 건조해서 항해를 했다. 리버티 선의 건조는 1943년 최고조에 달했다.

1,850만 톤의 적재 화물을 실을 수 있는 상선들이 건조되었는데 그중에서 1,300만 톤의 화물을 실을 수 있을 만큼의 리버티 선이 건조되었다. 그리고 리버티 선이 건조되는 숫자가 많아질수록(리버티 선이 실어나르는 전쟁 물자로 인해 U 보트에 대항할 수 있는 군사력이 더 커지게 됐으므로) 침몰되는 U 보트의 숫자는 더 늘어난다는 사실에 대해 더 이상 의심할 여지가 없어지게 됐다.

처음에는 리버티 선 건조 계획이 느리게 진행되었으나(1941년에는 단 7척만 건조되었다) 해사위원회는 곧 예전 방식으로 선박을 건조해서는 필요한 만큼의 전쟁 물자를 공급할 수 없다는 사실을 깨닫게 되었다. 그래서 새로운 선박 건조 부지를 매입하고 샌프란시스코 만에 있던 헨리 카이저(Henry J Kaiser) 조선회사를 포함하는 6개의 주요 조선회사를 주계약업체로 선정해 혁신적인 방법으로 선박을 건조하도록 지시했다. 리버티 선을 건조하는 데 있어 무엇보다 우선적으로 요구된 것은 건조 속도였다. 리버티 선 건조에는 최신 기술 대신 아주 예전 방식이 사용됐다. 리버티 선 건조의 핵심은 빠른 공정 기간이었다. 즉, 1941년에는 1척의 리버티 선을 건조하는 데 355일이 걸렸지만 1943년에는 56일 만에 가능하였다. 이렇게 건조 기간을 단축시킬 수 있었던 것은 동시의 모듈식 공법으로 리베팅(Riveting) 접합 방식 대신 완전 용접을 도입하고 숙련된 노동자들을 늘렸으며 또 생산성을 높이면 그만큼의 대가를 주기도 했다. 하지만 완전 용접 방식의 근본적인 한계는 지니고 있었다.

리버티 선은 몇 가지 문제점들을 가지고 있었는데 먼저 시속 20.4km(11노트)의 느린 항해 속도 때문에 공격당하기 쉬웠으며 화물을 싣거나 내리는 시간도 오래 걸렸다.

건조 기간을 더 빠르게 하기 위해 해사위원회는 추가 경비 지급 계약을 하게 되는데 이로 인해 일부 부도덕한 관리자들이 회사 수익과 자신들의 봉급을 부풀리는 데 악용하게 되었다. 1944년 의회 조사로 인해 사기와 비리 등에 대한 충격적인 사실들이 밝혀지면서 리버티 선 프로그램 전체가 존립의 위험에 빠지게 되었다. 하지만 그때는 이미 전쟁 물자 보급 위기가 지나간 후였기 때문에 해사위원회는 일부 건조 계약을 부담없이 취소할 수 있었다. 리버티 선 건조는 1944년 700만 톤으로 급감했고 1945년에는 150만 톤까지 떨어졌다.

전쟁 기간 동안 해사위원회는 4,500만 톤의 선박을 건조하도록 승인했는데 그중 3,000만 톤이 리버티 선이었다.

왼쪽: 1943년 건조 중인 리버티 선.

위: 베들레헴-페어필드 조선소(Bethlehem-Fairfield Shipyards, Inc)에서 건조한 리버티 선의 뱃머리.

# 63 도약 폭탄(Bouncing Bomb)

도약 폭탄은 1930년대부터 항공기 설계자로서 평판이 높았던 비커스 사의 수석 설계자였던 반스 월리스(Barnes Wallis)가 고안했다.

2차 세계대전이 발발하자 반스 월리스는 빌딩이나 그 밖의 큰 건물을 무너뜨릴 수 있는 대형 폭탄을 개발하기 시작했다. 그 당시 영국 공군뿐만 아니라 다른 나라의 공군들도 대형 폭탄 1발 보다는 소형 폭탄을 여러 발 떨어뜨리는 게 더 효과적이라고 생각하고 있었다. 이런 분위기 속에 월리스는 독일의 루르(Ruhr) 계곡 지역에 있던 군수공장들을 타격하기 위해서 댐들을 파괴할 수 있는 폭탄을 만들기 시작한다.

월리스가 처음 생각해 낸 댐 파괴 폭탄은 너무 무거워서 폭탄을 실을 수 있는 비행기도 없었고 생산 계획 중인 비행기도 없었다. 월리스는 2,720kg의 폭탄이 댐 벽에 정확히 명중될 수만 있다면 물로 인해 폭발 효과가 배가되면서 34m 두께의 메네(Möhne) 댐뿐만 아니라 더 큰 에더(Eder) 댐에도 구멍을 낼 수 있다는 사실을 알게 된다.

랭커스터 폭격기가 그 정도의 폭탄은 공수할 수 있었지만 문제는 어떻게 정확히 명중시키냐는 것이었다. 그래서 월리스는 기뢰나 폭뢰같이 생긴 드럼통 모양의 폭탄을 만들어 물수제비 놀이를 할 때 사용되는 조약돌처럼 물 위를 도약해서 갈 수 있게 했다. 투하하기 전에 폭탄을 회전시켜 백스핀(back spin)이 걸리게 하고 도약에 의해 폭탄이 댐 벽에 부딪히면 미리 정해 놓은 심도로 가라앉아 기폭 장치가 작동하게 된다. 그렇기 때문에 정확한 높이와 속도, 거리에서 투하가 되어야만 했다. 이 폭탄은 콘크리트댐용으로 개발된 것이기 때문에 사력 댐인 조르페(Sorpe) 댐에는 제대로 효과를 볼 수 없었다.

댐 공격용 폭탄은 월리스 혼자만의 생각은 아니었다. 1938년부터 루르 지역에 있던 댐들은 영국 공군의 주요 공격 목표 지점 중의 하나였다. 그래서 1943년 영국 공군 최고 사령관이었던 아서 해리스에게 월리스의 도약 폭탄에 대해 보고하자 그는 다음과 같이 말했다.

"이건 말도 안 되는 것이다. 그 폭탄이 제대로 동작하지 않을 것은 뻔하고 그 이유를 대라고 하면 셀 수 없이 많다."

그럼에도 불구하고 해리스는 자신의 뜻을 굽힐 수밖에 없었다. 반스 월리스의 설득력이 주요하게 작용한 것처럼 보였다. 전쟁에서는 쓸모 없는 게 별로 없다는 기본 원칙 즉 "어차피 있는 거 한번 써보기나 하자."라는 주장이 먹혀들었던 것 같았다.

가이 깁슨(Guy Gibson) 중령이 제617 특수 편대 지휘관으로 편성됐다. 야간에 물 위를 낮게 비행하는 혹독한 훈련 속에 희생자들이 속출했다. 12대의 항공기 중에 6대가 파손되었다. 1943년 5월 16일 밤에 시작된 공격으로 메네 댐과 에더 댐이 파괴되었고 그 작전에 참여했던 조종사들은 영웅이 되었다. 영국 공군의 전략 폭격 전투 역사상 그 어떤 공군이 올렸던 성과보다 월등한 가장 혁혁한 성과를 올렸던 작전이었다고 평가받고 있고 거기에 대해 어느 누구도 반론을 제기하지 않는다.

유감스럽게도 영국 공군의 최고 조종사들이 조종했던 폭격기 19대 중 8대는 격추되었다. 조르페 댐은 루르 지역에 물을 공급하고 있었기 때문에 파괴해야만 했지만 일부만 피해를 주고 말았다. 월리스의 도약 폭탄은 사력 댐인 조르페 댐에는 별로 효과를 보지 못할 것이라는 사실을 월리스도 알고 있었다.

영국 공군의 공식 역사가들은 이때 도약 폭탄이나 폭격의 성공으로 홍수를 일으킨것이 분명히 중요하지만 깁슨 중령과 그의 편대원들이 저고도 비행으로 폭탄을 투하했던 일 역시 중요하다고 평가하고 있다. 이때 사용됐던 폭격 전술은 1944년 중반까지 폭격 사령부의 전술로 운영됐다.

왼쪽: 가이 깁슨 중령의 랭커스터 폭격기에 탑재된 도약 폭탄(시험 투하 직전의 모습).

위: 발로우 소령이 몰던 랭커스터 폭격기가 조르페 댐을 공격하러 가다 전기 철탑에 부딪쳐 추락하고 승무원들은 모두 사망했다. 그 자리에 있던 도약 폭탄과 그 옆에 서 있는 독일 관계자의 모습으로 도약 폭탄의 크기를 잘 보여주고 있다.

오른쪽: 제617 랭커스터 편대가 영국의 러클버 지역에서 폭탄 투하 연습을 하고 있다.

다음 페이지: 공격을 받은 지 4시간 만에 무너지고 있는 메네 댐.

# 64 배급 통장(Ration Book)

2차 세계대전에서 교전 중인 모든 국가들은 식량과 생필품 배급제를 도입했는데 영국이 최초로 시행했다. 왜냐하면 영국은 대부분의 식량과 석유와 휘발유를 포함한 다른 물자들을 거의 대부분 수입에 의존했으며 이들 모두는 바다를 통해 운송되었기 때문이다. 1939년 영국은 1년에 2,000만 톤의 식량을 수입했는데 이는 영국에서 소비되는 육류의 50퍼센트, 치즈와 설탕 소비량의 70퍼센트, 과일의 70퍼센트 그리고 곡물의 70퍼센트에 해당하는 양이었다. 이러한 사실 때문에 독일의 무차별 선박 공격으로 인해 영국 산업 전반이 마비되는 국민 기근이 일어날 수 있는 취약성을 가지고 있었다. 1차 세계대전에서 독일의 U 보트가 영국을 포위해서 영국 전체를 굶주림으로 몰아갈 뻔 했던 경험을 겪었기 때문에 영국 정부는 2차 세계대전이 발발하기 전부터 배급제에 대한 계획을 가지고 있었다.

전쟁이 터지고 제일 먼저 배급제를 시행한 물품은 휘발유였고 뒤이어 1940년 1월 8일 식량 배급제가 실시되었다. 처음에는 베이컨과 버터, 설탕 그리고 그 뒤에는 고기와 차, 잼, 비스켓, 아침 식사용 곡물 가공 식품, 치즈, 달걀, 돼지기름, 우유, 과일 통조림이 배급제 물품이 되었다. 식품성은 배급 제도를 제대로 통제할 수 있는 시스템을 만들어 영국에 거주하는 모든 사람들(아이들까지 포함)에게 배급 통장을 배포했다.

대부분의 성인용 배급 통장은 누런색으로 되어 있었다. 임산부나 갓난 아이가 있는 엄마들 그리고 5세 미만의 아이들은 초록색 배급 통장을 가지고 있었는데 이 통장을 가진 사람들은 과일을 먼저 고를 수 있었고 하루 0.57리터 우유, 2배의 달걀 배급을 받을 수 있었다. 파란색의 배급 통장은 5세에서 16세까지의 아이들용이었는데 좀 더 좋은 등급의 고기를 배급받을 수 있었고 하루에 0.285리터의 우유가 배급되었다.

배급제가 시행되는 대부분의 물품들을 구매하기 위해서는 특정 상점에 등록해야만 했다. 세부 항목들이 배급 통장에 기입되어 있어서 그 상점에서만 구입해야 했고 다른 곳에서는 구입할 수 없었다. 이렇게 해야 상점 주인들이 등록된 사람들에게 공급해야 하는 만큼의 물품들을 가지고 있을 수 있었다. 배급 통장 안에 있는 쿠폰들은 배급 물품을 구매한 후 그때마다 상점 주인이 찢거나 도장을 찍었다.

영국에서는 식량만 배급된 것은 아니었다. 의류들은 포인트 시스템을 이용해서 개인당 포인트를 할당했는데 1942년에는 연 66포인트에서 1945년에는 연 24포인트로 축소됐다(남자 양복은 26~29포인트였는데 안감의 양에 따라 달랐다). 중고 의류나 방한용 코트는 포인트가 필요없었다. 레이스와 프릴이 달린 여성용 속바지는 금지되었고 버튼과 주머니, 주름 숫자들도 규제되었다. 비누도 배급품이었는데 1인당 한 달에 약 3개씩이었는데 조각 비누나 세탁용 가루 비누, 설겆이용 비누 등을 구입했다면 그 개수는 축소되었다. 석탄도 배급제로 지급됐고 중앙 난방의 경우 여름에는 가동을 중지시켰다. 종이도 배급 물품이었기 때문에 신문사들은 전쟁 전 소비량의 25퍼센트까지만 제지를 사용할 수 있었고 포장지는 대부분의 상점에서 엄격히 금지됐다.

독일도 1939년 9월부터 일부 식품에 배급제를 적용했지만 히틀러는 1943년까지 전체 물품에 대한 배급제를 시행하지는 않았다. 히틀러가 아마도 전쟁이 길어지지 않을 것으로 생각했고 또 배급제도를 실행하면 독일 내에서 자신의 인기가 식을 것이라고 생각해서였을 것이다. 게다가 독일 내에서 부족한 것이 있으면 점령국들에서 대규모의 배급제도를 시행하고 그로 인해 남게 되는 물품을 공수하면 될 뿐이었다. 예를 들어 프랑스에서 생산되는 식량 중 15퍼센트를 독일로 가져갔다. 하지만 1943년 중반부터 독일의 상황도 악화되기 시작하면서 엄격한 배급제가 실행되었고 수백만 명의 강제 노역자들과 전쟁 포로들은 거의 굶어죽을 정도로 배급량이 줄었다. 이들 대부분은 공장이나 건설 현장에서 중노동에 시달리고 있었다.

레닌그라드에 거주하고 있던 사람들은 900일간 포위를 당하면서 2차 세계대전 동안 가장 절박하고 엄격한 배급제로 인해 고통을 겪었다. 1941년부터 1942년까지 노동자들에게는 모든 종류의 식량이 하루에 225g씩 배급되었고, 그 밖의 시민들에게는 112g이 배급되었다. 새, 쥐, 개, 고양이들을 닥치는 대로 먹어야 했고 일부는 사람까지 먹었다는 이야기도 있었다.

MINISTRY OF FOOD

RATION BOOK

(GENERAL) 1944-45

Surname

Other Names

Address 151A Church Road

(as on Identity Card) Manor Park E12

NATIONAL REGISTRATION NUMBER CCLZ 109 : 3

R.B.1 7 GENERAL

FOOD OFFICE CODE No. G

EAST HAM COUNTY BOROUGH L 30 FOOD OFFICE

IF FOUND RETURN TO ANY FOOD OFFICE

Serial No. of Ration Book CR 370639

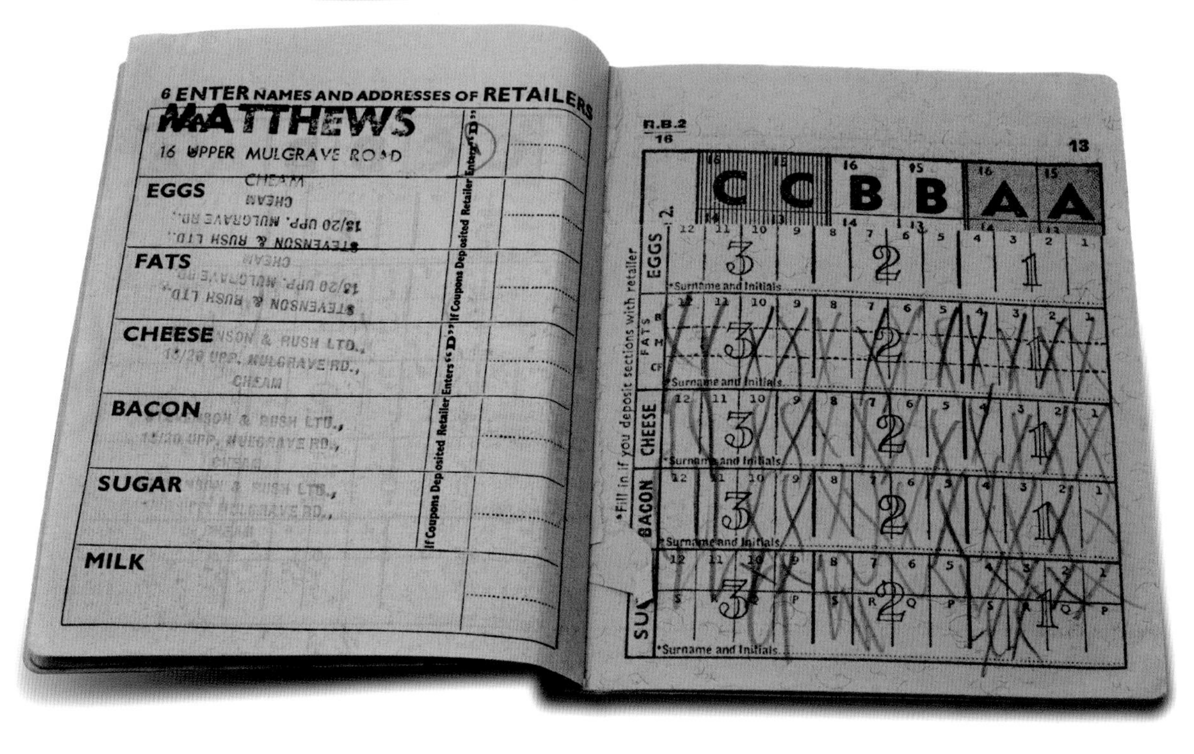


왼쪽: 다양한 배급 물품을 그린 정물화. 그림 안에는 성인용 배급 통장과 파우더 에그 팩 그리고 스팸 한 통이 있다.

위: 배급 통장의 겉과 안.

# 65 오언건(Owen Gun)

오언건 혹은 오언 기관단총은 2차 세계대전 동안 호주에서 개발되었던 소총이다. 2차 세계대전이 발발하기 6주 전 당시 24세의 에블린 오언(Evelyn Owen)이 5.6mm 구경의 시제품을 호주 육군 화기 위원회에 제출했지만 위원회는 호주 육군에서는 그러한 무기를 사용할 필요가 없다고 퇴짜를 놓았다. 2차 세계대전이 발발하자 오언은 이등병으로 호주 육군에 입대했다.

1940년 9월 뉴사우스 웨일스의 켐블라 항구에 있던 라이사트(Lysaght) 사의 관리자였던 빈센트 바델(Vincent Wardell)이 퇴근길에 자신의 주차장 앞에서 꾸러미 하나를 발견하게 된다. 그 안에는 오언이 처음 만들었던 기관단총의 시제품이 들어 있었고 마침 오언은 바델의 이웃에 살고 있었다(소포가 잘못 배달된 것이었다).

바델은 그 디자인의 간결함에 놀랐고 그 즉시 영향력을 행사해 오언을 육군 개발위원회 소속으로 옮길 수 있게 했다. 그래서 오언이 발명한 그 총에 대한 작업을 계속할 수 있게 했다. 호주 육군에서는 계속 그 총에 대해 부정적이었지만 오언은 자신이 만든 총을 개조하여 성능을 높이는 작업을 계속했다.

라이사트 사에서 만든 초기의 오언건은 드럼 탄창을 위에 꽂는 형태였다. 그 후 32발 막대 탄창으로 바뀌게 되었다. 총을 쏠 때 탄창 옆으로 목표물을 조준할 수 있도록 가늠쇠를 장착했다. 그 당시에 호주에는 11mm 구경 탄환을 많이 쓰고 있었기 때문에 구경이 바뀌었지만 라이사트 사는 11mm, 9mm, 5.6mm 구경을 가진 세 가지 모델을 만들었고 영국을 포함한 영연방 국가들에서 이 세 가지 모델을 모두 테스트해 볼 수 있게 하였다. 그 당시 영국의 스텐건은 9mm를, 미국의 톰슨은 11mm로 되어 있었다. 전투 상황에서의 성능을 시험해 보기 위해 진흙이나 모래밭에 빠뜨려보는 등의 테스트에서 스텐건이나 톰슨 기관총보다 더 높은 점수를 받았다.

이런 평가 속에서도 호주 육군은 여전히 그 기관단총을 실제 전투에서 사용해야 하는지에 대해 머뭇거리고 있었다. 결국 정부 고위 관리들의 채근에 못이겨 호주 육군은 9mm 오언 기관단총을 채택하게 된다. 총열이 짧은 화기에서 발사되는 5.6mm보다 9mm가 성능이 더 좋았기 때문에 호주 육군의 입장에서는 최선의 선택이었다. 또 11mm 구경의 막대형 탄창은 무거워서 9mm보다 들고다니기도 불편했고 총을 쏘는 것 역시 그리 편하지 않았다. 특히 무성한 덤불 속에서는 더 그랬다.

오언 기관단총은 1941년부터 1945년사이에 라이사트 사에서 약 5만 정이 만들어졌다. 비록 스텐건보다 더 무겁고 크기는 했지만 호주 병사들로 부터 폭발적인 호응을 얻었다.

뉴기니아에서 일본군과 전투를 벌이고 있던 호주군에게 오언 기관단총이 보급되자 정글과 덤불 지대에서 벌어지는 근접전에서 죽음을 각오하고 밀려드는 적을 향해 사격할 때 그 성능이 더 월등하게 돋보였다.

오언 기관단총은 정글과 같은 환경에서 더 탁월했다. 진흙으로 뒤범벅되고 강물에 빠지기도 하고 며칠 동안 비에 젖기도 하는 등의 상황에서도 사용할 수 있었기 때문이었다. 그런 성능의 핵심은 위에 꽂는 탄창 덕분이었다. 일종의 중력을 이용하여 탄환의 무게로 인해 스프링이 각각의 탄환을 쉽게 총의 약실로 밀어 넣을 수 있었기 때문이다. 약실은 재밍 현상(Jamming)을 방지할 수 있게 설계되었고 진흙이나 모래가 들어간 상태에서도 발사될 수 있게 만들어졌다. 땅에서 구르는 병사들에게는 최고의 선물이라는 말까지 들었을 정도이다.

오언 기관단총은 한국전과 베트남전에서도 사용됐고 1960년대 중반까지 호주 육군의 개인 화기였다.

왼쪽: 호주 뉴질랜드 군단(ANZAC) 병사가 들고 있는 오언 기관단총.

위: Mk I 오언 기관단총.

왼쪽: 오언 기관단총은 울창한 밀림에서 더 탁월한 성능을 보인다. 소총이나 카빈처럼 총열이 긴 무기는 덤블이나 덩굴에 잘 걸린다.

위: 한국전에서 사용되고 있는 오언 기관단총.

# 66 친디트 부대

친디트(Chindit)는 버마에 주둔하고 있던 일본군의 후방에서 두 번의 작전을 수행한 특수부대로 아치볼드 웨이블(Archibald Wavell) 총사령관의 요청으로 인도로 전출된 영국 포병 장교였던 오데 윙게이트(Orde Wingate)가 만들었다. 윙게이트는 2차 세계대전이 일어나기 전에 팔레스타인에서 그리고 1941년에는 에티오피아에서 게릴라 작전을 성공적으로 수행했던 인물이었다. 그는 웨이블 사령관에게 인도의 아삼(Assam)주로부터 장거리 이동하여 버마에 침투하는 작전을 수행할 수 있는 특수여단을 만들어야 한다고 주장했다.

윙게이트는 준장으로 진급했고 곧이어 제77인도 보병여단을 창설했다. 그리고 자신이 구상한 임무를 수행하기 위해 만든 이 여단의 부대 마크를 친테(Chinthe)로 정했다. 친테는 버마에서 사원과 수도원을 지키는 상상 속의 동물이다. 그런데 병사들이 친테를 친디트라고 잘못 부르면서 결국 그 친디트가 이름이 되었다.

윙게이트는 여단을 약 400명으로 구성된 부대들로 분산시켰고 각각의 부대는 독립적으로 이동했으며 일주일 동안 자급자족하거나 항공기로부터 물자를 보급받기도 했다. 윙게이트는 다리를 폭파하거나 작은 일본군 전초 기지를 공격하는 등의 특수 임무를 수행할 때는 둘 혹은 그 이상의 부대들을 집중시킬 수 있도록 계획했다. 그리고 부대들과는 무선통신으로 연락을 취했다.

윙게이트가 지휘하는 특수여단은 1943년 2월 중반에 버마에 침투해 쉐보(Shwebo)와 미치나(Myitkyina)를 연결하는 철도 교량을 폭파하고 쉐보에 주둔하고 있던 일본군을 혼란에 빠뜨리며 최종적으로는 이라와디(Irrawaddy) 강을 건너서 중국과 전투를 벌이고 있던 샐윈(Salween) 전선의 일본군과의 연락망을 두절시키는 게 목표였다. 하지만 마지막 목표는 성공하지 못했다. 제77여단 소속의 부대들 대부분이 강을 건너자 일본군의 공격이 그들에게 집중되었기 때문에 윙게이트는 부대들에게 흩어져서 인도로 돌아오라고 명령했다.

약 3,000명의 친디트 부대원들이 버마로 들어가 4개월 후에 2,182명만 살아 돌아왔다. 돌아오지 못한 부대원들 중 약 450명은 전사했고 210명은 포로가 되었으며 그들 중 42명만 살아남았고 나머지는 실종됐다. 전과를 거의 올리지 못한 윙게이트는 군법회의에 넘겨질지도 모른다고 생각했는데 그 대신 퀘벡에서 열리는 영미 회담(퀘벡 회담)에 처칠의 요청으로 처칠과 함께 참석하게 된다. 반면 인도에서는 홍보 장교들이 영국군이 그때까지만 해도 무적이었던 일본군을 어떻게 무찌를 수 있었는지를 보여주는 예로 친디트 부대의 이야기를 미화시키고 있었다. 그리고 그 방법은 제대로 먹혀들었다.

퀘벡에서 윙게이트는 회담에 참석한 많은 사람들에게 깊은 인상을 주게 되고 그로 인해 윙게이트는 부대 편성을 더 크게 할 수 있는 권한을 위임받는다. 2개 이상의 여단들과 북아프리카 사막에 있던 제70보병사단을 충원받는다. 또한 상당 수의 항공기까지 지원받을 수 있게 되어 다코타(Dakota)와 글라이더를 이용해 대단위 병력을 이동시킬 수 있게 되었다(그래도 1개 연대는 육상으로 이동했다).

약간의 차질에도 불구하고 항공기와 육로를 이용한 침투는 거침없이 진행되었고 작전이 수행되었다. 하지만 얼마 후 윙게이트는 비행기 사고로 목숨을 잃게 된다. 월터 린테이진 준장이 제111여단을 지휘하게 되었고 작전들을 성공적으로 수행했는데 특히 마이클 칼버트 준장이 지휘하고 있던 친디트 여단은 화이트 시티(White City)라고 불리는 방어선에서 성공적으로 임무를 완수했다.

몇 주 후 친디트 부대는 영국을 극도로 싫어했던 미국의 조지프 스틸웰(Joseph W Stilwell) 중장이 이끌고 있던 2개의 중국 사단을 지원하기 위해 북쪽으로 향했다. 이 기간 동안 칼버트의 여단이 모가웅(Mogaung)을 점령했지만 칼버트는 BBC를 통해 스틸웰 자신이 그 지역을 점령했다고 주장하는 내용을 듣게 되었다. 칼버트는 미국과 중국이 모가웅을 점령했다고 하니 제77여단은 철수하겠다며 매우 불쾌해했다. 극소수의 병사만 살아남아 전투에 다시 투입되었는데 1개 여단 병력 중 80퍼센트 정도가 전투에 참가하기 힘들 정도로 타격을 받았다.

왼쪽: 친디트 부대원들이 만달레이와 미치나를 연결하는 철로를 폭파하기 위해 준비 중에 있다.

위: 버마에서 사원과 수도원을 보호하는 상상 속의 동물인 친테를 기반으로 디자인한 친디트 부대 마크.

# 67 애즈딕(ASDIC)

애즈딕(ASDIC: Anti-Submarine Detection Investigation Committee)은 1차 세계대전 당시 잠수중인 잠수함을 발견할 수 있는 기술을 개선시키기 위해 영국 해군성의 대잠수함 작전본부에서 비밀리에 진행하고 있던 프로젝트의 이름이었다. 그 당시 최선의 방법은 하이드로폰(hydrophone: 수중 청음기)을 이용해서 U 보트의 프로펠러 소리를 듣는 것이었다. 하지만 이 방법은 물속에서 나는 소리를 듣기 위해서 애즈딕을 싣고 있는 선박의 엔진도 멈추고 가만히 있어야 하는 불완전한 점이 있었다.

1차 세계대전이 끝난 후 분석 작업 결과 하이드로폰으로 발견해서 침몰시킨 U 보트는 3척뿐이었고 그에 반해 독일의 U 보트는 수많은 연합국 선박을 침몰시켜서 영국으로 수송되는 식량과 필수 물자들이 점차적으로 궁핍해지는 지경에까지 이르게 했었다고 발표됐다.

영국 해군성에서 1차 세계대전이 끝날 때까지도 잠수함을 발견할 수 있는 뾰족한 방법을 찾지 못하고 있던 차에 운좋게도 1917년 4월 26일부터 시작된 호위 시스템의 덕분으로 U 보트의 공격으로 침몰되는 선박의 수가 급격히 감소됐다. 하지만 영국 해군성은 가장 근본적인 해결책은 바닷속으로 음파를 전송해 그 음파가 잠수함의 선체로부터 반송되면 그 위치를 찾아내는 데 해답이 있다고 생각했다.

1차 세계대전이 끝난 후에도 연구는 계속되었으며 1938년 영국은 수중에 있는 물체를 향해 음파를 발사하는 기술을 개발하여 애즈딕 대잠수함 탐지 장치를 만들었다. 물이 채워진 금속의 돔 형태 안에 들어 있는 트랜스미터를 배의 밑바닥에 장치하고 핑(ping: 수중에 발사된 음향 펄스) 소리를 계속해서 전송했다. 함교 뒤에 위치한 애즈딕 운영실에서 운영요원이 선박의 전방의 각 측면에서 약 45도의 각도로 원호를 그리면서 탐지할 수 있게 트랜스미터를 회전시킬 수 있었다. 음파가 물체에 닿아 '삐'하는 소리가 반향되면 운영요원은 당직 사관이나 함장에게 거리와 방향을 보고했다.

2차 세계대전이 일어나기 전에 영국 해군의 애즈딕에 대한 신뢰는 U 보트의 위협을 충분히 막을 수 있다고 생각할 정도였다. 이에 따라 해군성은 전쟁이 일어나면 수송 선단의 호위 체계를 도입할 필요성에 대해 상당한 논쟁을 벌였지만 다행스럽게도 2차 세계대전이 일어나자마자 상선들은 호위 체계를 갖추도록 지시되었다. 왜냐하면 애즈딕이 기대한 만큼의 성능을 발휘하기에는 너무 많은 한계가 있었기 때문이다.

탐지거리가 1,370m에 불과했고 방향이나 거리 또한 정확하지 못했다. 또한 잠수함과 잠수함이 아닌 물체 예를 들어 고래와 같은 물체의 차이를 인식하지 못했다. 또한 운영요원이 제대로 역할을 하기 위해서는 상당한 기술과 훈련을 필요로 했고 그렇게 되기 위해서는 시간도 많이 걸렸다.

시속 37km(20노트) 이상의 속도와 악천후의 날씨 그리고 수온 변화가 심한 수온층에서는 애즈딕의 효율성이 현저히 떨어졌다. 그래서 일부 영리한 U 보트 함장들은 애즈딕에서 보내는 소리를 들으면 더 깊이 잠수해서 숨어버리는 방법을 알게 되기도 했다. 애즈딕은 U 보트가 어느 정도 깊이로 잠수했는지 알 수가 없었기 때문에 정확한 심도에서 폭발할 수 있도록 폭뢰를 세팅할 수 없었다.

그리고 마지막으로 애즈딕은 수면 위로 떠오른 잠수함을 탐지할 수 없었다. 이 마지막 단점이 아마 모든 단점들 중에서 가장 치명적인 단점이었을 것이다. 왜냐하면 U 보트의 가장 흔한 공격 형태가 야간에 수면 위에서 이루어졌기 때문이다.

전쟁이 끝난 후 영국 해군 관계자도 애즈딕은 실질적으로 거의 쓸모가 없었다고 보고했다. 결과적으로 애즈딕이 해결하지 못한 해답은 레이더를 탑재한 선박이 증가하면서 해결되었다. 레이더는 작은 목표물까지 정확히 탐지할 수 있었는데 예를 들어 잠수함의 전망탑이나 잠수함의 일부분이라도 수면 위에 있으며 바로 알 수 있었다. 2차 세계대전 중에 호위 함선들은 레이더 장치를 탑재하기 시작했다.

2차 세계대전 초기 영국은 몇 년 동안 소나(SONAR: Sound Navigation and Ranging)를 연구하고 있던 미국에게 애즈딕 기술을 전달했다. 영국과 미국의 과학자들은 전쟁이 벌어지고 있는 동안 더 정확하고 신뢰성이 높은 애즈딕/소나(ASDIC/Sonar) 장치를 양국의 해군에게 보급하기 위해 합동으로 연구했다.

전쟁이 끝나갈 무렵 소나(Sonar, 지금은 영국에서도 소나라고 부른다)는 잠수함의 위치를 더 정확하게 찾아낼 수 있게 되었을 뿐 아니라 획기적으로 심도까지 알 수 있게 되어 U 보트를 격침시키는 데 중요한 역할을 담당하게 된다.

오른쪽: 앤서니(Anthony) 구축함의 함교에서 당직 사관과 2명의 수병 그리고 애즈딕(ASDIC) 운영실 안에 있는 운영요원의 모습.

# 68 해안선 방어물

텔러 마인(Teller mine)은 2차 세계대전 동안 독일군이 사용하던 대전차 지뢰였다. 둥글고 납작한 모양으로 생겼고 5.5kg의 TNT가 들어 있었으며 신관에 압력이 가해지면 폭발되었다. 일반적으로 90kg 이상의 차량이 밟으면 터지게 되어 있었다. 텔러 마인은 전차들을 손상시키거나 차량들을 파괴하기 위해 매설되었으며 사람 때문에 폭발되면 낭비가 될 수 있기 때문에 텔러 마인 옆에는 대인 지뢰를 같이 매설해서 지뢰 제거 작업을 더 어렵게 만들었다. 텔러 마인에는 안티 리프트(anti-lift)가 있어서 누군가 지뢰를 옮기려고 할 때 폭발하게 되어 있었다. 이 점 때문에 지뢰의 제거에 더 많은 시간이 걸렸다.

1943년 가을 에르빈 롬멜은 북부 프랑스와 네덜란드, 즉 낭트부터 조이데르 해를 방어하는 B집단군(Army Group B)을 지휘했다. 이곳에는 연합군이 침공하기에 상당히 적합한 해안들이 많았다. 롬멜은 아프리카에서 지뢰들을 상당히 광범위하게 사용해본 경험이 있었기 때문에 그가 맡고 있던 지역에도 상당한 양의 지뢰를 사용해야 한다고 생각하고 있었다. 1943년 10월 경 약 200만 개의 지뢰들이 매설되었고 1944년 말까지 600만 개 이상으로 지뢰 매설 숫자가 증가했다. 롬멜은 연합군이 침공할 만한 해변에 지뢰 매설뿐만 아니라 간만의 차이로 바닷물이 가장 많이 빠져나갔을 때의 위치에 장애물들을 설치하라고 지시했다. 나무나 콘크리트로 만든 말뚝들을 바다 쪽을 향하도록 각을 세워서 모래나 갯벌 위에 세워 놓았다. 1.8m 높이에 1톤 가까이 되는 무게의 콘크리트 4면체 역시 해변가에 설치하였다. 이것들 외에도 대전차 장애물인 헤지호그(Hedgehog)들도 설치를 했다. 헤지호그는 2.1m의 각진 기둥들을 서로 결합시켜 끝을 모두 뾰족하게 만들어 보트에 구멍을 내거나 전복시킬 수도 있도록 했다.

이런 모든 형태의 방어물들은 텔러 마인과 함께 설치되었다. 지뢰가 부족할 때면 롬멜은 프랑스로부터 노획한 포탄을 사용하기도 했다. 지뢰나 폭약이 같이 장착된 방어물이든 지뢰나 폭약이 없는 방어물이든 이들의 주요 목적은 해변가로 접근하는 상륙용 선박들의 밑부분에 구멍을 내서 그 안에 있던 병력이나 차량들이 해안에 상륙하기 전에 침몰시키려고 했던 것이다.

1944년 2월 이후 연합군이 바닷속에 장애물들이 설치되어 있다는 사실을 알게 되었고 COPP(연합작전 수로안내팀: Combined Operations Pilotage Parties) 소속 부대원들이 공격 목표로 선정된 해변가에 있는 장애물들 살펴보기 위해 야간 정찰 임무를 수행했다. 낮에는 정찰기들이 저공 비행으로 정찰 사진을 찍었다. 그 결과 얻은 정보를 종합한 연합군은 만조 시에는 절대 상륙할 수 없다고 결론을 내렸다. 그 점은 롬멜이 분명히 의도했던 바 그대로였다. 하지만 간조 시에는 상륙정들이 도착하기 전에 공병들이 장애물들 사이로 길을 만들면 공격할 수 있다고 판단했다. 그렇게 하려면 장애물들을 파괴하거나 차량들이 지나갈 수 있도록 옆으로 밀어 버리면 될 것이라고 생각했다. 이런 작업을 하려면 조수의 높이 이상이거나 수위가 60cm 미만일 때에만 가능했다. 영국 해군과 공병대에서 차출된 병사들로 조직된 팀이 그 임무를 위한 훈련을 받았다. 간조시에 장애물들은 상륙정의 키잡이들이 쉽게 볼 수 있기 때문에 피하기도 수월할 수 있었다.

다행스럽게도 롬멜이 원래 의도했던 밀물과 썰물의 차이를 감안해 더 넓게 장애물들을 설치하기에는 시간도 물자도 부족했다. 거기다 연합군은 호버트가 만든 퍼니 전차(86항 참조)를 이용해 롬멜이 만들어 놓은 장애물들을 처리할 수 있었다. 간조 시에 상륙정에서 내린 병사들은 해변까지 장거리를 뛰어가야 했고 독일의 소화기, 박격포, 포대의 공격을 받아야 했지만 만약 장애물들을 처리하지 못했다면 분명 물속에 빠져 죽을 확률이 더 컸기 때문에 훨씬 더 유리한 상황이 됐다.

왼쪽: 독일군 포로가 노르웨이 스타방게르 근처의 지뢰밭에서 제거 작업을 벌이고 있다. 텔러 마인을 옮기는 것은 너무 위험했기 때문에 텔러 마인 위에 폭약을 설치하고 있다.

위: 금속으로 만든 헤지호그.

오른쪽: 영국 해군 장교와 공병 장교가 텔러 마인이 붙어 있는 헤지호그를 관찰하고 있다.

다음 페이지: 대서양 방벽을 따라 설치해놓은 헤지호그들.

# 69 다연장 로켓포 네벨베르퍼(Nebelwerfer)

네벨베르퍼(Nebelwerfer: 연막 혹은 안개 발사기)는 다연장 로켓 발사기를 말한다. 네벨베르퍼라는 이름은 1차 세계대전 당시 많은 양의 연막탄과 가스탄을 발사할 때 사용됐던 그 이름이 그대로 남겨져 붙여졌다.

원래는 박격포로 작은 장약을 이용해 커다란 포열을 통해 포탄을 발사하는 형태였다. 위력을 배가시키기 위해 얇고 가벼운 케이스로 된 큰 포탄을 많은 양의 장약을 넣어 발사했다. 일반적인 포에 비해서 거리는 짧았지만 나름대로의 효과는 있었다. 박격포는 반동도 적고 복좌 장치(반동 후 포를 적절한 사격자세로 돌려보내는 수압식 또는 기계적인 장치)도 필요없으며 무엇보다 대포에 비해 가볍고 생산 단가도 적게 들었다.

박격포에 쓰이는 포탄의 크기는 많은 양의 화학탄이나 연막탄을 발사하는데 적합한 무기체계이다. 일반적으로 박격포는 곡사포의 일종으로 지평선에서 45도 이상의 각도로 발사되어 언덕이나 숲 뒤 혹은 방어진지 뒤에 있는 목표물의 머리 위에서 떨어지도록 한다.

1943년 독일은 10cm(4inch) 네벨베르퍼 35를 만들어 3,000m의 사정거리 안에서 화학탄을 사용할 계획이었는데 적에게 별 효과가 없었다. 그래서 사정거리 6,000m의 10cm 네벨베르퍼 40을 만들었다. 그러나 원래 박격포의 성능을 개선하기 위해 후장식(breech-loading) 포로 개조하여 발사 시 후방으로 발생하는 충격을 흡수하기 위한 장치를 부착했고 이동할 수 있게 바퀴도 달았다. 이름만 박격포일 뿐 모든 것이 대포와 같았다. 네벨베르퍼 35에 비해 8배나 무거웠고 생산 비용도 10배나 높았다.

2차 세계대전이 일어나기 전부터 독일은 로켓 추진체를 연구하고 있었고 그것을 이용해 많은 양의 연막탄이나 가스탄을 발사할 수 있다고 생각했다. 그 결과로 네벨베르퍼 35를 대신해 15cm 네벨베르퍼 41이 만들어졌고 프랑스 전투(1940년 3월~6월)에서 실전에 사용됐다. 네벨베르퍼 41은 6개의 발사관이 트레일러 위에 장착되어 6,850m의 사정거리를 가지는 회전 안정식(spin-stabilized) 로켓을 발사했다.

34kg의 로켓 탄두에는 가스, 연막 혹은 고성능 폭탄을 장착할 수 있었다. 그런데 실질적으로 독일은 2차 세계대전 동안 가스를 사용한 적이 없었고 연막탄과 고성능 폭탄만 사용했다. 로켓 발사대는 무반동이었기 때문에 반동 장치나 복좌 장치가 필요치 않았다. 네벨베르퍼는 동급의 포보다 훨씬 더 가벼웠다. 2차 세계대전 동안 수천 개의 네벨베르퍼와 수백만 개의 150mm 로켓이 생산됐다.

러시아 침공 때 2개의 새로운 네벨베르페 모델이 개발됐다. 28cm 네벨베르퍼 41은 로켓 탄두에 고성능 폭탄을 장착했고 32cm 네벨베르퍼 41은 로켓 탄두에 소이탄을 장착했다. 두 모델 모두 사정거리는 2,200m로 짧았다. 이들 모델 뒤를 이어 곧바로 21cm 네벨베르퍼 42가 개발되었다. 5개의 발사관을 가지고 있고 112kg의 고성능 폭탄을 장착할 수 있으며 사정거리도 7,845m에 이르렀다. 이 모델은 포 견인용 이동 수단에 장착될 수 있기 때문에 이동성이 매우 높았다. 러시아와 북서 유럽뿐만 아니라 북아프리카에서도 사용됐다. 네벨베르퍼의 마지막 모델은 30cm 네벨베르퍼 42로 126kg의 고성능 폭탄을 장착했다. 하지만 실제적으로는 1943년에 처음 만들어졌다. 모델 이름만 그렇게 붙인 것이었다.

박격포의 무차별 폭격이 별로 달갑지 못한 경험을 안겨줬다면 네벨베르퍼의 폭탄 세례는 그 이상이었다. 로켓은 공기를 가르며 날아갈 때 특유의 소리를 낸다. 한 무더기의 로켓들이 발사될 때 나는 소리는 마치 밴시(banshee: 구슬픈 울음소리로 가족 중 누군가가 곧 죽게 될 것임을 알려준다는 여자 유령)들이 무리를 지어 오랫동안 울어대는 소리와 같았다. 그 소리 뒤에는 하늘에서 거대한 양의 폭탄들이 떨어지겠구나 하는 생각으로 극도로 불안에 떨 수밖에 없었다.

네벨베르퍼는 후에 러시아에서 만든 카츄사(Katyusha) 로켓포를 제외하고는 그 어떤 연합군의 박격포보다 더 컸다.

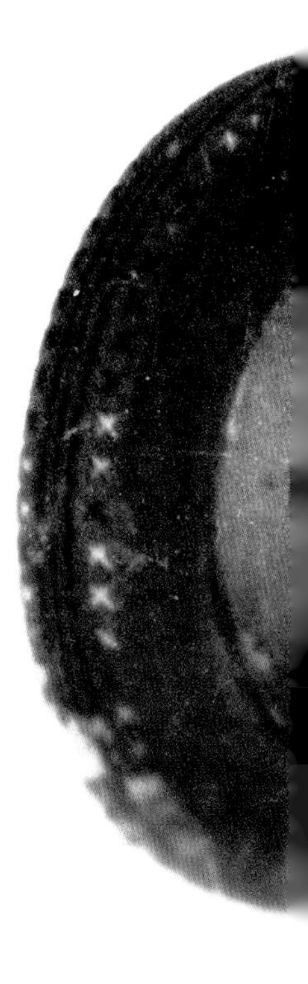

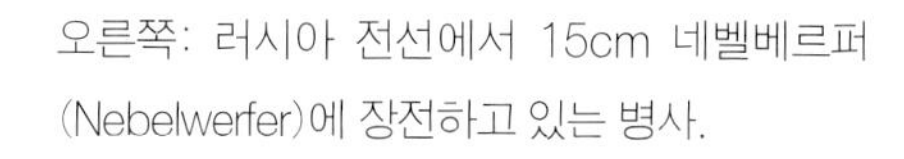
오른쪽: 러시아 전선에서 15cm 네벨베르퍼(Nebelwerfer)에 장전하고 있는 병사.

# 70 와코(WACO) 글라이더

와코(WACO) 글라이더는 미국의 와코 항공사가 미국 공수부대에서 사용할 목적으로 만든 표준 중급 글라이더이다. WACO 글라이더는 영국 낙하산 부대도 사용했는데 거기에서는 하드리안(Hadrian)이라고 불렸다. 다른 영국 글라이더들의 이름들이 헹기스트(Hengist), 하츠퍼(Hotspur), 호사(Horsa), 해밀카(Hamilcar)였기 때문에 유사성을 가지기 위해서 그랬던 것 같다. 와코 글라이더는 15명의 병력과 화물을 실을 수 있었고 장방형 날개를 가진 상부 단엽기(high-wing monoplane)로 보조날개와 랜딩 기어를 수동으로 조작했다. 조종석은 기체 앞부분에 돌출되어 나와있으며 글라이더 앞부분으로 지프나 오토바이 혹은 경포를 싣고 내릴 수 있게 공간을 만들어 놓았다.

와코 글라이더는 시칠리아 침공(1943년 7~8월) 당시 미국과 영국의 공수부대가 사용했고 버마에서 윙게이트의 친디트 부대도 사용하였다. 2차 세계대전 시 최초로 와코 글라이더를 대규모로 작전에 투입한 것은 1944년 6월 6일과 7일 사이에 미국 제82, 제101공수사단의 병력과 포, 차량, 대형 무선 통신 장치들을 공수했을 때이다.

노르망디 상륙작전 당시 미국 공수사단들의 뛰어난 활약상에 대한 보도는 대부분 조금 더 매력적으로 보이는 낙하산병들 위주로 집중되고 글라이더 보병들은 무시되는 경향이 많았다. 노르망디 상륙작전 당시 각 사단은 3개의 대대로 이루어진 1개의 글라이더 보병연대와 75mm포로 무장한 2개의 글라이더 포병대대를 가지고 있었다.

헬리콥터가 도입되기 전에 글라이더는 전투 지역으로 병력과 물자를 함께 공수해서 착륙한 후 전투 중인 부대에 곧바로 합류시킬 수 있도록 할 수 있는 유일한 수단이었다. 낙하산에 의한 병력과 물자 보급은 수km에 걸쳐 흩어져 떨어지는 일이 많았기 때문에 한 군데로 모으는 데만 몇 시간 혹은 며칠이 걸리기도 했다.

미국 공수부대의 경우는 각각의 글라이더를 C-47 다코다(Dakota)가 작전 지역으로 견인했다. 그래서 착륙지점 근처에 다다르면 C-47 다코다에서 떨어져 나와 하강하여 착륙했다. 전부는 아니지만 대부분의 미국 공수부대 글라이더 착륙은 주간에 이루어졌다.

글라이더를 타고 가는 것은 곡예와 같았기 때문에 많은 병사들이 낙하산을 더 선호했다. 예인기에 의해 끌려가는 글라이더는 워낙 심하게 요동을 쳤기 때문에 그 안에 장시간 있으면 병사들은 하나같이 구토를 할 수밖에 없었다. 느리게 가는 예인기와 글라이더는 적의 포격이나 전투기들에게 쉬운 목표물이 됐는데 특히 주간에는 더 그랬다.

글라이더의 착륙은 통제 불가능 상태처럼 매우 위험했고 특히 밀림 지대에서는 더 심했다. 운이 좋다면 날개가 나무들에 걸려서 글라이더의 강하 속도를 늦추는 경우도 있었다. 하지만 나무에 기체 앞부분을 박으면 그 결과는 참혹할 수밖에 없었다. 2명의 조종사와 타고 있던 병력들 대부분이 사망하거나 중상을 면하기 어려웠다. 지프나 포를 싣고 있는 글라이더는 위험성이 더 커서 착륙을 조금만 잘못해도 싣고 있던 화물들이 앞쪽으로 쏠리면서 조종사들이 위험에 빠질 수 있었다.

이런 단점들에도 불구하고 코탕탱 반도 공격 D-Day와 그 다음 날에 걸쳐 미국 제82, 제101공수사단을 글라이더를 이용해 실어 날랐던 점은 그 전투를 승리로 이끄는 데 있어 결정적인 역할을 했다고 할 수 있다. 또한 유타 해변에서 미군의 상륙작전 시에도 마찬가지였다.

왼쪽: 생 메르-에글리즈(Ste Mère-Eglise)의 남쪽 3km에 있는 착륙 지점으로 제82공수사단의 와코 글라이더들이 제325글라이더 보병연대 제1대대 병력들을 착륙시키고 있다. 위에는 예인기인 C-47이 보인다(1944년 6월 6일).

위: 와코 글라이더.

# 71 LST

전차 상륙함(Landing Ship Tank, LST)은 1943년부터 1945년 사이에 있었던 모든 연합군의 상륙작전에서 중추적인 역할을 했다. LST는 전차, 차량, 포와 그 밖에 무거운 물자들을 싣고 해변에서 함수문(Bow Door)을 통해 곧바로 해변에 상륙할 수 있게 했다. 영국은 1940년 최초의 전차 상륙정(Landing Craft Tank, LCT)을 만들었지만 너무 작아서 짧은 거리를 항해한 후 상륙을 하는 해병대 합동작전 외에는 별 쓸모가 없었다.

그러자 처칠은 더 크고 성능이 좋은 배를 만들라고 지시했다. 그러한 배를 가능한 대로 최대한 빨리 만들기 위해서 건조중이었던 3척의 유조선을 개조할 수밖에 없었다. 배의 앞부분을 뜯어내고 함수문을 만들었다. 이 3척의 배들은 1944년 6월의 노르망디 상륙작전을 포함해 여러 실전에 투입되었다.

그러나 2차 세계대전 동안 미국과 영국에서 주로 사용된 전차 상륙함은 미국에서 대량으로 생산한 LST(II)였다. 원래는 1941년 자체적인 방어 체계를 갖추고 대서양을 횡단해 전차 상륙함의 역할을 할 수 있도록 설계되었다. 이들 전차 상륙함들은 미국의 존 니더마이어(John C. Niedermair)가 설계했으며 대양을 항해할 때 깊은 수심에서의 항해를 위해 밸러스트 탱크를 가지고 있었고 해변에도 안전하게 접안할 수 있었다.

LST(II)는 2개의 제네럴 모터스 12-567 V-12 엔진과 연동되는 두 쌍의 스크류를 가지고 있었다. 최대 속도는 시속 21.2km(11.5노트)이며 순항 속도는 시속 16.2km(8.75노트)이었다. 20대의 셔먼 전차나 약 120대의 작은 차량들을 실을 수 있었고 170명의 병력들도 같이 태울 수 있었다. 전차들은 하부의 전차 갑판에 실어야만 했고 지프나 작은 트럭 혹은 포처럼 상대적으로 가벼운 보급품들은 상부 갑판에 실을 수 있었다.

LST는 함수문이나 램프를 통해 화물을 적재하고 내렸는데 차량들은 차량 리프트로 상부 갑판에 올리고 내려졌다. LST는 해안에 접안해 화물들을 내리거나 라이노 폰툰(Rhino pontoon) 운반선을 활용해 하역 작업을 할 수도 있었다. LST가 접안하기에 수면이 너무 낮은 해변에서는 이들 폰툰들을 연결해 외부에 엔진을 달아서 53m 길이의 바지선으로 사용했다.

폰툰 운반선들을 통한 하역 작업은 경사가 거의 없는 바닥을 가진 해변에서 LST가 접안할 만큼 가깝게 접근하지 못할 때 유용하게 쓰였다. 또 이들은 해변가로 올라왔다가 간조시에 물이 빠져 꼼짝 못하는 고래처럼 LST가 오도가도 못하게 되면 적의 포 공격이나 전투기 공격으로부터 무방비 상태가 되기 때문에 이런 경우를 방지하기 위해서도 유용했다. 하지만 LST들은 물이 빠졌을 때를 생각해서 설계되었으며 상륙작전 마지막 단계에서는 일부러 그렇게 빠져서 차량들이 쉽게 해변가로 운전할 수 있게 했다.

수륙양용의 전차와 차량들 특히 수륙양용트럭 DUKW는 램프를 통해 나와 바다에서 곧바로 해안 위로 이동할 수 있었다. 영국에서 사용하던 LST는 배의 뒤쪽에 12파운드 대공포와 6문의 20mm 기관포가 있었다. 미국의 LST는 7문의 40mm 대공포와 12문의 20mm 기관포가 있었다. 일부 LST는 한 쌍의 소형 상륙정을 싣고 다녔는데 영국에서는 LCA(Landing Craft Assault) 그리고 미국에서는 LCVP(Landing Craft Vehicle and Personnel)이 그들이다. 이들은 주로 병력들을 상륙시키는 데 활용됐다.

또한 일부 LST는 탱크 갑판 위에 수술실을 설치해서 움직이는 병원의 역할을 수행할 수 있을 만큼의 의료 지원 시설을 갖추고 있었다. 많은 수의 부상자들이 LST로 이송되오면 그곳에서 치료했다. 노르망디 상륙작전이 있은 며칠 후부터 LST들은 영국 해협과 작전이 벌어진 해변들을 왕복하면서 보충 병력과 보급품과 교체 장비들을 실어 날랐다. 영국의 LST 416호는 6월 6일부터 9월 31일 간에 영국 해협을 무려 28번 왕복했다. LST는 현재 자동차를 싣고 다니는 카페리의 원조라고 할 수 있다.

왼쪽: 1944년 10월 1일 필리핀의 레이테 만에서 LST 22호와 206호의 모습.

위: 셔먼 전차가 함수문이 열리고 램프를 타고 내려와 해안가로 향해 나아가고 있다.

# 72 조지 십장훈장(George Cross)

영국의 국왕 조지 6세는 1940년 9월 24일 조지 십자훈장을 만들었다. 독일의 영국 공습이 빈번해지면서 조지 6세는 민간인이나 적과 직접 맞서는 전투에 참여하지 않은 군인들 중에서 용기가 넘치는 행동을 하는 이들의 수가 늘어나고 있다는 것에 대해 주목할 필요가 있다고 생각했다. 그에 따라 조지 6세는 다음과 같이 말했다.

"그들의 행동은 충분히 가치 있는 일로 한 시의 지체도 없이 인정받아야 한다. 그래서 나는 모든 시민들 중에서 남녀노소를 가리지 않고 그 명예를 기리기 위한 새로운 훈장을 만들기로 결정했다. 이 새로운 훈장에 내 이름을 따서 조지 십자 훈장으로 하려고 한다. 이는 빅토리아 십자훈장 다음으로 인정받는 훈장이 될 것이다."

그 당시 용기 있는 행동을 한 자들에게 수여될 수 있게 만든 조지 십자 훈장이 얼마나 가치가 있는지를 제대로 평가받지 못하고 있었다. 그래서 1941년 1월 31일자 런던 〈가제트〉지에 다음과 같은 내용을 게재했다.

신께서 보호하시는 대영 제국과 아일랜드 그리고 바다의 제왕 아래 있는 모든 영국령의 왕이자 신앙의 수호자이며 인도의 황제인 조지 6세가 이 문서를 읽게 될 모든 이들에게 인사 말을 전한다.

우리는 전쟁이 벌어지고 있는 지금 남녀를 가리지 않고 영웅적인 행동을 보여주고 있는 수많은 이들을 생각해야 한다. 또한 그러한 용감한 행동을 보여준 이들에게 경의를 표하려고 한다. 그래서 우리 모두가 높게 평가하고 또 모든 사람들이 간절히 바랄 수 있는 새로운 훈장을 만들고자 한다.

그 훈장을 조지 십자훈장이라고 할 것이다.

조지 십자훈장은 제국용맹훈장(Empire Gallantry Medal)을 대체하려고 했으며 이 훈장을 받은 모든 사람들에게 새로운 훈장으로 바꿀 수 있다고 말했다. 이런 식으로 수여된 훈장을 다른 것으로 바꾼다는 것은 전에는 절대 없었던 일이었다.

조지 십자훈장은 민간인들과 군을 위해 헌신적으로 공헌했으나 군장(軍葬)의 예를 받지 못하는 사람들을 위해 만들었다.

1과 4분의 1인치 폭으로된 리본에 달린 훈장은 왼쪽 가슴에 달아야 하고 리본 색은 다크 블루이며 빅토리아 십자훈장 다음 서열로 부착했다.

조지 십자훈장을 최초로 받은 사람은 토마스 알더슨(Thomas Alderson)으로 공습경계 경보(Air Raid Precautions) 조직을 이끌면서 폭격으로 무너진 가옥에서 수많은 사람들을 구출했다.

2차 세계대전 동안 3명의 여성이 조지 십자훈장을 받았다. 이들은 오데트 샌섬(Odette Sansom), 바이올렛 스자보(Violette Szabo), 누어 이나얏 칸(Noor Inayat Khan)으로 모두 독일의 점령국가들(유럽지역)에서 특수 작전국(Special Operations Executive, SOE) 소속으로 활동했다.

1942년 4월 15일 몰타 섬에 조지 십자훈장이 수여되기도 했다. 이때 조지 6세는 "영웅적인 행동과 헌신에 대해 이 훈장이 증인이 되어 역사 속에 영원히 남게 될 것이다."라고 말했다.

왼쪽: 게슈타포에 잡혀 고문당한 후 총살된 바이올렛 스자보. 그녀는 사후에 조지 십장훈장을 받았다.

위: 조지 십자훈장.

# 73 로켓탄 발사기(Rocket Launcher)

1930년대 유명한 코메디언이 연주하던 악기와 비슷하다고 해서 바주카(Bazooka)라고 부르면서 그 이름으로 더 널리 알려진 M1/M9 로켓탄 발사기는 미 육군에서 사용하던 개인 휴대 대전차 화기로 그럭저럭 쓸 만한 성능을 가지고 있었다. 앞쪽 끝이 뾰족한 모양의 6cm 로켓탄은 독일 전차의 전방 장갑을 관통하지 못했지만 측면이나 후면을 공격했을 때는 심각한 손상을 입힐 수도 있었다. 사정거리는 183m로 독일의 전투 차량이나 트럭들에게 효과적으로 사용되었고 벙커 파괴탄(bunker-buster)으로도 사용되었다.

1.5m 길이의 발사기 후방에 로켓을 넣고, 사수가 방아쇠를 당기면 전기가 발생되어 로켓이 점화됨으로써 로켓 추진체가 발사된다. 바주카포는 반동이 없지만 후폭풍이 심해 빠르게 다른 곳으로 이동해야 했다. 그렇지 않으면 적에게 위치가 쉽게 노출됐다. 2명이 한 팀을 이루어 움직이며 가능하다면 한 장소에서 1발 이상을 발사하는 것은 적절하지 않았다.

1943년 미 육군의 조직도와 군수품 현황표를 보면 보병사단 내에 557개의 로켓탄 발사기가 보급되었음을 알 수 있다. 대전차 로켓탄 발사기 운용병들은 보병연대와 대대 본부에 주로 배치됐고 대전차 기관포와 지뢰 매설병들과 함께 전투를 벌였다. 실전에서는 한 쌍의 로켓탄 발사기 팀이 중대에 배치되기도 했다.

병기 전문가들이 M-1의 가늠쇠와 방아쇠를 개량하여 M-9을 만들었는데 M-9에서 가장 중요하게 바뀐 것은 발사관을 두 부분으로 분리했다가 비트는 식의 잠금(twist-locking)으로 단 몇초 만에 다시 연결시킬 수 있다는 점이었다. 이렇게 하여 휴대가 더 편하게 되었을 뿐 아니라 방아쇠 기구를 보호할 수도 있었다.

바주카포에 깊은 인상을 받은 독일은 판저슈렉(Panzerschreck) 대전차 로켓탄 발사기를 만들어 사용했다. 88mm 탄두를 이용해 경사진 장갑 18~20cm를 관통할 수 있었다. 그것은 미군에서 사용하던 2.36 인치 탄두보다 2배 이상의 파괴력을 가졌고 정면으로 발사해도 미군전차를 파괴할 수 있었다.

오른쪽 페이지: 신형 바주카포를 조준하고 있는 병사.

오른쪽: 1944년 6월 노르망디 상륙작전 당시 시가지 전투에서 로켓탄 발사기를 사용하고 있는 병사.

FIRE
SAFE

# 74 땅굴 트롤리(Trolley)

아마도 2차 세계대전 중에 있었던 가장 유명한 전쟁 포로 탈출은 슈틀라크 루프트 III(Stalag Luft III) 수용소에서 2번 벌어졌던 탈출기일 것이다. 이 수용소는 슐레지엔(Schlesien)의 사강(Sagan)에 위치하고 있는데 그 당시에는 독일의 영토였으며 지금은 폴란드의 영토이다. 슈틀라크 루프트 III는 연합군 공군 포로들을 수용하고 있던 수용소 중의 하나로 가장 규모가 컸다. 1만 명의 포로들을 8km의 철조망으로 둘러쳐진 59에이커의 지역에 수용하고 있었다. 포로들은 주로 영국 해군 항공단과 미육군 항공대 소속의 공군들이었으며 공군이 아닌 병사들도 있었는데 공군도 아닌 이들 병사들이 그곳에 수용된 이유는 확실치 않다.

포로 수용소의 위치는 두 가지 이유 때문에 그곳으로 정해졌다. 첫 번째 독일 점령 지역의 중간에 위치하고 있어서 탈주자들이 스웨덴, 스페인, 스위스와 같은 중립국으로 도망가기에는 거리가 너무 멀었다는 점이다. 두 번째는 모래흙으로 된 토양 때문에 땅굴을 파면 쉽게 무너졌고 또 노란색의 하층 토양은 지면 위에 있는 회색의 흙들과 너무 확연히 구분되기 때문이었다. 그래서 파낸 흙을 밖에 버리면 수용소 보초들이 쉽게 볼 수밖에 없었다. 또한 죄수복에 쉽게 얼룩이 지기 때문에 그 옷만 봐도 어디선가 땅굴을 파고 있구나라는 생각을 할 수밖에 없게 만들었다.

게다가 수용소 설계 자체가 땅굴을 판다는 생각을 애초부터 할 수 없게 만들어졌다. 포로들이 지내는 숙소는 지면으로부터 60cm 위에 뜨게 만들었기 때문에 포로 숙소에서 땅굴을 파면 한눈에 보일 수밖에 없었다. 그리고 결정적으로 땅을 파는 소리를 감지하기 위해 수용소 주위에 얕은 깊이에서 나는 움직임을 관측할 수 있는 지진계를 설치했다.

첫 번째 탈출은 1943년 10월에 있었는데 나무로 만든 뜀틀을 이용해서 땅굴을 파는 작업을 들키지 않을 수 있었다. 뜀틀을 향해 달리고 뛰고 착지하는 동작들을 이용해 땅을 팔 때 나는 소리를 감지하는 지진계를 혼동하게 만들었다. 뜀틀은 땅굴의 길이에 맞추어 위치시키면서 철조망으로 가깝게 접근했다.

다음으로 일부만 성공했던 탈출은 1943년 봄 영국 공군의 로저 부셸 편대장이 이루어냈으며 그때의 탈출을 일컬어 '대탈주(Great Escape)'라고 부르고 있다. 부쉘은 3개의 땅굴을 길고 깊게 파기로 계획했고 땅굴의 이름을 '톰(Tom)', '딕(Dick)', '해리(Harry)'라고 붙였다. 1개가 발각되어도 다른 게 또 있을 것이라고는 생각하지 못하도록 하기 위해서였다. 200명 이상의 포로들을 탈출시킬 계획이었으며 숙소가 위에 떠 있는 문제점을 해결하기 위해 톰과 해리 2개의 땅굴 입구는 숙소 바닥과 땅하고 바로 맞닿아서 연결되어 있던 시멘트와 콘크리트 주추(Plinth)로 된 난로 밑을 파서 만들기로 했다. 착굴 지점을 고르는 일조차 몇 시간이 걸릴 정도로 힘든 일이었다. 또 다른 곳으로 세면장의 배수조에서도 굴을 파기 시작했다. 지진계에 걸리지 않기 위해서 지면으로부터 9m 깊이로 파내려 갔다.

땅굴의 직경은 0.6m이었는데 이것은 포로들의 침대 매트리스 밑에 있는 60cm 길이의 베드 보드(Bed Board)를 버팀목으로 사용했기 때문이다. 목재 철로가 각 땅굴을 따라 만들어졌고 작은 나무 트럭과 트롤리(Trolley)들을 땅굴 중간중간에 있는 운반 거점에서 로프로 당겨 움직였다. 환기 시스템은 빈 우유통을 연결해서 땅굴 밑으로 넣고 배낭으로 주름 펌프를 만들어 이용했다.

1개의 땅굴은 원래 예정된 탈출구 위치에 있던 숲을 없애고 그자리에 새로운 건물을 지을려고 해서 어쩔 수 없이 작업이 중단됐다. 그래서 그 땅굴은 후에 다른 2개의 굴에서 파낸 흙을 버리는 장소로 사용됐고 탈출 후 입을 복장과 위조 서류 또 독일군으로부터 훔친 물자 등을 위한 보관 장소로 사용됐다. 톰이라고 이름 붙인 땅굴은 1943년 여름에 발각되어 모든 계획이 해리라는 땅굴에 집중되었고 1944년 3월 총 길이 102m의 탈출 땅굴이 완성되었다. 하지만 탈출구가 원래 계획했던 철조망으로부터 몇 m 뒤에 있던 숲까지 이르지 못했다. 탈출했던 포로들은 나중에야 그 사실을 알게 되었던 것 같다.

1944년 3월 24일 밤에 시작된 탈주는 보초가 땅굴 탈출구를 발견하기 전까지 76명의 포로들이 탈출했다. 그중 3명만 무사히 탈출할 수 있었으며 50명은 게슈타포에 의해 살해됐고 17명은 사강 수용소로, 4명은 작센하우젠 수용소로, 그리고 2 명은 콜디츠 수용소로 보내졌다.

왼쪽: 1944년 3월 24일 밤에 76명이 탈출한 해리 땅굴에 있던 트롤리. 이 사진은 2011년 고고학자와 그 당시 터널 작업을 했던 참전 용사들이 팀을 이루어 땅굴을 복원하고 찍은 것이다.

위: 복원된 땅굴 모습.

# 75 아이젠하워의 부치지 않은 편지

1944년 6월 6일의 오버로드 작전(Operation Overlord: 노르망디 상륙작전의 연합군 측 암호명)에 대한 확신에도 불구하고 연합군 총사령관 드와이트 D 아이크 아이젠하워 장군은 상륙작전이 과연 성공으로 끝날 수 있는지 고심에 사로잡혀 있었다. 전투의 역사에 대해 해박하고 2년 가까이 유럽에서 실전에 참여하며 단련된 아이젠하워는 아무리 잘 계획된 작전이라 할지라도 얼마나 쉽게 실패할 수 있는지 또 적이 조금이라도 빈틈을 보이지 않으면 승리하기가 얼마나 힘든지 누구보다 잘 알고 있었다.

아이젠하워는 그의 군 경력 대부분을 대규모 작전 계획을 어떻게 수립하는지에 대해 연구하면서 보냈다. 노르망디 상륙작전을 위해 연합군이 상륙할 장소들에 대해 굉장히 꼼꼼하게 그리고 일목요연하게 준비를 했음에도 불구하고 아이젠하워는 불확실성에 대해 숨이 막힐 정도의 압박을 받고 있었다. 아마 멍청한 바보나 아무 생각없는 낙천주의자들이라면 아무런 걱정도 안 했을 것이다.

6월 첫째주 아이젠하워는 언제 변할지 모르는 기상 상태와 노르망디에 있는 독일 기갑사단의 상태 그리고 상륙 전에 실행될 공중 공격과 함대의 포 사격이 제대로 될 수 있는지에 대해 걱정하고 있었다. 아이젠하워는 잠재적으로 3개의 연합군 공수사단이 몰살될 수도 있다는 가능성에 대해 인식하고 있었다. 모든 위험성들에 대해 충분히 고려했지만 여전히 보좌관에게 "내가 제대로 가고 있다고 신께서 알려주셨으면 좋겠다."라고 말하기도 했다. 그가 걱정하는 모습은 그의 본질적인 성격과는 달랐다. 아이젠하워는 단지 자신으로 인해 오버로드 작전이 실패로 끝나지 않기를 생각했을 뿐이다.

6월 4일 영국과 미국의 주요 사령관들과 작전 장교들의 장시간 회의 끝에 아이젠하워는 기상 상태 악화로 인해 상륙작전을 연기시켰다. 기상 예보를 보고 받자 아이젠하워는 1944년 6월 5일 오후 4시 15분 포츠머츠 북쪽에 있던 작전 본부에서 다시 회의를 소집했다. 그 자리에서 아이젠하워의 보좌관이었던 영국 공군의 J M 스태그(Stagg) 대위(기상 학자였다)가 가장 최근의 기상 예보에 대해 브리핑했고 6월 6일 바람과 비가 잠잠해질 것이라고 예보했다. 또 다시 상륙작전을 연기한다고 하면 연합군은 상륙하기에 적당한 조수와 달 그리고 날씨를 기다리기 위해 몇 주를 대기하고 있어야 할지도 몰랐다. 회의를 통해 작전을 진행하자는 의견이 일치를 이루었고 아이젠하워가 곧이어 "OK, 갑시다."라고 말했다.

이제 아이젠하워는 6월 6일 상륙작전의 결과를 기다리는 것 외에는 할 수 있는 게 없었다. 평상시처럼 올라온 보고 서류들을 살펴보면서 초조한 마음을 잠시라도 잊고자 줄담배를 피우고 커피를 계속 마셨다. 그리고 6월 5일 오후 아이젠하워는 혹시라도 상륙작전이 실패로 끝났을 때를 대비해서 실패에 대한 책임은 그 누구도 아닌 자기 자신에게 있다는 내용으로 짧은 편지를 썼다. 자신이 내린 명령에 대해 확신이 있었다는 뜻을 품고 있었다.

아이젠하워는 그 편지를 한 달 동안 자신의 지갑에 넣어놓고 다니다가 나중에 보좌관에게 건네주었다. 그때 쓴 내용들은 상륙작전의 승리로 인해 묻혀지게 되었다.

위: 아이젠하워는 대규모 작전 경력이 부족함에도 불구하고 특유의 열정적인 자세와 친화력은 그를 타고난 지휘관으로 만들었다.

오른쪽: D-Day 전날 아이젠하워 장군이 작전이 실패로 돌아가면 모든 책임은 자신에게 있다고 쓴 편지. 맨 끝에 날자를 6월 5일 아닌 7월 5일이라고 쓴 것으로 미루어 그의 마음이 어땠는지 짐작할 수 있다.

Our landings in the Cherbourg – Havre area have failed to gain a satisfactory foothold and I have withdrawn the troops. ~~have been withdrawn.~~ ~~This particular~~ My decision to ~~[illegible]~~ attack at this time and place was based upon the best information available, ~~and~~ The troops, the air and the Navy did all that ~~[illegible]~~ Bravery and devotion to duty could do. If any blame or fault attaches to the attempt it is mine alone.

July 5

# 76 티거 전차(Tiger Tank)

대중들이 아직까지도 잘못 알고 있는 것 중 하나는 독일의 티거 전차가 1941년 6월 22일 러시아 침공 때 맞닥뜨렸던 러시아의 T-34와 KV-1 전차를 상대하기 위해 생산됐다고 생각하는 것이다. 실제적으로 티거 1(Panzerkampfwagen VI)은 1941년 5월 26일 생산됐다. 그리고 독일의 어떤 전차보다 더 막강한 러시아의 KV-1와 T-34 전차에 의해 독일이 충격에 빠지게 되고 이에 히틀러는 러시아의 중전차에 대항하기 위해 티거 전차의 생산을 더 빨리 하라고 지시했다. 또 동시에 그 당시 세계에서 가장 우수한 중(Medium) 전차였던 T-34와 상대하기 위해 새로운 중전차인 판터(Panther) 전차(Panzerkampfwagen V)를 만들라고 지시했다. 판터 전차가 독일의 전차 중 가장 뛰어난 전차이기는 했지만 그에 못지않게 가장 공포스러운 전차는 티거였다는 사실에 대해서는 의심할 여지가 없다.

티거 전차의 중량은 57톤이었고 88mm 포와 2정의 7.92mm 기관총을 가지고 있었다. 88mm 포는 그 자체만으로도 연합군 전차에게는 두려움의 대상이었는데 그게 기동성이 뛰어난 전차에 탑재되어 사용되는 순간부터 엄청난 무기가 됐다. 티거 전차의 전면 장갑은 100mm 두께였고 최고 속도는 시속 37km(23mph)를 상회했기 때문에 가공할 만한 위력을 자랑했다. 다른 독일 전차들과 마찬가지로 티거 전차는 가솔린 엔진을 탑재했고 5명이 탑승했다(지휘관, 조종사, 사수, 부사수, 통신병). 전시 상태에서 약 80발의 88mm 포탄을 탑재하고 최대 약 190km를 운행할 수 있었다.

사정 거리는 900m 이상이었으며 때로는 그보다 더 될 때도 있었다. 티거나 판터 전차를 상대로 하는 영국이나 미국의 전차 사수는 트랙을 맞추거나 포나 조준경을 못 쓰게 하는 정도의 타격을 주는 게 전부였다. 티거 전차는 영국의 몇몇 전차에 탑재된 17파운드 포나 전폭기의 로켓 공격 외에는 상대가 없는 무적이었다. 티거 전차로 인해 영국과 미국 병사들은 티거 공포증이 생길 정도로 두려움으로 가득차 있었다. 코너에 몰린 티거 전차 1대를 파괴시키려고 5대의 셔먼 전차가 달려들었는데 결국 셔먼 전차 1대만 살아 남았다는 말이 떠돌 정도였다.

1944년 6월 13일 노르망디의 빌레르 보카주(Villers-Bocage)에서 벌어진 전투에서 티거 전차가 얼마나 위력이 대단했는지를 한 예를 보여주었다. 특히 제101 무장친위대 기갑대대의 제2기갑 중대를 이끌고 있던 미하일 비트만(Michael Wittmann) 중위와 같은 에이스가 티거 전차를 지휘했을 때 어떻게 되는지를 보여줬다.

비트만 중위는 무장친위대 안에서도 최고의 전차장으로 러시아에서 119대의 각종 장갑 차량들을 파괴하였다. 빌레르 보카주에 있던 비트만의 중대에 5대의 티거 전차가 있었으며 영국 제7기갑사단이 시가지와 그 뒤에 있는 고지를 점령하는 임무로 그곳으로 오고 있었다.

영국의 선두 부대가 빌레르 보카주를 통과하여 고지 앞에 멈춰섰을 때 비트만은 4대의 티거 전차를 각기 자신의 위치를 사수하고 있으라고 지시한 다음에 영국의 보병 수송 차량들 사이를 뚫고 들어가 모두를 박살냈고 빌레르 보카주를 휩쓸고 다니면서 9대의 전차를 파괴하였다. 이때 비트만은 그 어떤 보병 지원이나 대전차 무기 지원도 받지 못했다. 결국 비트만의 티거 전차는 17파운드 대전차포에 의해 파괴되고 비트만과 그의 병사들은 재빨리 밖으로 탈출해서 자신의 중대로 피신했다. 이 전투가 끝날 때까지 제7기갑사단의 선두 부대는 막심한 피해를 입었으며 60대의 장갑 전투 차량을 잃었다. 비트만과 5대의 티거 전차가 그 유명한 사막의 쥐인 제7기갑사단을 완전히 꼼짝 못하게 만들었다.

왼쪽: 최초의 티거 II 전차 대대의 도열 모습. 1943년 제작에 들어가서 1944년 5월 처음 생산됐다. 경사 장갑으로 된 평판과 각이 진 전방판에 개조된 포탑으로 더 강력한 버전의 88mm 포(L/71)를 탑재할 수 있게 했다. 티거 II 전차는 상대를 쉽게 제압할 수 있었지만 너무 적은량이 생산되어서 전쟁의 결과에는 어떤 영향도 줄 수 없었다.

위: 티거 I.

# 77 폽스키스 사설부대(Popski's Private Army)

폽스키스 사설부대(Popski's Private Army)라는 별명으로 유명한 제1장거리 폭파중대(Number 1 Long-Range Demolition Squadron)의 모자 배지에는 고대의 천문관측기구가 달려 있다. 이 부대의 지휘자이자 창설자는 러시아 출신의 벨기에 이주자인 블라드미르 페니아코프(Vladimir Peniakoff)였다. 그는 약간 신비스러운 배경을 지닌 복잡하고 다채로운 사람이었다. 특히 1차 세계대전 당시에는 캠브리지에서 평화주의자의 모습을 보이며 지내기도 했다. 하지만 그는 1차 세계대전 말기에 프랑스 육군에서 근무했다고 주장했다.

1924년부터 2차 세계대전이 일어나기 전까지 이집트에 있는 설탕회사에서 일을 했고 1939년 강인하고 건장했던 42세의 그는 리비아 아랍부대(Libyan Arab Force, LAF)의 지휘관이 되기로 결심한다. 그 부대는 사누시(Senussi) 교도의 아랍인들로 구성되어 키레나이카(Cyrenaica: 리비아 동부 지역)를 강제 점령한 이탈리아로부터 해방 운동을 벌리고 있었다.

폽스키는 결국 리비아 아랍부대 예하의 LAF 특공대 부대 지휘관이 되어 22명의 사누시족과 1명의 영국 하사관을 이끌면서 키레나이카의 제벨 아크다르(Gebel Akhdar) 지역에서 정보를 수집하는 임무를 시작하게 된다.

이동을 위해 장거리 사막 정찰대(LRDG)의 도움을 받게 되면서 그들을 대단하게 바라보기도 했다. 그는 전투에서 두려워할 줄 몰랐고 부하들에게도 대단히 존경을 받았다. 장거리 사막 정찰대와 함께 임무를 수행하면서 폽스키라는 별명도 얻게 되었다.

1942년 9월 리비아의 북동부에 있는 바르카(Barca)에서 기습 작전 중에 부상을 당하고 존 해킷(John Hackett) 중령에 의해 구조된다. 병상에 있는 동안 LAF 특공대는 해체되고 해킷 중령은 합동 특수 작전을 수행하기 위한 차량화 특수 부대를 조직해서 폽스키를 지휘관으로 임명한다. 해킷은 그 부대의 이름을 제1장거리 폭파중대(Number 1 Long-Range Demolition Squadron)라고 했지만 비공식적으로 폽스키 사설부대(Popski's Private Army, PPA)로 부르라고 지시한다.

PPA의 준비가 끝나갈 무렵 사막에서의 전투들은 너무 빠르게 전개되어서, 즉 몽고메리의 응축된 공격력이 가속이 붙은 시점이라 PPA가 할 일이 거의 없었다. 또 전투가 한창 벌어지고 있던 튀니지아에는 폽스키가 영향력을 미칠만한 지역 연락망들이 거의 없었다.

PPA가 이탈리아에서 적 후방의 차량화 정찰 임무를 맡기는 했지만 거의 모든 임무가 실패로 돌아갔다. 이탈리아에서 독일의 방어선을 뚫고 들어가는 것은 거의 불가능에 가까웠다. 그럼에도 PPA는 해체되지 않았다. 이탈리아에 있던 대부분의 사람들은 사막 전투에서 보여줬던 전설적인 무용담들은 PPA의 무능함을 덮기 위해 만들어졌다고 생각했다. 하지만 폽스키는 사막에서 영국의 군 조직을 바보로 만들 정도로 독일의 방어선을 뚫고 유유히 들고나는 능수능란함을 보여줬었다.

어느 것 하나 제대로 되지 못하고 있을 때 폽스키는 도저히 지나 갈 수 없다고 생각됐던 산악 지형을 차량을 타고 넘어서 독일군의 후방에 침투했다. 그곳에서 유격대원들과 합동 작전을 벌여 수백 명의 적을 사살했고 반대로 아군의 손실은 1명의 사망자와 3명의 부상자뿐인 전과를 올렸다. 그후 PPA는 깊숙히 침투해서 정찰 임무를 수행했다. 예를 들어 1944년 12월 PPA는 라벤나(Ravenna: 이탈리아 북부에 있는 도시)에 들어간 최초의 부대였다. 하지만 곧이어 폽스키는 한 손을 잃는 부상을 당하고 부대 창설 멤버 중 하나였던 진 카네리 소령이 부대 지휘를 맡게 된다. 그리고 전쟁이 막바지에 다달았을 때의 전투에서 다수의 88mm 포들을 포획하고 300명을 생포했다. PPA가 이루었던 가장 마지막 대규모 성과였다.

PPA는 그 자신이 처한 지형과 환경 속에서 굴하지 않고 가치 있는 자산들을 만들어냈다.

왼쪽: 전쟁이 끝나갈 무렵 이탈리아에서 블라드미르 페니아코프 중령이 자신의 지프를 운전하고 있다. 전쟁에서 잃어버린 왼손을 대신해서 후크를 착용하고 있다. 그의 옆에는 사수인 R 코크 상병.

위: 제1장거리 폭파중대(Number 1 Long Range Demolition Squadron: Popski's Private Army) 배지.

# 78 혈장(Blood Plasma)

미육군 의무국이 병사들의 생명을 구하기 위해 개발한 많은 의학 분야의 혁신사항들 중 하나인 혈장의 사용은 가장 중요하게 평가받고 있다. 중증 외상을 입은 부상자들의 혈액 응고와 정신적인 충격을 안정시켜주는 데 사용된 혈장은 많은 생명을 구했다. 군은 2차 세계대전 동안 가장 많이 공급된 약들인 술파(Sulfa), 페니실린, 아타브린(Atabrine)과 함께 혈장을 사용했다.

1930년대 말 찰스 드류(Charles Drew) 박사는 뉴욕 콜럼비아 메디컬 센터에서 혈액학의 권위자로 재직하면서 혈액의 구성 요소 중 55퍼센트를 차지하는 액체를 이용해서 전체 혈액 대신에 그것을 수혈하는 방법을 연구하고 있었다.

혈액에서 백혈구와 적혈구를 제외한 액체 성분인 혈장은 90퍼센트의 물과 10퍼센트의 알부민, 피브리노겐, 글로불린 등으로 구성되어 있는데 혈액 응고와 면역 그리고 혈압 유지와 같은 기능을 가지고 있다.

혈장은 혈액보다 더 장기간 완전한 형태로 유지될 수 있었으며 보관 및 이동을 위해 냉동이 가능했고, 건조상태로 용적을 줄였다가 원상태로 복원시킬 수 있었다. 미국 적십자로 부터 지원받는 자발적인 헌혈자들이 군이 필요로하는 혈액을 직접 수혈하기에는 너무 먼곳에서 전투가 벌어지고 있었다. 그래서 휴대가 가능한 혈장의 개발이 무엇보다 절실한 상태였다.

군의무국에서는 재빠르게 혈장을 수혈하기로 결정했는데 단지 어떻게 혈장을 공급할 수 있는지가 문제였다. 적십자가 군에게 1,300만 팩을 보냈지만 그중 130만 팩밖에 쓰지 못했다. 혈장을 어떻게 포장하여 어떻게 환자의 정맥에 흘려 넣을 수 있는지 그 방법을 개선시키는 데 모든 초점이 맞추어졌다.

라벨 색깔에 대한 문제와 혈장 보관 병, 캔, 신축성 있는 주머니 등에 충격을 주지 않은채 무사히 전달하느냐도 문제였다. 혈장을 담은 박스들에는 흰색 테이프와 라벨들이 너무 많이 드러나 있어서 일본군 저격수들은 이 흰색 마킹으로 위생병과 환자를 식별하여 저격하기도 했다. 결국 모든 혈장 키트에는 급히황녹색의 색깔이 입혀지게 되었다.

전쟁이 끝나고 아이젠하워 장군은 수천 병사들의 목숨을 구할 수 있게 한 헌신적인 행동에 대해서 적십자와 헌혈자들에게 경의를 표했다. 아이젠하워는 또한 혈장이 얼마나 대단한 역할을 했는지도 알고 있었다.

위: 1944년 이탈리아에서 적 후방에 침투한 미군 병사가 혈장을 수혈받고 있다.

오른쪽: 사무엘 아더튼 이병이 1944년 5월 안지오 해안에 있는 미국 후송 병원의 영국 혈액 은행에서 혈장 컨테이너를 건네주고 있다.

BLOOD-BANK

# 79 베일리 교(Bailey Bridge)

2차 세계대전 동안 양측은 모두 일부 부대가 교량이 없는 곳으로 도하하여 적을 기습하기 위하여 강이나 협곡을 극복할 필요가 있었다. 전투 지역에서 빠르게 다리를 건설하면 효과는 더 좋았다. 그래서 공병들은 교량 조립의 신속성과 그 교량 위로 가장 무거운 차량을 통과할 수 있도록 하는 능력을 동시에 달성할 수 있는 설계 디자인을 추구하였다. 그런 고민의 흔적들이 2차 세계대전 동안 양측에서 모두 나타났다.

그중 가장 뛰어났던 것은 1942년 영국군 공병연구소의 도널드 베일리(Donald Bailey)가 고안해 낸 베일리 교(Bailey Bridge: 장간 조립교)였다. 베일리 교의 철제 대들보(장간)들은 메탈 핀으로 서로 연결된 동일한 크기의 철제 격자판(Lattice Panel)들로 만들어진다. 각 대들보(장간)는 길이와 통과 하중에 따라 복식이나 삼중식으로 될 수 있고 경간을 더 넓게 하기 위해 대들보 위에 대들보를 더 얹혀 이단이나 삼단으로 할 수도 있었다. 하부 가로빔(Transom)으로 도로의

역할을 수행할 수 있게 했다.

베일리 교가 최초로 작전에서 사용된 것은 북아프리카 전투가 벌어지고 있던 당시 1942년 11월 26일 밤 튀니지아에 있는 메제르다 강(Medjerda River)에서의 교량 구축이었다. 그 다리를 이용해 미국과 영국군에게 군수물자를 공급할 수 있게 되었고 나중에는 소련군에게도 전달됐다. 폭이 넓은 강에 교량을 부설하기 위해서 모든 군에서는 차례로 연결되어 고정된 폰툰(pontoon: 부교)이나 부유 보트를 이용했다. 베일리 교는 부교를 따라서 설치될 수 있다. 영국과 소련은 목재로 된 폰툰을 사용했고 미국은 쉽게 운반할 수 있지만 내구성이 약한 공기 주입식 고무 보트를 사용했다. 영국은 운반이 쉬웠던 가벼운 목재 폰툰을 이용해 그 위에 베일리 교를 설치해서 통과 하중을 높일 수 있었으며 약 70톤까지 늘릴 수 있었다.

베일리 교는 각 부품들을 트럭으로 수송하였다. 장애물과 맞닥뜨리면 각 부품들을 앞으로 옮겨서 교량을 조립했다. 교량 부설 차량들이 선발대 차량중대의 적절한 전방에 위치하기 위해서는 부교 설치가 필요하다는 사전 경고가 요구되었다. 이 점은 특히 마켓 가든 작전에서 더 중요하게 입증되었다. 1944년 9월 아른헴 대교를 포함하여 강과 협곡에 있는 교량들을 탈환하기 위한 작전에서 9월 18일 아침 독일군이 아인트호벤 북쪽에 있던 존(Zon) 협곡의 교량을 폭파하면서 연합군의 진출이 멈추게 되었다. 그런데 베일리 교를 싣고 있던 트럭들이 협소한 도로에서 전진하는 행군 종대의 후미에 있었고 해방을 축하하는 네덜란드 국민들이 거리에 쏟아져 나와 있었던 아인트호벤 시가지를 통과해야만 했다. 결국에는 교량이 부설되어 근위 기갑사단의 전차들이 협곡을 건너게 될 수 있었지만 존(Zon) 협곡 교량 부설 작업이 지연되어 중요한 아른헴 대교를 필사적으로 확보하기 위한 작전을 수행하던 영국 제1공수사단은 지원군의 지연도착으로 인해 엄청난 피해를 입을 수밖에 없었다.

1945년 3월에 영국과 미국이 가장 규모가 컸던 교량 작전을 라인 강 위에서 벌였다. 전쟁터 어디서나 베일리 교가 활용되었고 때로는 페리들이 이용되기도 했다. 이탈리아와 시칠리아에서 영국군과 미군은 3,000개 이상의 베일리 교를 구축했고 가장 긴 교량은 산그로 강 위에 구축된 것으로 343m에 이르렀고 또 버마에서 이라와디와만달라이에서 제14군이 진군하는 동안 친드윈 강 위에 구축된 것은 352m에 이르렀다.

왼쪽: 영국 제8군 소속의 트럭들이 이탈리아 산그로 강 위에 설치된 베일리 폰툰 부교 위를 지나가고 있다.

아래: 이탈리아에서 독일군이 후퇴하면서 파괴한 다리 위에 구축한 베일리 교.

# 80 DUKW

DUKW 혹은 '덕(Duck)'은 연합국 지상군이 상륙작전이나 도하작전을 수행할 때 사용했던 이중구동으로 추진되는 수륙양용 트럭이다. DUKW는 수륙양용 트랙터나 LVT(수륙양용 장갑차)와 같은 전투차량처럼 장갑이 두껍지도 않았고 유개화되어 있지도 않았다. 프로펠러와 배바닥의 오수배출 빌지 펌프(Bilge Pump)가 부착된 선체 형태의 2.5톤 트럭이었다. 육지에 올라오면 바퀴를 다시 작동시켜서 육지에 있는 목적지를 향해 운행할 수 있었다.

GMC와 다른 트럭 회사들은 2차 세계대전 동안 2만 5,000 대 이상의 DUKW를 생산했다. 대부분은 미육군 공병대나 수송대대로 보내졌다. 해군과 해병대도 태평양 해안가에서 병참 차량으로 DUKW를 사용했으며 영연방 부대들에서도 사용되었다.

DUKW 기본형은 중량이 8톤이었으며 6개의 공기 타이어가 부착되어 2.5톤의 화물을 적재할 수 있었다. 90마력, 6기통의 표준형 트럭 엔진으로 물속에서는 시속 9.7km , 지상에서의 최고속력은 시속 80km이었으며 운행 거리는 282km였다. 선체는 바지선이나 유틸리티 보트를 만드는 전문 제조업체인 스파크맨 앤드 스티븐스 사(Sparkman & Stephens Inc)에서 설계 및 제작되었으며 무기들을 장착할 수 있는 고정 장치는 없었다.

DUKW가 전술적인 임무를 띠고 전투에 참여했을 때 결과는 별로 좋지 못했다. 가장 최악으로 사용된 사례는 노르망디 상륙작전 당시 오마하 해변에서 제5군단이 6개의 105mm 곡사포 중대를 DUKW에 나누어 싣고 상륙하려고 시도했을 때였다. 거친 파도와 적재된 포의 중량을 견디지 못하고 DUKW들이 균형을 잃어버려 결국 포 17문과 그 안에 타고 있던 병사들이 바다로 빠지고 말았다. DUKW가 올바르게 사용된 것은 미육군 수륙양용 특수여단에서 찾아볼 수 있었다. 그들은 DUKW를 해변 위로 물자를 재공급하거나 해안가 장애물을 폭파하거나 걷어내는 임무 그리고 응급 앰뷸런스로 사용했다.

비록 DUKW가 전투 병력을 실어나르는 데 오랫동안 사용되지는 않았지만 그 밖의 임무들을 훌륭히 소화해냈다. 미 해군과 영국 해군의 해변양륙지휘대(Beachmaster unit)에서는 DUKW를 이용해 해변에 갇힌 작은 선박들을 구조하거나 파도에 밀려 꼼짝 못하는 차량을 견인하기도 했다. 또 해안가 작전 시에 이동 통신 기지 역할을 수행하기도 했다.

부드러운 모래사장에서도 쉽게 이동할 수 있었기 때문에 해안 교두보에서 긴급 임무를 맡기도 했다. 지금도 DUKW는 세계 곳곳에서 수륙양용 관광차량으로 사용되고 있다.

위: 미국의 DUKW를 선전하는 영국 포스터.

오른쪽: 일리노이 셰리던 항에서의 DUKW 모습. 지중해, 태평양, 노르망디 상륙작전 시 해변에서 수송 임무를 맡았다.

# 81 뱅갈로어 토피도(Bangalore Torpedo)

뱅갈로어 토피도(TNT를 채운 폭약통)는 1차 세계대전 전부터 사용되고 있었다. 1912년 인도 뱅갈로어 지방에서 복무 중이었던 영국 공병 멕클린턱(McClintock) 대위가 처음 만들었다는 기사가 1913년 3월 영국 공병 저널에 실렸다.

좁고 긴 금속 파이프 안에 폭약을 채워넣은 뱅갈로어 토피도는 철조망 아래로 집어넣어 폭발시킴으로써 철조망 사이로 통과할 수 있는 길을 내기 위해 만들었다. 이런 종류의 무기는 2차 보어전쟁(1899~1902년)과 러일전쟁(1904~1905년)에서 장애물과 부비 트랩을 걷어 내기 위해서 최초로 사용되었다.

1차 세계대전 당시에는 더 많이 사용됐는데 특히 서부 전선에서 철조망을 폭파하는 데 사용됐다. 2차 세계대전에서는 철조망뿐만 아니라 지뢰밭을 통과하는 길을 낼 때에도 사용됐다.

2차 세계대전 때 사용된 벵갈로어 토피도는 지름 3.8~5cm, 길이 2.4m의 가벼운 철제 파이프로 그 안에 4.5~5kg의 폭약을 집어넣었다. 이것은 장애물이 길 경우 서로를 연결해서 사용할 수 있게도 했다. 하나를 장애물 밑으로 넣은 다음에 다른 것을 그 뒤에 붙인 후 다시 앞으로 밀어넣는 식으로 사용되었다.

파이프 앞에는 탄환 모양의 노즈 플러그가 달려서 철조망 밑으로 더 쉽게 밀어 넣을 수 있었으며 기폭 장치는 파이프에 들어가 있어서 일정 시간이 지나면 자연적으로 폭파 장치가 가동되었다. 수풀의 상태와 지형에 따라 여러 가지 유형이 사용됐는데 7.3m 이상이 되면 손으로 조정하기 힘들었기 때문에 더 깊숙이 있는 장애물들은 단계적으로 폭파해 나가야만 했다.

1개의 뱅갈로어 토피도는 철조망이나 대인 지뢰밭에서 약 3~7m 폭의 길을 개척할 수 있었는데 그 폭은 장애물의 강도와 매설된 지뢰의 종류에 따라 차이가 났다. 뱅갈로어 토피도는 일반적으로 특수 공병장비였으나 돌격 수색대, 미군의 레인저들과 코만도들도 사용법을 모두 교육받았다.

전쟁터 곳곳에서 사용됐지만 가장 잘 알려진 사용 예는 1944년 6월 6일 오마하 해변에서였을 것이다. 미국 제5군단 소속의 병사들이 해안가에 위치한 45m 높이의 절벽 꼭대기에서 쏴대는 독일군의 총알 세례 때문에 꼼짝을 못하고 있었다. 거기다가 병사들이 엄폐하기 좋은 장소였던 작은 도랑들에는 철조망과 대인 지뢰가 깔려 있었다. 1998년에 상영되었던 영화 〈라이언 일병 구하기〉에 나왔던 것처럼 영원히 잊지 못할 소부대의 활약이 펼쳐졌고 미국 레인저들이 결국 뱅갈로어 토피도를 이용해 장애물들을 폭파시키면서 절벽 꼭대기에 있던 적과 교전을 벌였다.

뱅갈로어 토피도는 상자 안에 보관되어 있는데 때때로 그 옆에 있는 것만으로도 위험할 수 있었다. 1943년 3월 몽고메리 장군의 제8군 소속으로 튀니지아 마레트(Mareth) 전투에 소대장으로 참여했던 스코티 화이트 중위는 다음처럼 그때의 일을 회상했다.

"공격이 시작되자 우리는 포탄 공격을 받기 시작했다. 공병들이 뱅갈로어 토피도와 함께 트럭에 있었는데 포탄 한 발이 떨어지면서 엄청난 폭발이 일어났었다."

뱅갈로어 토피도가 없을 때는 즉석에서 만들기도 했는데 보통 철조망을 지탱하기 위해 있는 2개의 2m짜리 L자형 앵글 말뚝을 철사로 단단히 조여매고 배관 모양으로 만든 다음 플라스틱 폭약을 넣은 다음에 기폭 장치와 긴 도화선을 가지고 폭발시키면 됐다. 이렇게 하면 제대로 만든 뱅갈로어 토피도만큼의 효과는 볼 수 없어도 작은 장애물들에서는 그럭저럭 쓸 만했다. 없는 것보다는 그나마 있는 게 나은 정도였다.

오른쪽: 보병 선두부대가 진군할 수 있는 길을 내기 위해 전투 공병들이 적이 설치해 놓은 철조망 밑으로 벵갈로어 토피도를 밀어 넣고 있다.

# 82 톨보이 폭탄(Tallboy Bomb)

1943년 5월 반스 월리스의 도약 폭탄이 댐 폭파 작전을 성공적으로 수행하자 영국 공군은 반스 월리스가 전에 제안했었지만 거절했던 대형 폭탄에 대해 다시 생각하기 시작했다. 그에 따라 반스 월리스는 전쟁 역사상 가장 무거운 1만kg짜리 괴물 폭탄인 그랜드 슬램(Grand Slam) 개발에 착수했다. 그 폭탄은 길이 7.7m에 직경은 1.2m로 4,415kg의 토펙스(Torpex: 어뢰[torpedoe]에 사용되는 폭탄이라 거기서 이름을 따왔다) 폭탄을 장착했다.

그랜드 슬램이 실전에 사용되기 전에 반스 월리스는 그랜드 슬램의 작은 버전인 톨보이(5,445kg) 폭탄을 개발했다. 그랜드 슬램과 마찬가지로 톨보이는 깊게 관통해 들어가서 터지는 폭탄이었다.

톨보이는 길이 6.4m, 직경 97cm에 2,540kg의 토펙스 폭약을 장착했다. 유선형의 톨보이는 강하 시에 음속의 속도까지 낼 수 있었고 폭탄을 빠른 속도로 회전시킬 수 있게 각이 있는 꼬리 날개를 가지고 있었다. 이렇게 회전 효과를 높이면 폭탄 무게와 강하 속도가 맞물려 5m 두께의 콘크리트도 관통할 수 있었다. 폭약 점화 장치는 11초까지 지연시킬 수 있어서 관통 후 폭파되고 게다가 폭탄이 관통할 때 발생시키는 충격파로 거대한 내부 분열 현상을 야기하여 인접한 빌딩이나 시설물들을 붕괴시킬 수 있었다.

랭커스터 폭격기 1대에 톨보이 폭탄 1개만 실을 수 있었으며 톨보이를 싣는 랭커스터 폭격기는 그에 맞게 개조되었다. 1944년 6월 8일 밤에 제617비행대의 랭커스터 폭격기들이 소뮈르(Saumur: 프랑스 서부 루아르 강 연안에 있는 도시) 철도 터널을 공격하는 작전에서 톨보이가 최초로 사용됐다. 소뮈르 터널에 대한 폭격 계획은 연합군이 노르망디 교두보를 확보했을 때 이를 격퇴하기 위해 철로를 통해 이동해 오게 될 독일군의 기갑부대 증원군의 도착을 지연시키기 위한 것이었다. 1개의 톨보이가 터널을 관통했고 그 결과로 거대한 잔해더미가 며칠 동안이나 철로를 가로막고 있다.

영국 공군 폭격대는 2차 세계대전 동안 독일의 목표물들 위에 854개의 톨보이를 투하했고 그중 77개는 1944년 9월부터 11월 사이에 독일 전함 티르피츠(Tirpitz) 호에 대한 세 차례의 공격 때 투하됐다. 11월 12일에 있었던 투하가 가장 성공적이었는데 1941년 2월에 티르피츠가 취역한 후 영국 공군과 영국 해군 항공대 소속의 항공기들과 잠수함들이 수 차례 공격했지만 티르피츠를 침몰시킬 만큼의 피해를 주지는 못하고 있었다. 1944년 9월 15일 영국 공군이 톨보이로 티르피츠를 공격해 커다란 타격을 입히고 그로 인해 티르피츠는 노르웨이의 트롬쇠(Tromsø)항에 정박하기 위해 견인되어 갈 수밖에 없었고 10월 29일 다시 톨보이 폭격으로 티르피츠가 타격을 받았다. 그리고 마침내 11월 12일 랭커스터 제617비행대, 제9편대가 티르피츠에 3발의 폭탄을 명중시켰다. 거대한 연기가 피어오르면서 티르피츠 호가 기울어지고 몇 분후 배가 뒤집혀지면서 선체만 물 위로 떠올랐다.

첫 번째 그랜드 슬램 폭격은 제617비행대의 편대가 1945년 3월 14일 독일의 빌레펠트(Bielefeld) 교량을 공격할 때였다. 그때 그랜드 슬램 폭탄의 지진 효과로 인해 교량의 9m 이상이 붕괴되었다. 브레멘에 있는 잠수함 기지에 대한 폭격에서는 2개의 그랜드 슬램이 4.2m의 강화 콘크리트를 관통했다. 총 41 개의 그랜드 슬램이 2차 세계대전 동안 투하됐는데 주로 교량과 항구의 고가교(Viaduct) 폭격에 사용됐다. 그때의 명중률은 작은 건물까지 정확하게 명중시킬 만큼 정확하지는 않았지만 그랜드 슬램에게는 그게 별로 중요하지 않았다. 그랜드 슬램이 지면에 닿을 때 발생하는 지진 효과가 교량이나 고가교의 일부분이 붕괴되는 영향을 줄 수 있었기 때문이다.

왼쪽: 투하되고 있는 톨보이 폭탄.

위: 프랑스 위제르네(Wizernes)에 있던 독일의 V 로켓 기지를 폭격하기 위해 톨보이를 랭커스터에 장착하고 있는 모습.

# 83 그러먼 F6F 헬캣(Grumman F6F Hellcat)

그러먼 F6F 헬캣은 1943년 미 태평양 함대의 표준 함재기로 그러먼 F4F 와일드캣을 대체하기 위해 합류됐다. 최초의 헬캣 비행편대가 작전에 참가하기 위해 1944년부터 1945년까지 태평양 전투에서 활약한 3만 3,000톤의 신형 항공모함인 USS 에식스(Essex)에 편제되었다. 해상 작전 능력을 높이고 일본의 A6M제로식 전투기를 제압하기 위해 만들어진 헬캣은 2,000마력의 플랫 앤드 휘트니(Pratt & Whitney) 엔진을 장착했고 최대 이륙 무게는 6,800kg이었다. 평상시의 무기 체계는 6정의 .50 구경의 기관총이었으며 선박과 지상 목표물을 공격하기 위한 폭탄과 로켓을 장착할 수도 있었다.

해군 조종사들은 항공모함에서 이륙하고 착륙하는 부분에서 조종석의 시야 때문에 보우트 F4U 콜세어(Vought F4U Corsair)보다는 헬캣을 더 좋아했다. 2차 세계대전 동안 그러먼 사는 6,500대의 F6F-5와 특수 항공 전자기기를 탑재한 야간 전투형 F6F-5N 1,200대를 생산했다. 헬캣은 총 1만 2,275대가 생산되었고 미 해군과 해병대는 헬캣이 5,156대의 일본 항공기를 격추시켰으며 이는 해군에서 벌인 공중전을 통해 격추한 대수 중 약 75퍼센트를 차지한다고 주장했다.

헬캣은 1944년 6월 18일부터 20일 사이에 벌어진 필리핀 해전에서 태평양 전투 전체를 통틀어 가장 뛰어난 활약상을 보인 전투기였다. 15척의 항공모함으로 구성된 제58기동부대(Task Force 58)

왼쪽: 1943년 11월 마셜, 길버트 제도에서 USS 렉싱턴(Lexington)으로부터 이륙하고 있는 그러먼 F6F 헬캣.

위: F6F 헬캣의 비행 모습.

는 일본의 함재 전투기와 지상에서 이룩한 500대의 전투기와 대결하게 되었다. 6월 19일 단 하루 동안 500대의 헬캣이 약 400대의 일본 해군 함재기를 격추시켰으며 그에 반해 헬캣은 29대만 손실되었다. 다음날 헬캣은 일본군의 대형 항공모함을 침몰시키기 위해 발진한 급강하 폭격기들의 호위 임무를 맡았다. 이날 이후로 일본군은 해군 전투기 조종사들의 수급 문제로 어려움을 겪게 되었고 항공기나 항공모함의 숫자도 미국의 상대가 되지 못하게 되었다.

조종석과 연료 탱크의 뛰어난 보호 장갑은 헬캣보다 더 빨랐던 일본의 제로 전투기와의 공중전에서 우위를 점할 수 있었던 원인 중 하나였다. 약 1,000대의 헬캣이 영국 해군의 함대에 배치됐었고 2차 세계대전이 막바지에 이르렀을 때는 프랑스 해군의 전투기로도 사용되었다.

# 84 이중 구동 추진 전차(Duplex Drive Tank)

이중 구동 추진(Duplex Drive)되는 전차는 노르망디 상륙작전에 사용하기 위해 개발되었다. DD 전차는 독일군이 해안에 설치해 놓은 수많은 방어물을 뚫고 최대한 빠르게 전차를 해안에 상륙시켜 화력을 지원할 수 있도록 고안되었다. 셔먼 전차의 차체를 사용한 DD 전차는 셔먼 전차의 차체 둘레에 캔버스 덮개를 장착해서 부력에 의해 물 위에 뜰 수 있고 해변에 도착하면 그 덮개를 밑으로 내려서 전차 포를 사용할 수 있게 만들었다.

영국은 최초로 경전차 테트라크(Tetrarch)를 사용하여 부력 전차를 개발하려고 하였다. 이는 1941년 6월에 브렌트(Brent) 저수지에서 시도되었다. 해상 실험 후 최초의 실전용 모델 생산이 결정되었고, 이번에는 밸런타인(Valentine) 전차가 사용되었다. 밸런타인 전차는 승무원 훈련을 위해 사용되었으며 여러 대가 승무원과 함께 손실되었다.

가장 크게 피해를 받은 것은 운전병이었는데 왜냐하면 급작스러운 상황에서 작은 해치를 열고 밖으로 빠져나오는 게 굉장히 어려웠기 때문이었다. 전차병들은 위급한 상황에 수면 위로 빠져나올 수 있도록 5분 동안 숨을 참고 견디는 능력이 필수적이었다. 게다가 밸런타인 전차는 덮개가 물에 뜨도록 하기 위해서는 전차 포를 뒤로 향하도록 해야만 했다. 셔먼 전차는 해안에 상륙하자마자 바로 발포할 수 있도록 전차 포를 앞으로 향하게 해서 덮개를 두를 수 있었기 때문에 최종적으로 선택되었다.

덮개는 전차의 몸통 부분에 메탈 프레임으로 용접해서 고정시켰다. 가로 금속 테두리(Metal Hoop)와 세로의 고무 튜브로 된 덮개는 압축 공기를 넣어 부풀렸고 15분 동안 팽창 상태를 유지할 수 있었으며 해안에 도착한 후에는 빠르게 바람을 뺄 수 있었다. 상륙 후 일부 전차들은 빠르게 덮개를 버리기도 하고 또 일부 전차들은 덮개를 계속 달고 다니기도 했다. DD 전차들은 노르망디 상륙작전시에 보병들이 무사히 상륙할 수 있게 지원 작전을 벌였다. DD 전차는 수중에서 약 시속 7km(4노트)의 속도를 낼 수 있었다. 운전병은 지휘관의 지시에 따라 특수 유압 장치를 사용해서 프로펠러를 선회시켜 방향을 조종할 수 있었다. 지휘관은 덮개 너머로 시야를 확보하기 위해 포탑 판위에 서서 지시를 내렸는데 필요에 따라서는 틸러(tiller: 방향 전환 핸들)를 사용해서 운전하기도 했다.

노르망디 상륙작전에 참가한 모든 DD 전차들은 해안에서 약 3km 떨어진 지점에서 전차상륙정(LCT)으로부터 내려졌다. DD 전차는 해안에 선두부대로 상륙해야만 했고 그 뒤를 따라 영국 공병전차인 AVRE가 상륙하고 다음으로 보병부대가 상륙해야 했다. 오마하 해변을 제외한 모든 해변에서 대부분의 DD 전차는 해변에 상륙했지만 오마하 해변에서는 거친 파도로 인해 보병부대에 앞서 해변에 상륙한 것은 불과 몇 대밖에 없었다.

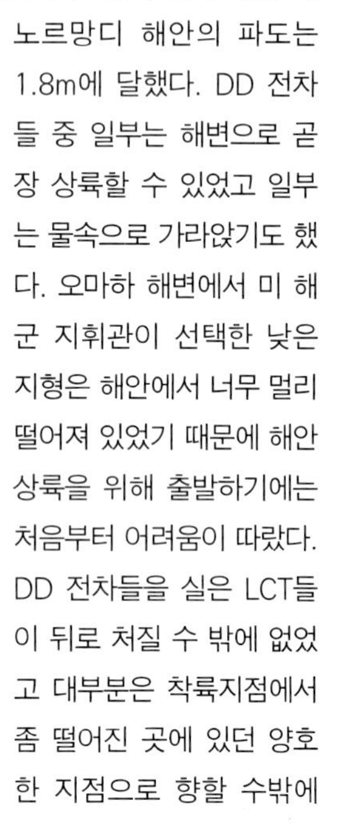

DD 전차는 0.3미터의 파도에서 운행할 수 있게 설계되었는데 노르망디 해안의 파도는 1.8m에 달했다. DD 전차들 중 일부는 해변으로 곧장 상륙할 수 있었고 일부는 물속으로 가라앉기도 했다. 오마하 해변에서 미 해군 지휘관이 선택한 낮은 지형은 해안에서 너무 멀리 떨어져 있었기 때문에 해안 상륙을 위해 출발하기에는 처음부터 어려움이 따랐다. DD 전차들을 실은 LCT들이 뒤로 처질 수 밖에 없었고 대부분은 착륙지점에서 좀 떨어진 곳에 있던 양호한 지점으로 향할 수밖에 없었다.

해변에서 약 5,500미터 떨어진 지점에서 출발한 32대의 DD 전차 중 27대가 바다로 가라앉았다. 미군에게 사용할 것을 제안했지만 거부했었던 AVRE들도 없었고 DD 전차들은 해안에서 너무 멀리 떨어져서 내려졌기 때문에 갈팡질팡하고 있었으며 결국 오마하에 상륙한 보병들만 최악의 상황을 맞이했다. 결국은 미군 보병들의 용감한 전투력 하나만으로 해안선 방어물을 뚫고 상륙작전이 성공할 수 있었다.

DD 전차는 북서부 유럽과 이탈리아에서 많은 작전을 성공적으로 이끌었으며 그중에서도 1944년 10월 11km에 이르는 강폭을 가진 스켈트(Scheldt) 강 도하작전이 유명했다. 그 밖에도 라인 강과 엘베 강 그리고 이탈리아의 포(Po) 강과 아디게(Adige) 강에서 활약했다.

왼쪽: 1944년 79 기갑사단 훈련소에서 덮개가 올려진 밸런타인 DD 전차의 모습.

위: 덮개가 내려진 셔먼 DD 전차.

# 85 독일의 포로 수용소 감시탑

포로 수용소의 감시탑 혹은 망루에 대한 대중적인 이미지는 대부분 영화나 TV에서 묘사되었던 것처럼 나무나 금속 혹은 두 가지를 모두 사용하여 만들어진 사방이 뚫린 작은 오두막일 것이다. 실제적으로도 독일과 폴란드 그리고 독일의 점령 지역에 있던 나치의 수용소 대부분은 그렇게 되어 있었다. 독일 수용소는 세 가지 급으로 되어 있었는데 그중 전쟁 포로 수용소의 숫자가 가장 많았으며 이탈리아에만 260개가 있었다. 그 밑에는 임시 수용소와 메인 수용소에서 일하는 사람들이 거주하는 임시 수용소격인 서브 캠프가 있었다. 포로 수용소 외에 23개의 강제 수용소와 6개의 집단 학살 수용소가 있었다.

강제 수용소는 1921년 히틀러가 처음 만든 것으로 나치 만행의 수단으로 사용되었다. 처음 수용소에 수감된 죄수들은 나치의 국가사회주의에 정치적으로 반대하는 세력들이었다. 하지만 1939년부터 독일이 점령한 지역에서 이송된 죄수들이 수감되기 시작했다. 초기에는 나치 돌격대(SA)가 관리하다가 1934년부터 나치 친위대가 책임을 맡게 되었다. 처음부터 죽음의 수용소로 만든 것은 아니었지만 나중에는 강제 수용소에 수감되었던 많은 사람들이 처형되거나 영양실조와 질병으로 죽었으며 생체 실험으로 목숨을 잃기도 했다. 예를 들어 벨젠(Belsen) 강제 수용소는 처음부터 집단 학살 수용소가 아니었다. 강제 수용소에 수감된 사람들이 몇 명인지 그리고 몇 명이 죽었는지 정확한 숫자를 알 수가 없다. 기록된 수용자만 대략 160만 명이었고 그중 서류상으로 처리된 사망자가 45만 명이었다. 하지만 사망자의 숫자는 600만 명을 넘어서는 것으로 보인다. 그 숫자들은 통계학의 부정확한 본질에 의한 것으로 엄청난 규모의 사망자 수로 부풀려진게 아니었다.

집단 학살 수용소는 1941년 2차 세계대전 동안 600만 명의 유대인들의 처형을 뜻하는 파이널 솔루션(final solution, Endlösung)을 실행에 옮기기 위해 세워졌다. 집단 학살 수용소는 6개가 있었는데 그중 5개는 독일이 점령하고 있던 폴란드에 있었고(Belzec, Chelmno, Sobibor, Treblinka, Auschwitz) 하나는 러시아 점령지에 있었다(Maly Trostenets). 약 30만 명의 유럽 태생의 유대인들이 수용소와 죽음의 행진에서 살아남았지만 1939년 전 세계에 있던 유대인 중 30%가 살해되었다.

오래된 일부 수용소에는 밑에 방이 있는 벽돌이나 콘크리트로 된 감시탑이 있었다. 히틀러가 집권하고 51일 후에 문을 연 다하우(Dachau)와 같은 강제 수용소에서 이런 감시탑을 볼 수 있다. 더 많은 수용소들이 건설되면서 반영구적인 구조물로 된 감시탑들이 세워졌고 이들은 주로 오두막과 같은 타입이었다. 감시탑들의 흔한 상징물은 수감자들을 감시하는 보초병이다. 소총이나 기관총으로 무장한 채 수용소를 감시하는 보초들과 함께 대부분의 감시탑에는 서치라이트 및 위병소와 연락할 수 있는 전화가 있었다. 몇몇 수용소는 감시탑이 별로 없었다. 가장 유명했던 콜디츠 캐슬(Colditz Castle) 포로 수용소는 외부 철조망 코너에 딱 1개의 감시탑만 있었다. 기관총으로 무장한 보초들이 담 주위에 배치됐고 밤에는 서치라이트가 수용소 외곽 전체를 계속해서 비추고 있었다.

대부분의 수용소에는 주변을 둘러싸고 있는 울타리 안쪽으로 몇 미터 떨어진 곳에 무릎 높이의 경고 펜스를 설치했다. 이 펜스를 넘으면 대개 총격을 받고 죽게 되는데 간혹 포로 수용소에서는 보초가 경고의 메시지만 소리쳐서 알렸고 그러면 포로는 재빨리 뒤로 물러서기도 했다.

왼쪽: 마우트하우젠(Mauthausen) 강제 수용소에 있던 감시탑. 영구적인 형태의 감시탑 모습 중 하나이다.

위: 아우슈비츠(Auschwitz) 집단 학살 수용소에 있던 감시탑.

# 86 호바트의 퍼니 전차들

1943년 4월 퍼시 호바트(Percy Hobart) 소장이 지휘하고 있던 영국 제79기갑사단은 상륙작전을 수행할 때 초기 단계에서 필요할지도 모르는 새로운 형태의 장갑 전투 차량으로 훈련을 받는 임무를 부여받았다.

그 무렵 이미 차량 앞에 회전 체인을 장착한 도리깨 전차들이 서부 사막에서 지뢰밭을 제거하는 데 성공적으로 사용됐었다. 1942년 8월 디에프(Dieppe) 상륙작전 시 전차가 해변에 제대로 상륙하지 못해 작전이 실패했던 경험에서 장애물들을 제거하고 조약돌이나 모래사장 같은 해변을 쉽게 지나갈 수 있게 길을 만드는것이 중요해졌다.

이런 난관을 헤쳐나가기 위해 공병 돌격부대가 공병 전차(Armoured Vehicle Royal Engineer 혹은 축약하여 AVR E)들을 가지고 상륙작전의 선두에 설 수 있게 편제되었다. 이때 사용되는 특수 장갑 전투 차량들을 일컬어 영국 육군에서는 퍼니전차(Funnies)라고 불렀다. 이 퍼니 전차들에는 DD 전차도 포함되어 있었으며 이들은 호바트의 사단에서만 사용된 것은 아니었고 다른 장에서도 여러 차례 언급되었다.

셔먼 전차의 차체를 사용한 크랩 도리깨 전차 외에도 40톤 무게의 처칠 전차도 만들었다. 몇몇 공병 전차들은 포 대신 건물과 콘크리트 방어물에 있는 틈과 구멍들을 폭파시키기 위해 사정거리를 70m에 18kg 폭탄을 발사할 수 있는 박격포를 가지고 있기도 했다. 공병 전차는 콘크리트 장애물들을 파괴하기 위해 14kg의 아치형 블럭 폭발물을 가지고 다녔다.

공병 전차들은 특정한 형태의 장애물들을 처리하기 위해 몇 가지 특수 장비들을 탑재하기도 했다. 가교 전차들은 9m 길이의 틈을 이어줄 수 있는 교량을 탑재했고 일부는 파신스(fascines: 밤나무 말뚝 꾸러미나 긴 파이프들)를 싣고 다니면서 대전차용으로 구축된 커다른 구덩이 위로 전차가 지나갈 수 있도록 그 위를 덮어 길을 만들기도 했다. 또 다른 공병 전차는 앞에 7.6cm짜리 파이프를 최고 122m까지 연결해서 구불구불하게 움직이면서 전진해서 지뢰밭을 제거하는 데 사용하기도 했다. 카펫롤러를 매단 공병 전차는 모래밭이나 늪과 같은 땅바닥을 통과할 때 후속 부대가 쉽게 지나갈 수 있게 카펫을 까는 역할을 했다. 처칠 전차를 개조한 크로커다일(Crocodile) 화염방사기 전차들은 75mm 전차포를 사용할 수도 있는 동시에 운전병 해치 옆의 전방 경사 장갑판 위에 화염 방사기를 장착했다. 크로커다일 전차는 장갑 연료 트레일러를 끌고 다녔다.

북서부 유럽 전투 말기에 제79기갑사단에 또 다른 특수 차량이 추가되었다. 수륙양용 장갑차(Landing Vehicle Tracked)가 그것으로 원래는 미해병대가 태평양 전쟁 초기에 있었던 상륙작전의 경험을 바탕으로 미국에서 개발되었다. 영국에서는 버팔로(Buffalo)라 했던 이 차량은 19 44년 12월 왈헤른(Walcheren)에서 처음으로 영국군이 사용했고 1945년 3월 라인 강 도하작전에서 다시 사용되었으며 1945년 5월까지 독일의 주요 하천들에서 벌어진 여러 도하작전 시에 투입되었다.

호바트의 퍼니 전차들은 노르망디 상륙작전을 성공으로 이끄는 데 있어 핵심적인 역할을 했으며 연달아 노르망디 전투와 센 강을 건너는 데 있어서도 마찬가지였다.

르아브르(Le Havre)와 볼로뉴를 탈환할 때와 네덜란드에서 벌어진 많은 전투, 그리고 라인 강의 서쪽 제방에서도 선두에 서서 큰 역할을 했다. 공병 전차들은 북서 유럽 전투에 참가한 영국군의 편성에서 빠져서는 안 될 존재들이었다.

호바트의 퍼니 전차들을 지원해주겠다는 제안을 거절한 미군은 DD 전차만 사용했었다. 미군이 만약 공병 전차들을 전투에 이용했었더라면 오마하 해변 상륙 시 수많은 사상자가 발생하지 않을 수도 있었을 것이라는 점은 지금도 논쟁거리로 남아 있다.

왼쪽: 처칠 크로커다일 화염 방사기 전차.

위: 카펫 레이어 전차.

# 87 M-1 소총

2차 세계대전에서 미군 보병들의 표준 소총이었던 M-1은 존 개런드(John Garand)가 개발한 것으로 보병들과 해병대원들의 상징적인 무기가 되었다. M-1은 정규 훈련을 받지 못한 시민군들도 사용할 수 있는 완벽한 개인 화기였다. 1957년 마지막 M-1 모델이 생산되기 전까지 스프링필드와 매사추세츠에 있는 군수 공장과 윈체스터와 같은 회사에서 550만 정의 M-1 소총을 만들었다.

M-1은 노리쇠를 일일이 손으로 작동해서 장전시킬 필요 없이 자동으로 재장전되는 반자동 소총으로 선구적인 무기였다. 그 당시까지만 해도 1차 세계대전 당시부터 사용한 수동식 노리쇠 방식의 소총이 보병용 표준 소총이었다.

하지만 M-1은 8발의 7.62mm 구경 실탄이 들어가는 클립 탄창을 끼워 사격할 수 있었다. 발사 시 총열에서 생기는 가스를 이용해서 노리쇠를 뒤로 후퇴시키면서 반동식 스프링(Recoil Spring)의 도움으로 탄환이 밖으로 배출되고 새로운 탄환이 장전된다. 8발의 탄환을 모두 발사하고 나면 빈 클립은 자동으로 밖으로 배출된다.

M-1은 전투용 소총으로 사용하기에 매력적인 부분들이 많았다. 수동식 노리쇠로 된 M1903 스프링필드 소총이 분당 10발을 발사할 수 있었는 데 반해 M-1은 분당 20발을 발사할 수 있었다. 명중률도 구식 소총에 비해 월등해서 총기의 기본 조준장치만으로도 275m 이상이었고 조준경을 이용한 정밀 사격에서는 460m의 사거리를 가지고 있었다.

탄환은 브라우닝 자동소총과 브라우닝 M1917, M1919 기관총에서 사용하던 스프링필드 03을 사용했다. 총기 무게는 4.3kg으로 일부 병사들에게는 무겁게 느껴질 수도 있었지만 내구성과 안전성을 고려해서 만들었기 때문이었다.

M-1은 또한 분해와 손질이 쉬웠기 때문에 개머리판 부분을 떼어내면 크게 두 부분으로 분리될 수 있어 헝겊 조각과 총기 손질용 솔, 윤활유, 밤송이 솔 등의 총기 손질 도구를 이용해 깨끗이 손질할 수 있었다. 총기를 완전 분해하지 않고도 깨끗이 솔질을 할 수 있었기 때문에 한마디로 M-1 소총을 요약하자면 군인을 위해 존재하는 총 그 자체였다.

M-1은 몇 가지 특수 장치를 장착해서 사용 가능하였다. 조준경과 소음기를 달아서 저격수용으로 사용할 수도 있었고 특수 장착형 발사기(Clipon Launcher)와 공포탄을 이용하면 유탄 발사기로 사용가능하였다.

M-1은 미육군 보병부대에서 분대원 12명 중 10명이 가지고 다녔다. 해병대 1개 분대에서는 13명 중 10명이 M-1 소총으로 무장을 했다. M-1 소총은 기갑부대나 기계화부대에서는 개인용 화기로서 사용되는 빈도가 칼빈 소총보다 적었다. 미육군 사단 표준 군수물자표를 보면 약 1만 4,000명의 사단 병력에서 6,000정 이상의 M-1 소총을 가지고 있었다.

왼쪽: 앨라배마에 있는 멕클레란 캠프에서 신규 지원병들이 하사관들로부터 M-1 개런드 소총 사격술을 교육받고 있다.

오른쪽: 스프링필드 아모리(Springfield Armory)에서 만든 M-1, 총 어깨끈이 달려 있다.

# 88 멀베리 항구(Mulberry Harbour)

유럽 본토 침공 작전을 세울 때 직면했던 문제점들 중의 하나는 연합군의 상륙작전 첫째날 그리고 작전이 수행되는 몇 주 동안에 필요한 물자를 공급할 수 있는 항구를 얼마나 빠르게 점령하느냐였다. 해안가에 물자를 직접 상륙시키는 것은 너무 느리게 진행됐고 또 악천후로 인해 중단될 수도 있었다.

1942년 초 처칠은 연합작전 본부장인 루이스 마운트배튼(Louis Mountbatten) 해군중장에게 바다 위에 떠 있을 수 있는 부두 시설을 개발하라는 내용으로 편지를 보내면서 "가능성 여부로 논란을 하지말고, 어려움들이 스스로 풀어갈 것이다."라는 문구로 마무리 하였다. 그런 시설을 만들 수 있는 방법을 찾아내는 데 1년 이상이 걸렸다. 그 당시 마운트배튼 중장의 참모였던 존 휴즈-할렛(John Hughes-Hallett) 대령이 1947년 어느 토목 기사에게 다음과 같은 서한을 보냈다.

> 마운트배튼 장군이 맡았던 역할이 다소 과장됐다. 그 프로젝트는 연합군 사령관인 모건(Morgan) 장군이 지휘하던 작전 참모들이 유럽대륙 침공계획을 수립하고 나서 결정되어야 했다. 내가 해군 책임자로 참여했던 프로젝트의 참모들은 여러 가지 문제에 대해 책임을 가지고 결정과 조언을 했다. 어느 곳에 항구를 만들어야 하는지 갑자기 아이디어가 떠올라 그대로 밀고 나갔다. 그때부터 그 항구는 가장 중요한 핵심적인 역할을 했다.

휴즈-할렛은 노르망디 해안 밖에 블록십(blockship: 항구 등을 막기 위해 침몰시키는 폐색선)들을 이용해 인공 항구를 만들자고 제안했다. 항구 설계는 아로망쉬(Arromanches: 연합군들의 상륙작전이 감행되었던 작전 해안 지역 중 하나) 지역을 후보지로 선정한 스틸 소령이 초안을 작성했다.

상륙작전이 시작된 뒤부터 5개의 공격 지점에서 벌어지는 상륙작전뿐 아니라 근해에 정박중인 수송 선단으로부터 작은 선박들이 왕복으로 물자를 실어 나를 수 있는 저장 기지를 얼마나 많이 세우냐가 관심사였다. 물자 수송선을 보호하기 위해 5개의 정박지(암호명 구즈베리[Gooseberrie])를 건설하기로 했다.

각각의 해변에 12척의 낡은 수송선을 썰물 때 4.5m 깊이의 바닷물에 일렬로 가라앉혀서 1.5km에 이르는 방파제를 만들었다. 이들 구즈베리가 없었다면 북쪽에서 강풍이 불어올 때 선박들이 해안으로 떠밀려 올 수밖에 없게 되고 결국 수리가 불가능할 정도로 파손됐을 것이고 최종적으로는 해안에 있던 지상군부대들의 보급선이 끊어 졌을 것이다.

결과적으로는 구즈베리들이 멀베리항으로 확장됐다. 구즈베리들의 위치를 당시 해군 수석 장교가 다음과 같이 언급했다.

**미국**

| | | |
|---|---|---|
| 구즈베리 1 | Varreville | Utah Beach |
| 구즈베리 2 | St Laurent | Omaha Beach |

**구즈베리 2가 멀베리 A가 됐다.**

**영국**

| | | |
|---|---|---|
| 구즈베리 3 | Arromanches | Gold Beach |

**구즈베리 3이 멀베리 B가 됐다.**

| | | |
|---|---|---|
| 구즈베리 4 | Courcelles | Juno Beach |
| 구즈베리 5 | Oustreham | Sword Beach |

멀베리 항구는 거대한 콘크리트 박스(암호명 피닉스)를 썰물 시 10m 깊이의 바다에 빠뜨려 방파제를 형성할 수 있게 되어 있었다. 또한 암호명 봄바르돈(Bombardon)인 물에 뜨는 방파제를 1.5km에 이르도록 해서 항구의 또 다른 보호막 역할을 할 수 있게 했다. 25톤의 하중을 가지는 잔교들을 배열시켜 한 척의 LST를 정박시킬 수 있었고 40톤의 크롬웰 전차를 올려 놓을 수 있었다.

1944년 6월 18일까지 2개의 멀베리 항구가 이용됐다. 6월 19일 강풍에 의해 미군이 사용하던 멀베리 항구가 대파되었고 그때의 잔해물들은 최악의 상황은 면했던 영국군이 사용하던 멀베리 항구 수리 작업에 사용됐다. 하지만 미군의 상륙 해안에 있던 구즈베리들은 날씨가 좋은 날에는 해변으로 직접 물자들을 하역할 수 있도록 사용됐다. 7월 중순까지 영국군의 멀베리 항구는 하루 7,000톤 가까운 물자 수송량을 이뤄내고 있었다.

아로망쉬 멀베리 항구는 10개월 동안 약 250만의 병사와 50만 대의 차량과 400만 톤의 물자들을 수송했다.

위: 미군의 상륙지점이었던 오마하 해변 근처의 콜빌 쉬르 메르(Colville sur Mer)에서 작전을 수행중인 멀베리 항구.

아래: 제자리를 찾아 견인되고 있는 피닉스 콘크리트 박스들.

433

# 89 독일 반궤도 장갑차(Half-Track Armoured Vehicle)

반궤도 장갑차는 1930년대 기갑전을 위해 독일군이 생각해낸 것들 중 하나이다. 1935년 독일이 기갑사단 운영 계획을 세웠을 때 전쟁터에서 전차와 함께 다닐 수 있는 병사 수송용 장갑차량(Armoured Personnel Carrier, APC)이 필요하다고 생각했다. 그래서 반궤도 트랙터 위에 장갑으로된 차체를 얹는 아이디어를 생각해냈다.

1937년부터 개발이 시작되어 1939년 6월에는 생산 가능하였다. 반궤도 APC는 세 가지 급으로 나뉘어서 생산됐다. 중급(中級) 장갑차(Mittlere Schützenpanzerwagen Ausf) A, B, C 모델, Ausf A와 B 모델은 1940년 C 모델로 대체되서 1943년까지 생산되었다. 세 가지 모델 모두 설계가 뛰어났고 장갑 차체를 가지고 있었으며 뒤에 폭이 넓은 2개의 문이 달려 있어서 병사들이 빠르게 밖으로 빠져 나올 수 있게 만들었다. 운전석 위에는 기관총을 올려놓을 수 있는 자리가 있었다.

1930년대 말 돌격포(assault gun: 보병을 직접 지원하기위해 장갑화된 차체에 보병포 혹은 대전차포를 탑재한 차량으로 주로 적의 방어진지 및 보병에게 직사화력을 퍼부어 무력화시키는 임무를 수행한다.) 시험이 있었고 시험하는 과정에서 반궤도 차량이 탄약수송용 장갑차량이나 전방 관측 차량으로 사용해도 좋겠다는 결론을 내렸다.

그래서 돌격포(Sturmgeschutz)의 생산에 맞춰서 반궤도 차량들도 생산에 들어갔다. 탄약 수송 차량은 전체가 장갑 차체로 되어 있었고 많은 반궤도 장갑차들처럼 측면에 총안구(Pistol Port)가 있었다. 탄약 적재량을 늘리기 위해 보통 트레일러를 끌고 다녔다.

관측용 반궤도 장갑차는 중무장을 갖추고 지붕에 커다란 원형 해치를 가지고 있었다. 무전기의 안테나가 장착되었고 사용하지 않을 때는 보호 차원에서 접을 수 있게 했다. 이는 독일이 전쟁에서 발생할지도 모르는 작은 문제들까지 대비하는 철저함을 보여주는 한 예이다. 차량이 덤불숲을 지나갈 때 안테나가 손상되거나 적의 포사격으로 파손될 수도 있는 상황에 대비하기 위해서였다.

반궤도 장갑차들은 수많은 임무를 수행했다. 1938년에 20mm 대공포를 장착한 것도 있었는데 특수 상부구조와 포가 어느 방향으로든 움직일 수 있게 각 측면을 접어 내려 공간을 만들었다. 운전석도 장갑으로 보호할 수 있게 했고 대공포를 장착하기 위한 자리도 장갑으로 보호했다. 탄약은 측면에 있는 통안에 보관했고 또 뒤에 탄약 트레일러를 매달아 끌고 다니기도 했다. 나중에는 37mm 대공포와 37mm 대전차포를 탑재한 반궤도 장갑차가 등장했다.

1939년 독일 육군은 기갑사단의 정찰병들을 늘려야 하기 때문에 APC의 탑승 인원을 4명에서 더 증가시켜야 한다는 결론을 내렸다. 그로 인해 반궤도의 Sd Kfz 250 시리즈가 1941년 6월부터 생산에 들어가 1943년까지 생산됐다. 정찰 임무에 사용된 Sd Kfz 250은 2 정의 MG 42 기관총이 장착되었다.

또한 병사 수송용 모델과 공대지 통신 모델, 즉각 사격할 수 있는 박격포를 장착하고 다니는 모델, 다양한 대전차포와 돌격포를 장착한 모델 그리고 관측소와 지휘소 역할을 하는 모델 등 굉장히 다양한 모델의 Sd Kfz 250이 있었다. 1943년에 뒤이어 나온 Sd Kfz 251은 더 커졌고 장갑 앰뷸런스 모델까지 더 많은 모델들이 있었다. 구데리안 장군이 에니그마 암호기와 함께 그의 지휘차량에 있는 유명한 사진은 그가 Sd Kfz 251에 있는 모습을 보여주고 있다.

독일의 반궤도 장갑차는 전쟁터 곳곳을 누비고 다녔으며 매우 성공적인 전투 차량이었다.

왼쪽: 폴란드군이 노획한 독일의 반궤도 장갑차(Ausf D[Sd Kfz 251])

위: 워 앤드 리스 쇼(War and Peace Show: 영국에서 매년 열리는 여러 전쟁에 참전했던 퇴역군인들을 위한 자선행사)에 전시된 독일군의 반궤도 장갑차.

# 90 프랑스 제1군

프랑스 제1군의 부대 표지는 1944년 9월에서 1945년 5월까지 라인 강으로부터 도나우강으로 진격하는 것을 상징하고 있지만 그 부대는 프랑스 B군으로서 보다 오래된 역사를 가지고 있었다. 1944년 8월 16일 장 드 라트르 드 타시니(Jean de Lattre de Tassigny) 장군이 지휘하고 있던 프랑스 B군은 알렉산더 패치 장군이 이끌던 미군의 제7군을 따라 프랑스 남부에 상륙했다. 드라군 작전(Operation Dragoon)의 일부로 칸느와 이예르(Hyères) 사이의 프랑스 리비에(French Riviera) 해변에 강습상륙을 했다. 프랑스 B군은 프랑스령의 북부와 서부 아프리카 장병들로 구성되어 있었다.

상륙 후 드 라트르 장군은 론(Rhône) 강의 서쪽 제방을 따라 북쪽으로 진군하면서 마르세이유와 툴롱(Toulon)을 탈환했다.

1944년 9월 11일 디종(Dijon)이 프랑스 제2군단의 손에 들어갔고 며칠 후 프랑스 B군의 정찰대가 노르망디를 돌파한 후 진격하고 있던 필리페 르클레르(Philippe Leclerc)의 프랑스 제2기갑사단과 조우했다.

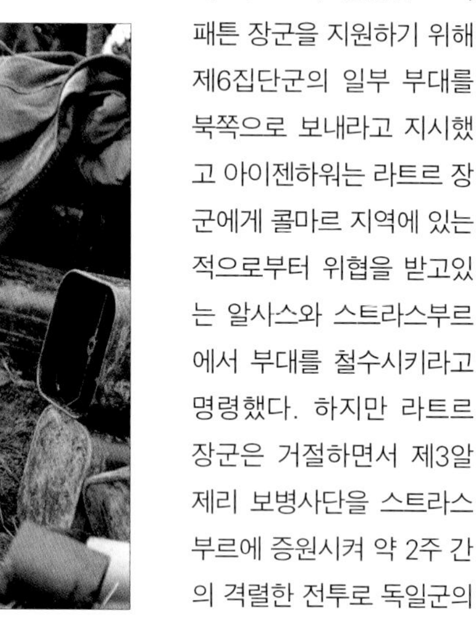

프랑스 제2기갑사단은 9월 12일과 14일 사이에 티거와 판터 전차로 무장한 독일의 제112기갑여단으로부터 압승을 거둔 후 진격 중이었고, 라트르 장군의 지휘를 받게 된다.

이쯤에서 드라군 작전에 참가한 모든 부대의 지휘권은 지중해 지역 연합군 최고 사령관인 헨리 메이틀랜드 윌슨 사령관으로부터 아이젠하워에게로 넘겨지고 미국군의 제이콥 디버스(Jacob Devers) 장군 지휘하의 제6집단군으로 명칭이 바뀌었다. 여기에는 라트르 장군의 프랑스 B군이 포함됐는데 이때 영국과 미국에서는 부대 표시에 문자가 아닌 숫자를 부여했기 때문에 그것을 따라서 프랑스 B군의 명칭을 프랑스 제1군으로 바꾸었다. 이 시점에서 프랑스 제1군 소속의 아프리카 식민지 출신의 장병들은 FFI(Forces Françaises de l'Intérieur: 2차 세계대전 후반에 프랑스 국내에서 활동하던 레지스탕스 부대)의 병력들로 대체되기 시작했다. FFI는 거의 모든 프랑스 레지스탕스 부대들이 모여 1944년 2월에 만들어졌고 노르망디 상륙작전 전후에 독일과의 전투에 참가했다. 13만 7,000명의 FFI 소속 병사들이 결국은 프랑스 제1군 소속이 되었다. 이는 아프리카 출신 장병들이 훌륭했음에도 불구하고 이들이 아닌 프랑스인들의 손으로 프랑스의 해방과 독일과의 전쟁은 직접 해내고 싶었던 열망이 포함되어 있었다.

프랑스 제1군은 전선의 벨포르(Belfort) 공간을 돌파한 후 콜마르(Colmar)에 독일군을 남겨두고 보주(Vosges)를 향해 진격했다. 르클레르는 4년 전 리비아 사막에서 쿠프라(Kufra)를 점령한 후 스스로에게 맹세했던 것을 지키기 위해 1944년 11월 23일 스트라스부르(Strasbourg)를 향해 가고 있었다. 이 시점에서 제6집단군 사령관 디버스(Devers) 장군은 조지 패튼 장군을 지원하기 위해 제6집단군의 일부 부대를 북쪽으로 보내라고 지시했고 아이젠하워는 라트르 장군에게 콜마르 지역에 있는 적으로부터 위협을 받고있는 알사스와 스트라스부르에서 부대를 철수시키라고 명령했다. 하지만 라트르 장군은 거절하면서 제3알제리 보병사단을 스트라스부르에 증원시켜 약 2주 간의 격렬한 전투로 독일군의 공격을 저지했다. 그 후 라트르 장군은 3주 동안의 혹독한 추위 속에서 격전을 벌여 프랑스 내 독일군이 마지막까지 점령하고 있던 지역 중의 하나였던 콜마르에 돌파구를 마련했다.

라트르 장군은 라인 강을 건널 때 미 제7군을 후송하도록 한 미군의 계획을 거절하고 프랑스 제1군이 강을 건널 수 있는 지역을 직접 확보했다. 강 도하 작업에 필요한 물자가 부족했지만 라트르 장군의 제2군단은 슈파이어(Speyer)와 라이머샤임(Leimersheim) 사이에 있는 라인강을 건너서 카를수르에(Karlsruhe), 포르샤임(Pforsheim), 슈투트가르트(Stuttgart)를 점령하기 위해 진격했다. 4월 21일 도나우 강을 건너면서 라트르의 병사들은 울름(Ulm)에 입성했고 1945년 4월 24일 보덴 호(Lake Constance)에 도달했다. 독일이 항복했을 때 9개의 프랑스 사단이 독일에 있었다. 제1군은 프랑스의 약 30%를 해방시켰으며 독일군과의 전투에서 25만 명의 포로를 생포했다. 라트르 장군과 그의 병사들은 1940년 독일에게 점령당했던 프랑스가 전쟁이 끝난 후에 정치적인 협상 테이블에서 연합국들과 함께 더불어 최고의 자리에 함께 앉을 수 있게 하는데 중요한 역할을 했다.

왼쪽: 1944년 보주 전선에 있던 프랑스 제1군 소속의 병사.

위: 라인 강과 도나우 강이 그려져 있는 프랑스 제1군 마크.

다음 페이지: 미군 105mm 곡사포를 발사하고 있는 프랑스 제1군 포병부대원들.

# 91 셔먼 전차(Sherman Tank)

1939년부터 1941년 사이에 유럽에서의 전차 개발을 평가해보면 미육군은 기존의 차체에 주형으로 부어서 만든 새로운 상부장갑 (Cast Hull)과 360도 회전이 가능한 포탑에 75mm 포를 탑재한 M4 셔먼(Sherman) 중형 전차를 만들기로 했다. 이는 독일군의 전차에 대항할 수 있는 중형 전차를 빠른 시간 내에 수천 대 생산해서 영국군과 미군에게 공급하자는 근본적인 고려에서 시작되었다.

셔먼 전차는 독일의 전차들과 비교해서 심각한 단점을 가지고 있었고 미군도 이 단점들을 충분히 알고 있었다. 하지만 충분한 양의 중형 전차 공급이 더 절실히 필요했었다. M4 셔먼 전차를 선정한 당사자들도 나중에 그 전차가 개조되고 더 발전시켜야 한다는 사실을 알고 있었기 때문에 전쟁이 끝날 때까지 여섯 번의 중요한 개조 작업이 있었다.

그 사이에 셔먼 전차는 미군과 영연방군 그리고 러시아 전차병들에 의해 운영되면서 전쟁터 곳곳에서 다양한 버전으로 전투에 참가했다. 하지만 M4 셔먼 전차는 전차 대수가 아주 많다는 것과 관리가 쉬웠다는 것을 제외하고는 전차병들을 행복하게 만들지는 못했다.

1945년까지 미국은 4만 대 이상의 셔먼 전차를 생산했다. 소련은 주력 전차인 약 4만 대 정도의 T-34를 전투에 투입했다. 그것과 비교해서 셔먼이 가장 많이 상대해야 했던 독일의 전차였던 PkW IV는 1만 500대 그리고 PkW V는 5,500대만 생산됐다. 독일의 뛰어난 제조 기술력도 결국은 물량으로 밀어붙이는 연합군을 상대하지는 못했다.

셔먼 전차는 무게가 30톤이었고 탑승 인원은 5명이었다. 셔먼 전차의 엔진은 항공기 제조사들과 자동차 회사들(Continental, Wright, General Motors, Ford, Caterpillar)에서 만들었다. 처음에는 가솔린 엔진이었다가 나중에 디젤 엔진으로 바뀌게 되는데 그 이유는 가솔린 엔진이 폭발 위험성이 더 많았고 휘발성이 더 커서 전차병들이 탈출할 수 있는 시간이 없다는 것 때문이었다. 셔먼 전차의 장갑은 독일 전차와 대전차포를 상대하기에는 너무 취약했기 때문에 전차병들의 생존 문제가 심각하게 대두됐다. 이런 문제는 전차 부대 운영 전술에서 최우선시됐고 포탑만 보일 수 있는 지형을 활용하게 만들었다.

셔먼 전차의 주포는 포구초속이 더 빠르고 관통력이 더 큰 독일의 포탄들과는 맞대응할 수 없었다. 셔먼 전차로 상대 전차를 파괴하기 위해서는 기민하게 기동하여야 했다. 1944년 빠른 속도의 76mm 포를 탑재한 새로운 M4 모델이 도입됐다. 영연방에서 사용하던 셔먼 전차들은 75mm 포를 영국의 17파운드 대전차포로 대체했는데 더 좋은 효과를 볼 수 있었다. 이들 M4A4 영연방 전차는 독일의 전차들을 상대해서 더 큰 위력을 발휘했다.

상부장갑의 내구성을 높이기 위해 전차 제조업체들은 주형으로 만든 장갑판을 버리고 용접으로 더 무거운 철판들을 결합시켰다. 또한 궤도의 폭을 더 넓게 하고 더 강하게 만들어서 연약한 지반에서도 제대로 기동하고 경사진 곳을 더 잘 올라 갈 수 있게 했다. 두 정의 7.62mm 기관총이 있어서 포탑 내부와 조종실에서 발사할 수 있었고 외부에는 12.7mm 기관총이 있었다.

이러한 태생적인 결함이 아이러니컬하게도 M4 셔먼 전차를 전투 지역에 맞게 전술적으로 활용할 수 있는 매력적인 변종들을 만들어내게 했다.

M4 셔먼 전차는 화염방사기, 지뢰 제거, 로켓 발사기, 지휘 차량들로 변하기도 했다. 일부 M4 셔먼 전차들은 포탑을 떼어내고 병사 수송용 차량으로 사용되기도 했고 또 어떤 것들은 항공 통제관들을 수송하기도 했다. M4 셔먼 전차의 또 다른 변종은 전차포 대신 105mm 곡사포로 교체하여 자주포로 변신시켰다. 불도저 날을 단 M4 셔먼 전차는 1944년 유럽에 있던 연합군 기갑부대의 표준 장비로 편제화되었다. 결론적으로 M4 셔먼 전차는 필요에 따라 다용도로 활용되었다.

왼쪽: 노르망디 상륙작전 후 폐허가 된 플레르(Flers)를 통과하고 있는 셔먼 전차.

위: 영국의 17파운드 대전차포를 탑재한 M4A4 셔먼 전차.

# 92 빅토리아 훈장(Victoria Cross)

2차 세계대전이 발발했을 때 제정된 지 83년이 된 빅토리아 훈장은 영국과 영연방 군인들 중 무공을 세운 사람에게 수여하는 제일 권위 있는 훈장이었다. 빅토리아 훈장을 받은 사람은 서열에 상관없이 우선시되었고 영국 최고의 훈장인 가터(Garter) 훈장을 포함해서 그 어떤 훈장 수여자보다 더 높이 인정되었다.

빅토리아 훈장은 1856년 빅토리아 여왕이 계급에 상관없이 용감한 행동을 한 영국의 장병들에게 훈장을 수여함으로써 그들이 인정받을 수 있게 하려는 뜻으로 만들었다. 러시아와의 크림 전쟁(1854~1856년)에서 무공을 세운 군인들도 소급 적용해서 훈장을 수여할 수 있도록 했다. 그 전까지만 해도 장교들만이 무공을 세우면 그에 맞는 훈장을 받을 수 있었다. 1858년부터 1881년 사이에 빅토리아 훈장은 극도로 위험한 상황에서 용감한 행동을 한 경우에도 수여할 수 있었다. 하지만 1881년 적과의 전투에서 무공을 세운 군인들만 수여받을 수 있게 바뀌었다. 수년 동안 빅토리아 훈장이 적과의 전투에서 활약한 경우에만 수여해야 하느냐의 여부 대한 논쟁이 있기도 했지만 빅토리아 훈장은 무공을 세운 경우가 아니면 수여되지 않았다. 이런 점은 2차 세계대전 당시 조지 십자훈장을 만들게 된 이유가 되기도 했다.

빅토리아 훈장은 1,353명에게 1,356번 수여됐는데 3명은 각각 다른 전투에서 올린 성과 때문에 메달을 수여받게 된 내용이 각각 새겨졌다. 2차 세계대전에서는 이렇게 한 사람이 두 번 받은 경우는 딱 1명으로 뉴질랜드군이었던 찰스 업햄(Charles Upham) 뿐이었다. 그래서 2차 세계대전에서 빅토리아 훈장은 181명에게 182번 수여됐다. 2차 세계대전에서 최초로 빅토리아 훈장을 받은 사람은 제러드 루프(Gerard Roope) 소령으로 영국 군함 글로웜(Glowworm)의 함장이었다. 1940년 4월 8일 노르웨이 근해에서 정찰을 하던 글로웜 호는 2척의 독일 구축함과 중순양함 아드미랄 히퍼(Admiral Hipper)와 맞닥뜨리게 되었다. 루프 함장은 어뢰를 발사해 그중 1발을 어드미럴 히퍼에 명중시켜 큰 타격을 가했지만 글로웜 호와 함께 루프 함장도 바다로 가라앉고 말았다. 또 잠수함 터뷸런트(Turbulent) 호를 지휘하던 존 린턴(John Linton) 중령은 1939년 9월부터 1943년 3월 사이 동안 1척의 순양함, 1척의 구축함, 1척의 잠수함과 28척의 수송선을 침몰시키고 포탄 공격으로 3량의 열차를 파괴시킨 공을 인정 받아 수여받았다.

2차 세계대전의 마지막 빅토리아 훈장 수여자는 캐나다해군지원예비군부대(Royal Canadian Naval Volunteer Reserve) 소속의 로버트 그레이(Robert Gray) 중위로 일본 공습 시 무공을 인정받아 수여됐다. 또 2차 세계대전 당시 사병들 중 마지막 빅토리아 훈장 수여자는 레슬리 스타체비치(Leslie Starcevich) 이등병으로 보루네오에 주둔하고 있던 호주군 제2대대 소속이었다.

26명의 인도인과 구르카인(Gurkhas)들이 2차 세계대전 시 빅토리아 훈장을 받았고 그중 마지막으로 2명이 같은 날 훈장을 받았다. 제13국경경비 소총부대(Frontier Force Rifles) 소속의 알리 하이다르(Ali Haidar) 이병과 제5마라타경보병부대(Mahratta Light Infantry) 소속의 나므데오 자데이(Namdeo Jadhao) 이병이 1945년 4월 9일 이탈리아의 세니오(Senio) 강 도하작전에서 세운 무공으로 수여받았다. 공군특수부대(SAS: Special Air Service) 소속으로 유일하게 빅토리아 훈장을 수여 받은 사람은 제1 SAS 연대의 안데르스 라센(Anders Lassen) 소령이었다. 그는 1945년 4월 밤에 벌어졌던 코마키오(Comacchio) 호수 전투에서 세운 무공을 인정받았다. 또 그는 훈장을 받은 덴마크인 3명 중 1명이었다. 폭격 임무를 맡았던 공군 중에서 빅토리아 훈장을 수여받은 사람은 총 23명이었고 그중 13명은 사후에 받았다. 마지막으로 받은 사람은 남아프리카 공군 소속의 에드윈 스웨일스(Edwin Swales) 대위였다.

9명의 잠수함 승조원들이 2차 세계대전 동안 빅토리아 훈장을 수여받았고 마지막으로 받은 2명은 이안 프레이저(Ian Fraser) 중위와 제임스 마제니스(James Magennis) 상병으로 이들은 1945년 7월 31일 싱가포르 조호르 해협(Johore Strait)에서 소형 특수 잠수정인 XE3를 이용해 일본의 중순양함 다카오 호를 공격해서 큰 성과를 올렸다. 마제니스 상병은 2차 세계대전에서 빅토리아 훈장을 수여받은 유일한 북아일랜드인이었다.

왼쪽: 2차 세계대전에서 유일하게 빅토리아 훈장을 2번 받은 뉴질랜드 인이었던 찰스 업햄이 1945년 7일 버킹검 궁에서 거행된 수여행사에 서 조지 6세 앞에 서 있다.

위: 빅토리아 청동장.

# 93 독일의 미니 전차 골리앗(Goliath)

원격으로 조정되는 최초의 소형(미니까지는 아니었다)전차는 1939년에 제작된 독일의 지뢰제거차량(Sd Kfz 300) BI로 지뢰밭을 제거하기 위한 일회용 차량이었다. 1.5톤의 중량이었으며 무선 통신 장치로 조정해서 지뢰밭을 향해 굴러가도록 했다. 1940년 5월까지 BI 모델이 약 50대 생산됐다. 그 후 더 무거운 BII로 대체되기도 했지만 결국은 두 모델 모두 더 작고 유선으로 조정되는 골리앗(Goliath)에게 그 자리를 넘겨주게 된다.

1940년 프랑스 전투에서 독일은 프랑스의 미니 전차들을 노획한 후 이를 바탕으로 골리앗을 만들었다. 골리앗은 단순히 지뢰밭 제거용뿐만 아니라 다양하게 사용될 수 있도록 더 작게 만들어져 1940년 말 설계를 마쳤다. 1942년 4월부터 1944년 1월까지 2,650대의 골리앗이 생산되었으며 공식 명칭은 경(輕)폭약수송차(Leichte Ladungsträger Sd Kfz 302)로 원격으로 조정되는 폭발물 운송 궤도 차량이었다.

4개의 작은 바퀴들로 된 궤도와 앞쪽에 궤도 구동용 톱니바퀴, 그리고 뒤쪽에는 유동바퀴로 되어 있으며 0.37톤의 중량이 나갔고 길이 1.2m, 폭 0.82m, 높이는 0.55m였다.

2개의 보쉬(Bosch) 2.5kw 전기 모터가 동력이었고 1개의 전방 기어와 1개의 후방 기어가 있었으며 시속 9km(6mph)의 속도로 1.5km 미만의 거리를 갈 수 있었다. 세 가닥의 전선줄로 조종했는데 2개는 운전용이고 하나는 폭탄을 터뜨리기 위한 것이었다.

몸체는 크게 세 부분으로 나뉘어 앞부분에는 폭발물 그리고 중앙에는 조정 장치, 뒤에는 전선줄 통이 있었다. 각각의 궤도를 움직이기 위해 2개의 12볼트 배터리와 전기 모터를 전차의 측면 안에 넣어놓았다.

처음에 골리앗은 기갑공병대대 혹은 기갑강습여단에서 운영되었다. 골리앗은 러시아 전선에서 많은 작전에 투입되었으며 쿠르스크(Kursk) 지역에서 지뢰밭을 제거하는 데 많이 쓰였다. 또한 1944년 바르샤바 봉기(Warsaw Uprising) 당시 폴란드 국내저항세력(Polish Home Army)을 상대해서 사용되기도 했다. 그 당시 폴란드 국내저항세력은 대전차 무기가 거의 없었기 때문에 용감한 자원병들이 골리앗이 목표물에 도달하기 전에 골리앗을 움직이는 유선줄을 끊기 위해 달려나가기도 했다. 1944년 6월의 노르망디 상륙작전 당시에도 골리앗들이 사용되기는 했지만 연합군 병사들이 움직이지 못하고 있던 골리앗들을 노획했다. 조정 케이블만 끊게 되면 골리앗에 들어 있는 폭발물은 아무런 소용도 없는 무용지물이었다.

1942년 골리앗의 새로운 버전인 Sd Kfz 303(V-motor)이 개발되었는데 더 넓은 작전 반경과 더 많은 폭발물을 실을 수 있었다. 2개의 모델 303a와 303b가 만들어졌는데 303a는 303b보다 더 작고 가벼웠다. 303b는 무게가 0.43톤이었다. 703cc 가솔린 엔진을 탑재해 최고 속도는 시속 12km(7.5 mph), 운행 거리는 12km였지만 전투 시 작전 반경은 조정 케이블이 640m였기 때문에 그 안에서만 임무를 수행할 수 있었다. 그래서 전투 지역으로 이동시키기 위해 이륜 트레일러를 이용하기도 했다.

골리앗은 1945년 1월까지 생산됐지만 원격으로 조정되는 폭발물 차량은 그 외에도 또 있었다. 3.6톤의 중(重)폭약수송차(Schwere Ladungsträger Sd Kfz 301 Ausf)가 그것으로 A와 B 모델이 1942년 3월부터 1943년 11월까지 생산되었으며 지뢰밭을 제거하거나 방어 진지 가까이에 접근해서 싣고 간 폭발물을 내려놓은 후 터뜨리기도 했다. 무선 통신장치를 이용해 폭발물을 내려놓고 차량을 뒤로 후진시킬 수 있었다. 시속 37km(23mph)의 속도로 211km까지 기동할 수 있었으며 러시아 전선에서 지뢰밭을 제거하는 데 효과적으로 사용됐다.

왼쪽: 1944년 3월 동부 전선에서의 골리앗.

위: 골리앗.

# 94 낙하산을 이용한 물자 공수

2차 세계대전 동안 영국의 공수부대는 작전을 수행할 때 포, 지프, 공병 물자, 의료품 등과 같이 무거운 물자들은 글라이더를 이용해 공수했다. 하지만 글라이더 착륙 대대들이 창설되기 전에는 낙하산 대대들은 필요 물자를 투하시키는 방법들을 나름대로 고안하여 사용했다. 공수부대에서 글라이더들이 사용된 후에도 낙하산병이 가지고 내리기에는 너무 무거운 물자들과 물품들은 별도로 투하시킬 필요성이 생겼으며 주로 낙하 후 바로 사용해야 하는 무선 통신 장치, 모터 사이클, 탄환, 중박격포, 비상 식량 등이었다.

영국 공군의 중앙착륙기관(Central Landing Establishment)은 안전하게 공수할 수 있는 컨테이너들에 대한 다양한 실험을 했다. 처음으로 만든 것은 대나무 막대기들과 누비 매트를 이용해서 포켓 안에 소총들과 다른 물자들을 꽂아 넣을 수 있도록 했다. 매트를 둘둘 말아올려 한쪽 끝을 낙하산과 연결할 수 있게 길이 8.5m의 철제 바에 묶었다. 둘둘 말아올린 매트와 같은 직경의 통 안에 넣어 항공기의 폭탄 투하실에 실을 수 있게 했으며 직경이 다른 타입의 물자 수송 용기는 싣지 못했다. 이 매트는 단점들이 많았는데 아주 작은 종류의 물자들만 나를 수 있었으며 매트를 재빠르게 다시 푸는 것도 힘들었다.

GQ 낙하산 중대(Parachute Company)는 휘틀리(Whitley) 폭격기의 폭탄 투하실에 실을 수 있는 물자수송함을 만들어 특수작전부서에 다량으로 공급했다. 이 물자수송함은 길이 1.8m, 직경 38cm로 한쪽 끝으로만 열 수 있게 되어 있었다. 그래서 밤이나 전투 중에도 빠르게 물자수송함을 열 수 있었다. 그 뒤에 270kg의 물자를 실을 수 있는 세로로 길게 된 금속 통이 생산되었지만 38cm의 직경 안에 들어가지 않는 덩치가 큰 물자, 예를 들어 무선 통신 장치들은 여전히 실을 수 없었다. 나중에 핼리팩스(Halifax), 스털링(Stirling), 랭커스터(Lancaster)와 같은 더 큰 폭격기들이 등장하면서 자연히 폭탄투하실도 커짐에 따라 3m 길이에 직경 46cm의 직사각형 모양의 물자수송함이 만들어지기 시작했다.

무겁고 위험한 물품들, 예를 들어 3인치 박격포 바닥판, 75mm 곡사포의 예비 포열, 뱅갈로어 토피도(81항 참조) 같은 물자들을 위한 특수 상자도 개발되었다. 그런 물자들의 크기와 외형 때문에 어떤 폭격기의 폭탄 투하실에도 실을 수 없었다. 그래서 항공기 내부에 실어서 점핑 홀(Jumping Hole)을 통해 투하하거나 항공기 문 밖으로 내던져 투하시켜야 했다. 이런 방법이 성공함에 따라 다코타 수송기처럼 폭탄 투하실이 없는 항공기에서도 문 밖으로 물자를 밀어 내서 투하시키는 게 가능해졌다.

많은 물자수송들이 공수부대에게 투하되었지만 그에 못지않게 독일 점령 지역 내에 있던 빨치산과 레지스탕스 그리고 영국의 특수작전국 요원들에게도 투하되었다. 1944년 바르샤바 봉기 당시 영국 공군과 폴란드 공군은 8월 4일부터 9월 21일까지 많은 물자를 폴란드 국내저항 세력들에게 투하하였다. 소련이 이 작전을 위해 자신들의 비행장을 사용하는 것을 거부하자 수송기들은 영국과 이탈리아에서 출격할 수밖에 없었고 7주 동안 104톤의 물자를 투하했다. 그로 인해 그 작전에 참여했던 항공기 중 약 12퍼센트가 왕복 3,220km의 장거리 비행 도중에 격추되었다. 처음에는 루스벨트 대통령이 미국 공군이 바르샤바 봉기에 참가하는 것을 거부하다가 나중에 참여하기로 결정을 바꾸면서 9월 18일 소련이 110대의 B-17이 소련 내의 비행장에서 재급유할 수 있게 했고 바르샤바 봉기에 필요한 물자를 공수했다. 하지만 물량이 너무 부족했고 시간적으로 너무 늦었다. 폴란드 국내저항 세력은 1944년 10월 3일 항복하고 말았다.

독일군을 포함한 다른 공수부대들도 유사한 외형과 크기의 물자수송함을 사용했다. 1943년 7월 13일 시칠리아에서 영국 제1낙하산 여단이 악몽 같은 야간 투하 작전을 펼쳤을 때 한 영국군 장교가 자신이 속한 대대의 물자수송함이라고 생각하고 뚜껑을 열었는데 그것은 독일군 물자수송함이었다. 시칠리아에 독일군 낙하산 부대가 증원될 때에도 동일한 투하 지점을 이용하면서 그때 투하되었던 독일군의 물자였던 것이다.

왼쪽: 유고슬라비아에서 활동하고 있던 국내저항 세력들에게 물자 보관함들을 낙하산으로 투하시키고 있는 영국 공군의 핼리팩스(Halifax) Mk II.

위: 이탈리아에서 유고슬라비아 국내저항 세력들에게 보낼 물자 보관함들을 포장하고 있다.

# 95 캐나다군 휘장

캐나다군은 1차 세계대전에 참전했을 때 사단 패치와 숫자로 표시한 소속 부대표지만 부착하고 있었지만 2차 세계대전 당시에는 야전복에 군단이나 사단 마크와 함께 대대, 연대, 특수 부대 표지들을 달고 참전했다. 이것은 영국군의 시스템을 반영한 것으로 특별한 모자, 모자 배지 그리고 지역이나 주 혹은 국가 자긍심을 반영하는 연대의 상징 등과 같은 것을 포함하고 있었다.

캐나다를 상징하는 심벌은 단풍잎이기는 했지만 부대 식별 표지는 영국군의 연대 단위 표지 시스템의 영향을 받았다. 캐나다군 병사들은 영국식의 제복과 전투복을 입고 영국군의 무기들을 사용하고 있었기 때문에 간결한 캐나다군 부대 식별 표지만이 캐나다의 국가 자긍심을 반영하는 유일한 것이었다. 군복 위에 부착된 표지는 'Canada'였다.

캐나다군은 3개의 보병사단과 2개의 기갑사단 그리고 3개의 독립기갑여단, 1개의 낙하산 대대가 참전했으며 그 외에도 많은 전투지원부대(공병)들과 전투근무지원부대(의무)들이 연합군에 복무했다.

2차 세계대전 당시 실제 전투에 참가한 캐나다군은 약 70만 명에 달한다. 1945년까지 이들은 전원 자원병들이었으며 자신들이 달고 있는 부대 마크들에 대한 자부심이 강했다. 자신들이 공식 부대 명칭이 무엇이든지 상관없이 캐나다군 병사들은 자기들만의 연대 심벌과 이름을 사랑했다.

대개는 소속 연대를 알려면 모자 배지나 어깨 솔기 바로 아래에 부착된 마크를 보고 그 사람이 프린세스 패트리샤 캐나다 경보병(Princess Patricia's Canadian Light Infantry)의 대대 소속인지 아니면 캐나다 하일랜드 경보병(Highland Light Infantry of Canada) 소속인지 또 퓨질리어 몽-로열(Fusiliers Mont-Royal) 소속인지를 알 수 있었다. 캐나다군 병사들은 계급장 위에 색깔이 들어간 사각형의 사단 패치를 달고 있었고 미육군에서는 일반적으로 특별하게 사단을 나타내는 표지는 없었다.

2차 세계대전 초기에 캐나다군 병사들은 사각형의 사단 패치 위에 색깔이 들어간 원형 패치를 달아서 사단 내에 어느 여단에 속하는지를 나타내기도 했다. 지원 부대와 같은 특정 부대 소속 병사들은 사단 패치 대신에 다른 배지를 달기도 했는데 예를 들어 통신 지원 임무를 맡은 병사들은 'Royal Canadian Signals'이라는 배지를 달았다.

위: 1942년 8월 19일 프랑스의 디에프(Dieppe)에서 독일군 하사가 포로로 붙잡힌 캐나다군 장교에게 담뱃불을 붙여주고 있다. 캐나다군 장교의 왼쪽 팔을 보면 캐나다군 마크를 볼 수 있다.

위: 캐나다 공군(Royal Canadian Air Force)의 마크.

다음 페이지: 1943년 이탈리아 캄포치아로(Campochiaro)에서 조심스럽게 전진하고 있는 캐나다군 보병.

# 96 국민돌격대(Volkssturm) 완장

히틀러는 1944년 9월 25일 국민돌격대(Deutscher Volkssturm)를 창설했다. 그리고 프러시아, 영국, 폴란드, 스웨덴, 러시아 등으로 이루어진 대(對)프랑스 동맹군이 1813년 라이프치히(Leipzig)에서 나폴레옹을 상대로 승전보를 올린 기념일인 10월 18일에 최초로 관련 법령을 발표했다. 히틀러는 개인적인 목적이나 선전의 목적이든 혹은 자기만의 착각이든 프러시아의 역사적인 사건이 있었던 날에 맞추어 자기 자신과 자신의 행동을 부각시키는 것을 좋아했다. 라이프치히 전투는 1806년 예나(Jena)에서 프러시아가 대패했었던 치욕을 되갚아 줄 수 있었던 중요한 전투였다.

히틀러는 그 당시의 프러시아와 지금의 독일을 같은 연장선상에 놓기를 원했고 비록 지금 독일이 2개의 전선에서 공격을 받고 있기는 하지만 결국은 독일이 이길 것이라는 메시지를 담고 있었다. 나라 전체가 전투 태세에 돌입해서 현재의 독일이 나폴레옹 전쟁 당시 국가를 개혁하고 군대를 재활성화시킨 프러시아의 업적을 다시 한 번 보일 수 있다고 생각했다. 하지만 독일 국민의 군대 동원령은 1813년 나폴레옹과 싸우기 위해 소집된 국민군(주로 게릴라들)과는 상당 부분 달라보였다.

히틀러는 관방장관이자 자신의 개인 비서였던 마틴 보르만(Martin Bormann)에게 600만 명을 소집하라고 지시를 내렸다. 이 숫자는 1944년 5월에 독일의 노동 인구 중에서 군대 복무를 하고 있지 않던 600만 명 이상의 남자가 있다는 통계치를 바탕으로 산출된 것이었지만 국민돌격대는 이 숫자를 채우지는 못했다. 기본 단위 부대는 16세에서 60세 사이의 남자들로 이루어진 대대였다. 16세의 남자들은 히틀러 유겐트(Hitler Youth: 나치 독일의 청소년단) 소속이었고 나이 든 남자들은 대부분 이미 군복무를 마친 퇴역 군인들이거나 아니면 군복무를 하기에 적당하지 않은 사람들이었다. 그들 대부분은 자신들이 살고 있는 지역을 지키는 것으로 생각하고 있었지만 실제적으로는 많은 이들이 연합군이 독일 지역으로 진격하고 있던 동부와 서부 전선으로 보내졌다. 국민돌격대는 독일의 예비군 총사령관이었던 하인리히 히믈러(Heinrich Himmler)가 지휘했다. 반면에 자신의 거주지 안에 있던 국민돌격대는 지역 나치당의 명령에 의해 통제됐다. 일단 부대 배치를 받으면 그들은 군의 명령 아래 놓였다.

전시 노동(군역)은 여전히 최우선 순위였기 때문에 일요일마다 4시간씩 훈련을 받았다. 군복을 가지고 있는 경우에는 군복을 입었고, 없으면 평상복을 입고 챙이 좁은 중절모나 납작한 운동모를 착용했다. 무기와 탄환이 턱없이 부족했으며 가장 많이 가지고 있던 무기는 독일의 개인용 대전차 화기인 판저파우스트(Panzerfaust)였다. 전쟁 막바지 몇 달 동안 독일은 국민돌격소총(Volkssturmgewehr)을 생산했다. 이 총은 대부분 조잡하게 만든 수동 노리쇠식의 소총이었고 일부는 탄창도 없어서 한 발을 발사한 후에는 새 탄환을 손으로 일일이 장전해야 했다. 또 일부는 가늠쇠를 조절할 수도 없었다.

1945년 1월부터 2차 세계대전이 끝날 때까지 좀 더 정교한 반자동 소총이 생산되기 시작됐는데 정확히 얼마나 만들어졌는지는 알 수 않고 대략 1만 정 정도 생산된 것으로만 알려져 있으며 현재에도 남아 있는 것은 거의 없다.

동프로이센에서 조직되었던 국민돌격대는 가장 효과적으로 운영

되었다. 이곳은 이미 한 세기 전에 시민군이 만들어졌던 곳이었기 때문에 시민군의 전통이 자리잡고 있었다. 게다가 2차 세계대전에서 붉은 군대(Red Army)로부터 최초로 위협을 받은 독일의 동쪽 지역이었고 자신들의 집을 침략자로부터 지켜내려고 애를 썼었다. 전쟁이 끝날 때까지 많은 독일인들은 미국이나 영국과 다르게 붉은 군대가 점령하고 있던 지역은 어떻게든 최소화해야 한다고 굳게 믿고 있었다. 이런 여러 가지 요인들이 합쳐져서 동프러시아 지역에서는 그 어떤 지역보다 시민군들이 더 격렬하게 저항했다.

왼쪽: 1944년 11월 2일자 〈베를리너 일루스트리르테 차이퉁(Berliner Illustrierte Zeitung)〉에 실린 표지(시민 봉기라는 제목으로 되어 있다).

위: 국민돌격대 완장.

다음 페이지: 여기에 나오는 국민돌격대 병사들은 군복을 입고 있었기 때문에 완장을 차고 있지 않았다. 사진 속에서 소년과 악수를 하고 있는 파울 괴벨스(Paul Joseph Goebbels)가 순시를 할 때였기 때문에 군복을 입고 찍은 듯하다.

# 97 P-51 머스탱(Mustang)

1940년 영국 공군이 지상 공격용 전폭기로 사용하려고 계획 중이었던 P-51 머스탱은 2차 세계대전에서 가장 우수한 전투기 중 하나가 되었다. 미육군 항공대의 제8, 제15전투비행대에서 주력기로 전환되어 1944년부터 1945년 사이에 독일의 산업 시설물들을 폭격하기 위해 독일 본토로 비행하는 미국 폭격기들의 호위 임무를 맡게 되었다. P-51 머스탱의 세 가지 기본 모델 중 일부는 6년 넘게 세계 곳곳에서 벌어지는 전쟁터에서 활약했다.

영국 본토 방어를 위해 허리케인과 스핏파이어를 생산하느라 더 이상 가동할 공장 시설이 없게 되자 1940년 4월 영국 공군은 미국에 있던 노스 아메리카 항공사에게 공중전과 지상전 모두에서 최상의 전투력을 가질 수 있는 1인승의 싱글 엔진 항공기를 제작해 달라고 요청했다.

노스 아메리카 항공사는 과거에 설계했던 경험에 따라 117일 만에 최신 공기 역학을 적용한 기체를 생산했지만 1,100마력의 엘리슨 엔진이 시험비행을 지연시켰다. 이 엔진은 지상 공격에 문제가 되지 않았지만 머스탱 1형(Mustang I [Model A])이 지상공격 이외의 임무 수행에는 한계를 가지고 있었다. 하지만 속도, 거리, 비행 조종 등과 8정의 7.62mm 구경 기관총들은 뛰어난 장점으로 보였다. 이 비행기가 좋아질 것으로 보여서 영국 공군은 이 항공기를 평가하기에 앞서 320대의 머스탱을 주문했으며 생산되고 난 후에 머스탱을 지상 정찰용으로 사용했다.

그러나 1940년부터 1941년 사이에 시험 비행과 작전 수행 시에 머스탱의 기본적인 결함이 문제가 되기 시작했다. 고도 6,100m에 접근하면 동력이 떨어지면서 속도가 현저히 저하되는 것이었다. 머스탱이 독일 영공으로 비행은 할 수 있었지만 오직 저고도에서 정찰 임무밖에 할 수 없었다. 미육군 항공대가 1942년 저고도에서 임무 수행을 하는 머스탱의 성능을 높여 새로운 버전을 테스트했는데 자동 밀봉식의 날개 내부에 설치된 연료저장장치(Wing Tank), 4정의 20mm 기관포 그리고 고성능의 카메라들을 탑재했다. 미육군 항공대는 또 폭탄 부착 장치를 개발하고 6정의 12.7mm 구경 기관총으로 장착 무기를 바꾸었다. 멀린(Merlin) 엔진을 위해 엔진 덮개도 조금씩 고쳐나가고 있었다.

영국 공군과 미육군 항공대는 모두 스핏파이어보다 작전 반경이 더 큰 전투기와 P-38이나 P-47보다 우수한 전투기가 필요했다. 롤스로이스/패커드(Rolls-Royce/Packard)가 개발한 엔진은 엘리슨 엔진보다 더 뛰어난 성능을 보였다. 하이브리드 롤스로이스/패커드 엔진인 멀린 V-1650-3은 비행기가 상승할 때 더 큰 동력을 내서 속도를 높일 수 있었고 고도 8,530m에서 시속 910km(4 41mph)의 최고 속도를 낼 수 있었고 다른 전투기들보다 더 빠르게 상승할 수 있었다.

미육군 항공대는 제8공군의 B-17과 B-24를 보호할 수 있는 장거리 전투기(그때까지 주로 P-47이 그 임무를 맡고 있었다)가 절대적으로 필요했다. 1943년 12월 새로운 P-51B과 P-51C가 유럽 상공에서 전투를 벌이기 위해 생산되었다. 1944년에 특수 캐노피와 공대공 전투력을 높이기 위한 다른 장치들을 탑재한 D 모델이 생산되었다.

P-51의 최종 모델이 가지는 비행 거리는 3,200km 이상이었고 실용 상승한도(Service Ceiling)는 1만 2,500km였다. 경험이 풍부한 미육군 항공대의 조종사들과 짝을 이루어 P-51은 2차 세계대전 마지막 해에 유럽과 아시아의 하늘을 지배했다. 전쟁이 끝나기 전까지 노스 아메리카 항공사는 7,956대의 D 모델을 포함해서 총 1만 5,586 대의 P-51을 생산했다.

왼쪽: 1944년 4월 10일 영국에서 D S 젠틸(Gentile) 대위가 P-51B 머스탱의 날개 위에 앉아 포즈를 취하고 있다.

위: 1944년 7월 20일 프랑스 상공을 날고 있는 P-51 머스탱 전투기들.

# 98 V-병기(V-weapons)

독일은 자국의 도시들을 폭격한 연합군에게 보복하기 위해 개발한 무기를 'Vergeltungswaffen(복수의 무기)'라고 불렀다. 그리고 영국은 그 무기를 V-병기(V-weapons)라고 불렀다. V 로켓은 세 가지 타입이 있었다.

V-1 비행 폭탄은 조종사 없이 펄스 제트(Pulse-Jet) 엔진으로 추진되는 작은 비행 물체로 크루즈 미사일의 초기 형태이다. 램프에서 발사되거나 하인켈(Heinkel) III 폭격기에서 공중 발사될 수 있었다. 발틱의 페네뮌데(Peenemünde)에서 베르너 폰 브라운(Wernher von Braun) 박사의 주도 아래 처음으로 시험 비행을 했다. 그리고 1944년 6월 13일 런던을 향해 처음으로 발사됐다. 6월 말까지 2,452발의 V-1 로켓이 런던을 향해 발사됐고 그중 3분의 1인 약 800발이 런던을 강타했다. 또 3분의 1은 연안에 도착하기 전에 터지거나 전투기나 대공포에 의해 격추되었다. 그리고 나머지 3분의 1은 목표물에 도착하기 직전에 터지거나 격추되었다.

V-1 로켓 중 아주 일부는 하인켈 III 폭격기에서 발사되었지만 절반가량이 날아가지도 못하거나 발사되자마자 터지기도 했다. 지상에서 발사되는 것과 비교했을 때 공중에서 발사되는 것은 정확도가 떨어졌다. 1944년 10월부터 1945년 3월까지 V-1 로켓 공격은 북서 유럽에 주둔하고 있던 연합군에게 물자 수송을 맡고 있던 안트베르펜(Antwerpen) 항구에 집중되었다. 런던에 대한 공격은 1945년 3월 3일부터 네덜란드에 있던 발사 기지로부터 재개되어 3월 말 발사 기지가 점령될 때까지 계속되었다. 1만 발 이상의 V-1이 런던을 향해 발사되었고 그들 중 7,888발이 바다를 건넜고 3,957발이 목표물에 다다르기 전에 격추되었다. 런던에는 2,419발의 V-1이 떨어졌고 30발이 사우스햄튼, 포츠머츠에 떨어졌고 1발이 맨체스터에 떨어졌다. V-1으로 인해 6,184명이 죽었고 1만 7,981명이 부상당했다.

V-1 로켓은 개미귀신(Doodlebug) 혹은 버즈 폭탄(Buzz Bomb)이라고도 불렀는데 정해진 목표물 상공에서 속도를 줄이면서 지상으로 내려올 때 나는 엔진 소리 때문에 그런 이름이 붙여졌다. V-1 로켓이 떨어지는 부근에 있던 모든 사람들은 순간적인 정적과 함께 로켓이 어디로 떨어질지 걱정을 해야 했다.

V-2 로켓은 위력이 더 대단했다. 폭탄 적재량(975kg)이 더 늘어났을 뿐 아니라(V-1 로켓은 875kg이었다) 중간에 터지거나 격추하기도 힘들어졌다. V-2 로켓은 지금의 대륙간 탄도탄의 전신이었다. 최대 속도는 시속 5,800km이고 지구 위로 96km까지 상승할 수 있었으며 320km까지 날아갈 수 있었다. 1942년 10월에 최초로 성공적으로 발사되었지만, 연합군 특히 영국에게는 다행스럽게도 개발과 생산 과정이 굉장히 복잡했다. 영국 공군과 미육군 항공대의 페네뮌데 발사 기지 폭격으로 V-2 로켓과 관련된 것들이 모두 심각한 타격을 받게 되었고 1944년 5월 하르츠 산맥에 있는 노르트하우젠(Nordhausen)의 지하 공장으로 생산시설을 옮길 수밖에 없었다. 1944년 9월 8일 런던의 치즈윅(Chiswick)에 처음으로 V-2가 떨어져 3명이 죽고 17명이 부상을 당했으며 1945년 3월 27일에는 마지막 V-2가 런던을 향해 발사되었다. 총 1,054발의 V-2가 영국에 떨어졌는데 하루에 약 5발 꼴이었고 그중 3발은 런던에 떨어져서 2,700여 명의 런던 시민이 사망했다. 안트베르펜에는 900발의 V-2가 1944년 후반부 3개월 동안에 떨어졌다.

V-2는 은폐가 쉬운 작은 콘크리트 패드에서 발사되었다. 모든 발사 장치는 이동이 용이했기 때문에 발사 기지가 발각되어 폭격기가 공격해도 정확히 명중시키기 힘들었다.

V-3는 초장거리포로 칼레(Calais) 부근에 위치한 미모예퀴즈(Mimoyecques)에 2개의 발사 기지를 두고 런던을 향해 분당 10발의 10.92mm 포탄을 발사할 수 있었다. 그중 1개의 기지는 1943년 11월 영국 공군에게 폭격을 당한 후 버려졌고 남은 1개의 기지는 1944년 7월에 폭격당했다. 그후 곧바로 연합군이 그 기지를 장악했다. 독일은 단순하게 화포를 이용해서 안트베르펜과 룩셈부르크에 있던 연합군을 향해 공격을 강행했지만 효과는 별로 없었다. 결국에 독일은 연합군의 손에 넘어가는 것을 막기 위해 화포들을 파괴했다.

왼쪽: 쿡스하펜(Cuxhaven)의 발사대에 올려져 있는 V-2 로켓.

위: 날아가고 있는 V-1.

오른쪽: 발사 준비 중인 V-2 로켓.

다음 페이지: 1944년 7월 1일 런던에서 V-2 로켓에 맞아 붕괴된 건물 잔해 사이에서 구조작업을 벌이고 있다.

# 99 히틀러의 별장 독수리 요새(Eagle's Nest)와 베르크호프(Berghof)

독수리 요새와 베르크호프는 오버잘츠베르크(Obersalzberg)의 산 정상에 있는 히틀러의 별장으로 바바리아(Bavaria) 남동쪽에 있는 베르히테스가덴(Berchtesgaden: 독일 남동부 바이에른 주에 있는 도시) 시가지가 한눈에 내려다보이는 곳에 있다. 이곳은 히틀러가 자신의 정치적 견해를 담아 집필한 책인 《나의 투쟁(Mein Kampf)》를 통해 번 돈으로 구입했었다.

가장 큰 주된 건물은 베르크호프였다. 거대하고 웅장한 카펫이 깔린 방들은 히틀러가 직접 디자인했는데 이것은 히틀러의 개인적인 취향과 더불어 그가 유년기 때 건축가가 되고 싶어했었던 부분이 반영된 것이었다.

주된 건물은 2만 명의 병력이 거주할 수 있는 병영을 포함하는 단지의 중앙에 자리잡고 있었으며 주위를 방어할 수 있는 5개의 요새들이 있었다. 꼭대기 층만 빙산처럼 땅위로 나와 있고 나머지 12개 층은 산 암반을 깊게 파서 그 안에 있게 했다. 꼭대기 층에서는 산 정상과 밑으로는 흐르는 계곡물이 보이는 기가 막힌 경치를 볼 수 있었다. 전체 방 중에서 가장 인상적인 방은 거대한 리셉션 룸으로 수많은 그림들이 걸려 있었으며 옆에는 연회장이 있었다. 지하에 있는 층들에는 경호원실과 주방, 침실, 식품 창고, 와인 저장고들이 있었다.

히틀러의 충복들인 헤르만 괴링(Hermann Goering), 요제프 괴벨스(Joseph Goebbels), 마르틴 보르만(Martin Bormann)은 근처에 규모가 작은 집들에서 지냈다. 증원 병력을 위한 기지들이 베르크호프와 가까운 근처에 자리를 잡고 있었고 베르히테스가덴과 별장 단지 사이는 특별한 도로를 통해 연결되어 있었다.

켈슈타인하우스(Kehlsteinhaus)라고도 알려진 독수리 요새는 베르크호프에서 약 6.5km 떨어진 켈슈타인(Kehlstein) 산 정상에 작은산장 형태로 만들어졌다. 히틀러의 50번째 생일을 기념하기 위해 지어졌으며 1939년 4월 20일 히틀러가 생일 선물로 받았다. 독수리 요새로 가는 길은 79m를 올라가기 위해 5개의 터널을 통과해야 했다. 산에서 건물 안으로 들어가려면 약 120m의 긴 터널을 통과한 다음에 다시 120m를 엘리베이터를 타고 올라가야 했다.

그 곳의 공식 명칭은 외교연회소(Diplomatic Reception Haus) 혹은 짧게 줄여서 D-하우스(D-Haus)였는데 영어 사용자들이 티 하우스(tea house)라고 잘못 발음하는 경향이 많았다. 그 결과로 베르크호프에 있는 티 하우스(tea house: 히틀러가 베르크호프에 머무를 때 점심을 먹은 후 산책을 하던 곳)와 종종 혼동하기도 한다. 히틀러는 D-하우스는 거의 방문하지 않았다.

히틀러는 티 하우스에 정기적으로 들렀기 때문에 영국의 SOE(특수작전국)에서는 히틀러가 베르크호프에 머무르는 동안 암살하기 위한 계획을 세웠었다는 사실은 너무 잘 알려져 있다. 저격수가 길가 옆의 숲에 숨어 있다가 히틀러가 산책할 때 저격하려고 했었다. 하지만 그 계획은 1944년 7월에 있었던 히틀러 암살 시도(발키리 작전)가 실패한 후 히틀러가 다시는 베르크호프를 방문하지 않았기 때문에 실행에 옮길 수 없었다.

2차 세계대전이 끝나갈 무렵 연합국 지도자들은 광적인 나치 당원인 히틀러가 베르크호프 단지와 알프스 산맥에서 최후의 저항을 하라고 명령을 내리지나 않을까 걱정했다. 1945년 4월 25일 영국 공군의 랭커스터 617편대가 그 지역을 폭격했고 최소한 2발의 폭탄이 베르크호프에 명중했다. 꼭대기 층을 강타해서 잔해더미만 남겼다.

프랑스 제2기갑사단과 미국의 제101공수사단은 서로 먼저 베르크호프를 점령하기 위해 경쟁을 벌였지만 결국은 프랑스군이 먼저 점령했다. 4일 후 미국 부대로는 처음으로 제506낙하산 보병연대가 그곳에 도착했다. 그 뒤를 따라 제101공수사단 소속의 제321공수 포병대와 327 글라이더 보병연대가 도착했다. 베르크호프의 밑에 자리한 12개 층은 폭격으로부터 손상을 거의 받지 않았기 때문에 비록 그곳이 프랑스군의 전리품이었지만 수많은 히틀러의 샴페인과 코냑은 미국 공수부대원들이 즐기기에 충분할 만큼 남아 있었다. 아래 층에 있던 방들 중에서 제506낙하산 보병연대의 B중대원들이 군복을 입고 있던 SS 소장을 발견했다. 그는 투항을 거부하고 그 자리에서 총으로 자살했다. 중대원들은 그의 휘장과 훈장을 벗겨내고 침대 위에 시체를 올려놓은 후 떠났고 1년이 지날 때까지 아무에게도 말하지 않았다. 후에 다른 병사들에 의해 그 시체가 발견되어 자살로 마감한 유명한 신화가 되었다.

독수리 요새는 폭격으로부터 손상을 받지 않았고 베르크호프에서 한발 늦었던 제101공수사단이 점령해서 히틀러의 요새 잔해들 사이에서 승리의 사진을 찍을 수 있었다.

위: 켈슈타인(Kehlstein) 산에 있는 독수리 요새.

오른쪽: 히틀러가 괴벨스(Goebbels) 박사 부부와 그들의 세 자녀와 함께 베르크호프에서 찍은 사진.

아래: 독수리 요새 입구로 들어가는 터널.

다음 페이지: 베르크호프의 그레이트 홀(Great Hall).

# 100 핵 폭탄

1945년 7월 16일 뉴멕시코에서 최초의 핵 실험을 마치고 3주 후인 8월 6일 역사상 최초의 핵 공격이 실행되었다. 코드명 리틀보이(Little Boy)인 핵 폭탄이 일본의 히로시마에 투하되었다. 그리고 3일 후에 코드명 팻맨(Fat Man)인 핵 폭탄이 나가사키에 투하되었고 결국 일본은 1945년 8월 15일 항복하게 된다. 9월 2일 일본이 항복 선언문에 서명함으로써 2차 세계대전의 끝을 알리게 되었다.

핵 분열을 이용한 거대한 폭탄을 만들 수도 있다는 개념은 1903년 2명의 영국 과학자인 어니스트 러더포드(Ernest Rutherford)와 프레더릭 소디(Frederick Soddy)가 처음으로 발표했다. 하지만 그 뒤 별 진전이 없다가 2차 세계대전의 발발과 더불어 그러한 무기에 대한 관심이 재조명되기 시작됐다. 1940년 영국은 독일에서 탈출해 온 독일과 오스트리아 출신의 유대인 과학자들을 주로 참여시켜 연구에 착수했다. 핵 폭탄에 대한 연구를 거의 하지 않고 있던 미국은 1941년 미국 과학자들이 튜브 앨로이스(Tube Alloys: 영국의 핵 폭탄 개발 프로젝트 암호명)를 방문한 후에 깊은 인상을 받아 연구에 착수하였고 개발 프로그램을 암호명 맨해튼 프로젝트라고 불렀다. 그리고 미국이 2차 세계대전에 참전하면서 영국의 과학자들이 맨해튼 프로젝트에 합류했다. 반면에 독일 과학자들은 노르웨이에서 중수(Heavy Water, 重水) 생성 연구를 시작했다. 중수를 개발하는 것이 핵 분열의 핵심이라고 생각했다.

소련 역시 핵 폭탄을 만들고 싶어했기 때문에 미국과 영국으로부터 핵심 기술을 빼내기 위해 미국에서 상당히 많은 스파이 활동을 벌였다. 소련은 1949년까지 핵 폭탄을 보유하지 못했으며 핵심 기술도 대부분은 스파이들을 통해 얻은 것들이었다.

독일이 영국과 미국에 비해 훨씬 뒤처져 있다는 게 밝혀졌음에도 독일의 연구를 막기 위한 두 번의 주요 공격이 있었다. 첫 번째 공격은 1943년 1월 27일 밤에 노르웨이 리우칸(Rjukan)에 있는 중수 공장 시설을 특공대가 습격해서 대부분의 공장 시설과 기계들을

왼쪽: 나가사키에 팻맨(Fat Man)이 폭발할 때 발생한 버섯 구름.

위: 1945년 8월 9일 나가사키에 투하된 22 KT 핵 폭탄 팻맨.

파괴했다. 그 뒤에 1943년 11월 영국 공군의 폭격기 공격 후 독일은 어쩔 수 없이 남아있는 시설물과 중수를 독일로 옮길 수밖에 없게 되었다. 1944년 1월 20일 영국의 특수작전국(SOE)은 노르웨이 틴(Tinnsjø) 호수 위에서 중수를 싣고 이동하던 페리(Ferry)에 폭탄을 설치해 침몰시켰다.

영국과 미국의 공동 작업(대부분은 미국이었다)으로 2개의 폭탄 '리틀보이'와 '팻맨'이 만들어졌다. 2개는 서로 다른 핵 기술을 적용한 것으로 팻맨이 리틀보이보다 좀 더 개선된 폭탄이었다.

히로시마에서 약 7만 명이 죽었으며 대부분은 일반인들이었고 나가사키에서는 약 4만 명이 목숨을 잃었다. 또 소련의 붉은 군대가 일본에게 선전 포고한 다음날인 8월 9일에 만주를 침공했다. 일본은 그로 부터 6일 후 8월 15일 무조건 항복을 했다.

지금도 일본에 핵 폭탄을 사용한 것을 두고 도덕적인 측면에서 논쟁이 계속되고 있다. 사실 히로시마와 나가사키에 핵 폭탄을 투하하기 전에 먼저 사용했던 소이탄이 더 많은 사상자를 만들어냈었다. 1945년 3월 9일부터 시작된 도쿄 공습에서 10만 명의 민간인이 죽었고 100만 명 이상의 가옥이 파괴되었다. 또 그 뒤에 67개의 일본 도시 대부분을 파괴한 소이탄들은 다섯 달 동안 약 50만 명의 민간인의 목숨을 앗아갔으며 약 500만 명이 집을 잃고 떠돌게 만들었다. 그리고 오키나와 한 곳에서만 수천 명의 민간인이 사망했을뿐 아니라 태평양 전쟁 막바지의 몇 달 동안 일본인들이 거주하던 다른 섬들에서도 민간인 사상자들이 많이 발생했다. 핵 폭탄이 불러온 대학살은 그 전에 벌어졌던 민간인 희생자들을 희석시켰으며 일본 본토에 연합군이 침공했을 때 발생할 수 있는 민간인들의 예상 희생자 수도 의미가 없어 보였다.

게다가 강제 노동 수용소에 있는 수십만 명의 아시아인들과 연합군 전쟁 포로들도 일본이 2발의 핵 폭탄으로 급작스러운 충격 속에 전쟁을 끝내지 않았다면 모두 죽음으로 내몰렸을지도 몰랐다.

ENOLA
GAY
NO

왼쪽: 1945년 8월 6일 첫 번째 핵 폭탄 리틀보이를 히로시마에 투하했을 당시의 B-29 조종사였던 폴 티베츠(Paul Tibbets). 폭격기 위에 있는 폭격기 이름은 그의 어머니 이름이다.

위: 잔해만 남아 있는 히로시마 극장.

아래: 핵 폭탄이 투하된 후의 히로시마 모습.

# Picture Credits

The publishers would like to thank Getty Images and their photographers/agents for their kind permission to reproduce the pictures in this book.

8. Getty Images/Central Press, 9. Getty Images/Topical Press Agency, 10-11 Getty Images/Popperfoto, 12. Getty Images/Universal History Archive, 13. Carlton Books/IWM, 14. Getty Images/AFP, 15. Getty Images/Galerie Bilderwilt, 16. Scala/BPK, Berlin, 17. Science Museum/Science & Society Picture Library, 18. Corbis, 19. Alamy/Interfoto, 20. AKG-Images/Ullstein Bild, 21. (top) AKG-Images, 21. (bottom) Corbis/Bettmann, 22. Getty Images/Carl Mydans/Time & Life Pictures, 23. Getty Images/Three Lions, 24-25. Getty Images/Three Lions/Hulton Archive, 26. AKG-Images/IAM, 27. Getty Images/Popperfoto, 28. Getty Images/Time & Life Pictures, 29. Getty Images, 30. IWM (HU 40239), 31. Photo12.com/Collection Bernard Crochet, 32. Getty Images/IMAGNO/Austrian Archives, 33. (top) Getty Images/LAPI/Roger-Viollet, 33. (bottom) Getty Images/Keystone, 34. Getty Images/Eric Harlow/Keystone, 35. (top) IWM (PST 13861_2), 35. (bottom) Alamy/John Joannides, 36. Getty Images/Time & Life Pictures, 37. U.S. Air Force, 38. Getty Images/Hulton Archive, 39. Topfoto.co.uk/The Board of Trustees of the Armouries/HIP, 38. Corbis/Hulton-Deutsch Collection, 39. Alamy/ltdarbs, 42-43. Photo12.com/Ann Ronan Picture Library, 44. IWM (H37706), 45. Private Collection, 46. Topfoto.co.uk/EE Images/HIP, 47. Topfoto.co.uk/Roger-Viollet, 48. Topfoto.co.uk, 49. Topfoto.co.uk/Art Media/HIP, 50-51. Getty Images/Dorling Kindersley, 51. Alamy/Lordprice Collection, 52-53. Alamy/Chris Pancewicz, 53. Corbis/Bettmann, 54-55. Getty Images/Fox Photos, 56. Getty Images/Keystone, 57. Getty Images/Fox Photos, 58. Getty Images/H.F. Davis/Topical Press Agency, 59. (top) Getty Images/Keystone-France/Gamma-Keystone, 59. (bottom) Getty Images/Central Press, 60. Getty Images/Tunbridge, 60-61. Getty Images/Popperfoto, 62. Getty Images/Keystone, 63. Getty Images/Keystone, 64. & 65. Paradata.org.uk, 66. Alamy/The Art Archive, 67. Alamy/Interfoto, 68. AKG-Images/RIA Novosti, 69. (top) AKG-Images/RIA Novosti, 69. (bottom) AKG-Images/Voller Ernst, 70-70. Getty Images/Slava Katamidze Collection, 72. Getty Images/Hulton Archive/Fox Photos, 73. The Churchill Archives Centre, 74-75. Getty Images/Hulton Archive, 76. Getty Images/Keystone, 77. Dumfries Museum & Camera Obscura, 78-79. 7.62x54r.net, 79. AKG-Images, 80. IWM (E 21337), 81. IWM (INS 8116), 82-83. Getty Images/Michael Ochs Archive, 84-85. Getty Images/Popperfoto, 86. IWM (MH 4647), 87. IWM (E_MOS 1439), 88. & 89. Myrabella/Wikimedia Commons/CC-BY-SA-3.0 & GFDL, 90-91. Heritage-Images/National Archives, 92. Getty Images/Hulton Archive, 93. Wilson History & Research Centre, 94. Getty Images/Roger Viollet, 95. Author collection, 97. IWM (EPH 4299), 98. Getty Images/SSPL/Bletchley Park Trust, 99. Getty Images/SSPL, 101. Alamy/Antiques & Collectables, 102-103. Private Collection, 104. Topfoto.co.uk/Ullstein Bild, 104-105. Alamy/Interfoto, 106. Getty Images/Popperfoto, 107. IWM (T 54), 108. Getty Images/Frank Scherschel/Time & Life Pictures, 109. Getty Images/Dmitri Kessel/Time & Life Pictures, 110. Getty Images/Keystone-France/Gamma-Keystone, 111. miltaryheadgear.com, 112. AKG-Images/Interfoto, 113. AKG-Images/Interfoto, 114-115. AKG-Images, 116. Getty Images/Popperfoto, 117. IWM (4000_020_1), 118. IWM (A 30568), 119. (top) Corbis/Bettmann, 120-121. AKG-Images, 122. Getty Images/Popperfoto, 122-123. Getty Images/Hulton Archive, 124. Getty Images/Time & Life Pictures, 125. (top) IWM (INS 7209), 125. (bottom) IWM (INS 7210), 126-127. Getty Images/Keystone- France, 128. IWM (E 14948), 129. (top) IWM (INS 5110), (bottom left) IWM (5499), (bottom right) IWM (5114), 130. AWM (042011_1), 131. (top) & (bottom) Carlton Books/IWM, 130-131. Topfoto/Ullstein Bild, 134. Corbis, 135. National Archives, Washington, 136. Alamy/Interfoto, 137. IWM (FEQ 415), 138-139. Private Collection, 140. Corbis/Bettmann, 141. Getty Images, 142. & 143. Quentin Rees, 144. Alamy/Interfoto, 145. Getty Images/Keystone, 146. Topfoto, 147. Getty Images/Time Life Pictures/US Navy, 148. Corbis/Bettmann, 149. Getty Images/SSPL, 150. Getty Images/Popperfoto, 151. Corbis, 152. Getty Images/Time Life Pictures/US Signal Corps, 153. Alamy/Interfoto, 154. IWM (ART 16884), 155. Corbis/Ocean, 156. IWM (NA 3445), 157. IWM (A 9422), 159. (top) Getty Images/Hermann Harz/Photoquest, (bottom) Getty Images/LAPI/Roger Viollet, 160. Getty Images/Buyenlarge, 161. Getty Images/Frederic Lewis/Hulton Archive, 162. IWM (HU 69915), 163. (top) IWM (HU 62922), (bottom) IWM (FLM 2340), 164-165. IWM (HU 4594), 166. IWM (ART 16345), 167. (top) Getty Images/Popperfoto, (bottom) Alamy/Art Directors & TRIP, 168. AWM (010627-1), 169. AWM (RELAWM30622_008-1), 170. Topfoto.co.uk, 171. IWM (MH 32784), 172. IWM (SE 7921), 173. (top) IWM (INS 43123), (bottom) IWM (INS 43124), 175. IWM (A 22617), 176. IWM (BU 9757), 177. (top) Alamy/Interfoto, (bottom) Topfoto.co.uk/The Granger Collection, 178-179. Topfoto.co.uk/Ullstein Bild, 181. Topfoto.co.uk/Ullstein Bild, 182. Getty Images/Keystone, 183. Corbis, 184. Getty Images/US Coast Guard/FPG/Hulton Archive, 185. Getty Images/Galerie Bilderwelt, 186. Getty Images/Keystone, 187. Getty Images/PjrStudio, 188. Getty Images/Keystone-France/Gamma-Keystone, 189. Getty Images/Hulton Archive, 190. & 191. Rex Features/Geoffrey Robinson, 192. & 193. National Archives & Records Administration, Washington, 194. AKG-Images/Ullstein Bild, 195. Alamy/Jack Sullivan, 196. IWM (HU 1122), 197. IWM (INS 43117), 198. Corbis/Hulton-Deutsch Collection, 199. Corbis/Bettmann, 200. Getty Images/George Rodger/Time & Life Pictures, 201. Getty Images/Margaret Bourke-White/Time & Life Pictures, 202. Corbis/Heritage Images, 203. Topfoto.co.uk/Curt Teich Postcard Archives, Lake County HistoryArchives/HIP, 205. National Archives and Records Administration, Washington, 206. Topfoto.co.uk/The National Archives/HIP, 207. IWM (CH 15363), 208. Corbis, 208-209. Getty Images/PhotoQuest, 210. IWM (H 35181), 211. IWM (MH 2210), 212. Getty Images/Imagno, 213. Corbis/Michael St. Maur Sheil, 214. IWM (TR 2313), 215. IWM (H 37860), 216. Getty Images/PhotoQuest, 217. Alamy/Interfoto, 219. (top) Getty Images/Three Lions, (bottom) Getty Images/Popperfoto, 220. Private Collection, 221. Alamy/Maurice Savage, 222. Getty Images/LAPI/Roger Viollet, 224-225. Getty Images/Roger Viollet Collection, 226. Getty Images/Popperfoto, 227. Istockphoto.com, 228. Getty Images/Kurk Hutton/Picture Post/Hulton Archive, 229. Private Collection, 230. Getty Images/Keystone-France/Gamma-Keystone, 231. Deutsches Panzermuseum Munster, Germany, 232. IWM (CNA 3243), 233. IWM (CNA 3566), 234. Alamy/Interfoto, 235. (top) IWM (INS 7993), (bottom) IWM (7994), 236-237. Corbis/Hulton-Deutsch Collection, 238. AKG-Images/Ullstein Bild, 239. Private Collection, 240-241. AKG-Images, 242. Getty Images/Popperfoto, 243. Getty Images/Fox Photos, 245. (top) Getty Images/Keystone/Hulton Archive, (bottom) Getty Images/Roger Viollet, 246-247. Getty Images/Mansell/Time & Life Pictures, 249. (top) Photo12/Cabinet Revel, (bottom left) Getty Images/Three Lions, (bottom right) Getty Images/AFP, 250-251. Photo12/Cabinet Revel, 252. Corbis/Nagasaki Atomic Bomb Museum/epa, 253. IWM (MH 6810), 254. Getty Images/Universal History Archive, 255. (top) Getty Images/Popperfoto, (bottom) Getty Images/Universal History Archive

Every effort has been made to acknowledge correctly and contact the source and/or copyright holder of each picture and Carlton Books Limited apologises for any unintentional errors or omissions, which will be corrected in future editions of this book.

# Publishing Credits:

**Editorial Director:** Piers Murray Hill
**Executive Editor:** Jennifer Barr
**Additional editorial work:** Catherine Rubinstein, Philip Parker and Barry Goodman
**Design Manager and Cover Design:** Russell Knowles
**Designer and Production Controller:** Rachel Burgess
**Picture Manager:** Steve Behan